深圳大学学术著作出版基金资助
Subsidized by Shenzhen University Foundation for the Production of Scholarly Monographs

委托人“理性”对激励约束机制的冲击

——政府投资工程代建制改革困境研究

WEITUOREN LIXING DUI JILI YUESHU JIZHI DE CHONGJI
ZHENGFU TOUZI GONGCHENG DAIJIANZHI GAIGE KUNJING YANJIU

崔宏轶 著

中山大學出版社
SUN YAT-SEN UNIVERSITY PRESS
·广州·

图书在版编目（CIP）数据

委托人"理性"对激励约束机制的冲击：政府投资工程代建制改革困境研究/崔宏轶著．—广州：中山大学出版社，2014.9

ISBN 978-7-306-05021-2

Ⅰ.①委…　Ⅱ.①崔…　Ⅲ.①政府投资—基本建设项目—项目管理—研究—中国　Ⅳ.①F284

中国版本图书馆 CIP 数据核字（2014）第 213577 号

出 版 人：徐　劲
策划编辑：李海东
责任编辑：李海东
封面设计：曾　斌
责任校对：何　凡
责任技编：何雅涛
出版发行：中山大学出版社
编辑部电话（020）84111996，84113349，84110779
发行部电话（020）84111998，84111160
地　　址：广州市新港西路 135 号
邮　　编：510275　　传真：（020）84036565
印 刷 者：广州中大印刷有限公司
规　　格：787mm×1092mm　1/16　13.25 印张　250 千字
版次印次：2014 年 9 月第 1 版　2014 年 9 月第 1 次印刷
定　　价：36.00 元

序

政府投资工程建设领域的效率与廉洁在某种意义上直接反映一国政府的行政能力高低，而我国政府投资工程存在的管理混乱与贪渎腐败，一直招致各界诟病不已，上下都希望能有雷霆手段加以遏制。

从制度建设角度来讲，我国最系统的举措就是引进和推行代建制改革。但令人失望的是，相关领域的乱象却颇有愈演愈烈之势。工程管理及建筑经济等专业领域研究代建制的较多，崔宏轶希望从更广的角度来考察代建制的失效问题，即代建制实施的广义行政环境，旨在回答国外行之有效的这一管理工具，为什么进入中国就遭遇“淮北为枳”这样一个问题。

国际上行之有效的改革措施和管理工具在中国特殊环境中的适应性是一个值得探讨的重大问题。政府投资工程管理的市场化在我国陷入困境绝不是一个孤例，在医疗、教育等改革领域都可观察到类似的变形扭曲现象。有人断言，代建制实施中表现出的市场失灵问题比政府失灵更严重，认为政府投资工程建设市场化管理方向不适合中国，代建制的市场化尝试应为目前的混乱负责。通过还原代建制施行中政府与市场的真实关系，崔宏轶力图厘清问题的根源。他的研究表明，代建制运行中的问题不是市场化机制本身所致，更多的是政府职能转变不到位、契约管理能力不高、官僚腐败控制不力等问题所致。市场化并不等于政府放弃责任，相反，应从加强政府维护市场的责任入手，尽快优化代建制中政府的职权架构、强化对市场主体的监管、促进政府与市场的伙伴关系才是政府投资工程建设领域改革的正确思路。

政府投资工程领域的问题所涉极广，代建制管理中的种种问题，可能与具有发包权的各级官僚不受约束的自利行为相关，因此，改变现状可能还要从如何约束政府权力等政治问题入手，但这显然超出了本书的论述范围。所以，本书在最后政策建议部分略显薄弱，但对问题根源锚定的准确性、论证的逻辑性以及论据的充足性都给人留下深刻印象。本书的探讨，不仅对于代建制，也对于目前国内类似的其他市场化改革领域具有借鉴意义。是为序。

周志忍
北京大学政府管理学院教授、博士生导师
2014 年 5 月于北京

前　言

政府投资或主导的大型工程建设不仅是凯恩斯主义拉动经济复苏时才采取的应急措施，也是各国促进国家经济繁荣和提升人民生活品质的关键一环。在世界各国，一方面，政府投资工程占据着社会总投资相当大的比重，对经济发展起着巨大的推动作用；另一方面，毋庸讳言，政府投资工程往往又和黑箱操作、预算失控、工期延滞等负面词汇联系在一起，中外皆然，当然，国内政府投资工程领域被揭发出来的腐败乱象更触目惊心。对此领域，学者从政府投资管理、公共采购等角度研究较多。笔者更关心政府投资工程管理本身的制度健全完善问题，以为此并不是一个纯粹工程管理问题，而是一个政府管理能力高低的问题。笔者以政府投资工程领域最重要的制度构建——“代建制改革”为研究对象，来考察一项引入的先进举措是如何在我国特定的行政环境中变异、失真乃至最后失效，并追根溯源，解读问题本质，提出未来改革方向。

代建制，简单来讲，即通过公开招投标等方式选出专业化的机构来建设政府投资工程，并由其严格控制政府投资工程的投资、质量及工期，完工验收后再交付使用单位。从理念上来讲，其既符合国际通行规则，又利于政府职能的转变。因此推行之初，它被赋予了提高效率、遏制腐败等诸多期望。

即使不算20世纪90年代初厦门等地的零星试点，从2004年的国务院文件鼓励各地“加快实行”算起，代建制至今也有近10年的实践探索，应该早已“修成正果”。但到目前为止，在投资控制、质量控制和工期控制三个主要绩效指标上，代建制并没有给政府投资工程领域带来多大改善；相关领域的腐败现象有失控之势，“代建权”成了新的寻租对象，社会评价非常差。而且，更吊诡的是，代建制试运行这么多年，并没有形成稳定统一的操作模式，各地模式几无共性可言，在组织架构、职能分配等方面很多地方完全就是相反的。简而言之，代建制总体陷入“成效不佳，方向不明”的窘境。

笔者正是从代建制改革遭遇困境这一现实主题切入对政府投资工程管理

研究的。符合服务外包、职能分离等诸多先进理念的代建制改革为什么在政府投资工程建设领域效果不彰呢？代建制改革仅仅是将政府投资工程的管理业务外包给市场就万事大吉了吗，政府还需要做什么？仅有市场压力，代建人就会忠实履行自己的义务吗？代建制改革的新格局中，各方有哪些利益诉求，尤其是在缺乏有效的约束机制情况下，政府部门和官僚的不当利益对代建制改革产生了哪些扭曲？造成目前代建制改革困境的深层次原因究竟有哪些？代建制改革是否还要继续？如果要继续的话，目前应该选择哪种模式？进一步，究竟如何改善和治理目前的代建市场无序、腐败滋生和监管缺失等乱象？本书希望对以上问题进行有益探索。

本书采取逐层归因的方法，依托委托代理理论，对实施代建制改革以来所推行的内外激励约束措施均陷入空转失效境地的成因深入探究。笔者认为当前代建制失效的主因还不仅是"代理人（专业建设管理机构）"拥有信息优势所致，更根本的原因是"委托人（政府官僚）"的自利行为不受控制而使整个"委托代理链条"从顶端发生扭曲。本书层层推进，首先阐释了代建制的核心问题——代建人的逆向选择以及道德风险，并对委托代理理论框架下"代建问题"的解决之道——对代建人的激励相容约束机制进行了梳理；然后对现实中各种激励措施失效背后的政府管理不当因素进行了探究；再进一步从官僚追求自身利益最大化角度对代建管理混乱的深层动因给予解释；最后尝试提出有效抑制各方投机行为的政策建议。

从实践意义来讲，本书对代建制试行以来各地出台的相关政策及政策效果，做了较为全面的梳理和对比；并以此为经验基础，从信息不对称、政府管理能力和理性经济人等多个角度去解读代建制困境的根源所在；对代建制中诸如权责分配混乱、激励约束机制失败以及腐败行为失控等突出问题做了系统的探讨。因为只有准确锚定问题的真实根源，才能出台有针对性的优化政策，因此，本书研究对于今后实践层面政府投资工程管理相关政策的优化具有重要的现实意义。

从理论意义来讲，由于代建制是将政府投资工程的建设交与专业的工程服务公司进行管理，类似于投资人将公司交与经理进行管理，因此从委托代理角度对代建制进行研究的成果颇为丰富，一般都从如何约束代建人行为入手，为代建制改革提出了对策建议。而笔者认为，虽然委托代理分析框架已较为成熟，被广泛运用到各类经济关系中，如税收、就业、货币政策等，但将委托代理理论从公司治理引入代建制这类政府治理领域时，起码应该注意两个问题：一是委托代理框架下设计的激励约束机制需要委托人具有较高的市场管理技巧去实现，而代建制中作为委托人的政府，其行为逻辑、治理方式与市场中的投资人大相径庭，尤其是考虑到转型中的中国，行政理念与市场治理能力都比较滞后，因此在探寻代建制执行困境的根源时，需要重视现实环境约束问题。二是经典委托代理模型里面将代理人预设为拥有私人信息，相对于委托人有信息优势，因此较多地考察代理人的机会主义。而在代建制中，政府兼具投资者、监督者等多重角色，拥有代建人所不具备的重要信息，并且具有较为复杂的内部利益冲突，这都超出了经典委托代理理论对委托人性质的假设。更重要的是政府委托人的“强势”可能比代建人的机会主义对代建制的影响更恶劣。基于此，笔者希望借鉴公共选择学派将“经济人”引入公共管理学的方法，通过深入剖析政府委托人（官僚）的“理性”行为，来丰富委托代理理论在代建制中的应用，使其更贴近现实，具有一定的理论意义。

总之，笔者以委托代理理论为基础，以分析各主体的“理性”动机为主线，较好地揭示了代建制面临如此困境的真实根源所在。

全书共七章，主要内容如下：

第1章，绪论。主要任务是提出问题，厘清相关概念，锁定研究对象，揭示此项研究的理论与实务之重要性，并进行系统性的文献回顾和综述，在此基础上设计全文的技术路线，指出此项研究预期的创新点以及难点。

第2章，政府投资工程管理的国际先进经验介绍。通过对美国、英国、日本、德国、新加坡、中国香港等国家和地区政府投资工程管理体制和方法的比较和分析，来展示成功的政府投资工程管理体系所具有的共性。

第3章，我国政府投资工程代建制的发展历程及当前困境。本章首先阐述了政府投资工程的基本概念及特点，然后对代建制改革前的我国政府投资工程管理体制进行了回顾，接着讲述了代建制发展的历程以及代建制的相对优势。然后对深圳、上海、北京与重庆的典型经验进行了详细的比较分析，并指出代建制目前已陷入困境：代建人投机行为严重、相关领域腐败丛生以及改革没有方向。

第4章，委托代理视角下代建制的代理问题及解决思路。本章以经典委托代理模型为基础，首先对代建制中的委托代理关系进行了梳理，然后对代建合同签订前后的逆向选择与道德风险成因进行了深入剖析。最后对解决代建制中代理问题的内外激励机制进行了梳理。

第5章，代理问题治理：激励约束机制失效与原因初探。本章分别对报酬激励约束机制、风险激励约束机制、声誉激励约束机制以及市场选择激励约束机制在实践过程中所遇到的问题进行剖析，并对这些激励措施失效背后的政府管理原因进行了探究。

第6章，官僚"理性"：政府对代建人激励失效的深层动因。本章对代建制中官僚实现利益最大化的三种途径——利用既有的权力寻租、与代建人合谋和借助利益部门化，进行了详细的阐释，希望能够清晰阐释官僚自利性不被有效控制对代建制运行的扭曲及其严重危害性。

第7章，代建制改革困局的破解之策。本章尝试提出改变代建制改革窘境的总体思路与具体应对之策，认为只有优化顶层设计，一方面提高官僚违规成本，另一方面提高政府市场管理能力，才能真正发挥代建制的优势。

要说明的是，作为行政管理学者，笔者对于引入中国特殊环境中的各种改革措施的"适应性问题"怀有浓厚兴趣。政府投资工程管理的市场化努力为我国现实行政环境所累而陷入困境，这绝不是一个孤例，在医疗、教育等改革领域都可观察到这种政策扭曲现象。在代建制陷入实施成效不佳的困境后，有人提出代建制实施后市场失灵引起的问题比政府失灵更严重，认为政府投资工程建设市场化管理方向不适合中国，代建制的市场化尝试应为目前的混乱负责。本书通过还原代建制施行中政府与市场的真实关系，来厘清问题的所在。认为代建制运行中的问题不是市场化机制本身导致的，而更多地是政府职能转变不足、契约管理能力不高、官僚腐败控制不力等行政管理问题导致的。市场化并不等于政府放弃责任，相反，应从加强政府维护市场的责任入手，尽快优化代建制中政府的职权架构、强化对政府官僚的监管、促进政府与市场的伙伴关系才是政府投资工程建设领域改革的正确思路。本书的探讨，不仅对于代建制，也对于目前国内类似的其他市场化改革领域具有借鉴意义。

本书可能的贡献：

（1）从政府管理的角度对代建制绩效不佳的现实原因进行了探究。代建人信息优势所引起的"代理问题"并不足以全面解释目前代建制所面临的困境，政府职能转变不足、对市场理念理解偏差和管理能力欠缺等原因才是代建人激励失效、投机行为泛滥的现实根源。

（2）基于理性经济人视角探寻代建制中政府管理失当的深层根源。经典委托代理理论较侧重于讨论代理人的投机行为，而对委托人的投机行为关注较少。由于转型期的中国对官僚的约束不力，官僚在利益最大化的驱动下，为获得租金而不愿放弃权力，导致政府职能转变艰难；与代建人形成合谋，以至于代建制中的监管制度失效；官僚利益依托于部门扩张实现，以至于代建管理模式混乱而不统一。最终代建制被官僚任意曲解，成为谋财生利和推卸责任的工具。

（3）冀望能对代建制的进一步优化提供一些启示和建议。借助对代建制面临困境真实根源的挖掘，为代建制的下一步改进提供有针对性的建议。

目　录

第1章　绪　　论 …………………………………………………… 1
1.1　问题的提出与研究意义 …………………………………………… 1
1.1.1　问题的提出 ………………………………………………… 1
1.1.2　研究对象 …………………………………………………… 3
1.1.3　研究意义 …………………………………………………… 5
1.2　现有研究综述与评价 ……………………………………………… 7
1.2.1　国内政府投资工程建设管理体制改革主要模式研究
——代建制 …………………………………………………… 7
1.2.2　关于政府投资工程建设各环节中问题的研究 ………… 10
1.2.3　关于代建制的委托代理问题 …………………………… 12
1.3　研究的理论基础 ………………………………………………… 16
1.3.1　委托代理理论 …………………………………………… 17
1.3.2　理性经济人假设 ………………………………………… 18

第2章　政府投资工程管理的国际先进经验介绍 ……………………… 22
2.1　美国政府投资工程管理概述 …………………………………… 22
2.1.1　美国的相关法律法规体系及管理组织架构 …………… 23
2.1.2　美国政府投资工程一般管理流程 ……………………… 24
2.1.3　美国政府投资工程管理一些关键环节的原则 ………… 24
2.1.4　注重公众参与和中介咨询 ……………………………… 27
2.2　英国政府投资工程管理概述 …………………………………… 27
2.2.1　英国的相关法律法规体系及管理组织架构 …………… 27
2.2.2　英国政府投资工程模式的发展 ………………………… 28
2.2.3　英国政府投资工程管理重要环节简介 ………………… 29
2.3　日本政府投资工程管理概述 …………………………………… 30
2.3.1　日本的相关法律法规体系及管理组织架构 …………… 30

2.3.2 日本政府投资工程建设管理原则和具体办法 ………… 31
2.4 德国政府投资工程管理概述 ………… 33
2.4.1 德国的相关法律法规体系及管理组织架构 ………… 33
2.4.2 德国政府投资工程管理主要程序介绍 ………… 35
2.4.3 德国政府投资工程的内外部监管 ………… 36
2.5 新加坡政府投资工程管理概述 ………… 38
2.5.1 新加坡的相关法律法规及管理组织体系 ………… 38
2.5.2 新加坡政府投资工程管理重要环节简介 ………… 40
2.5.3 新加坡政府投资工程的监督体系 ………… 41
2.6 中国香港特区政府投资工程管理概述 ………… 41
2.6.1 香港工务局的主要职能及架构 ………… 41
2.6.2 香港政府投资工程建设主要程序 ………… 42
2.6.3 香港政府投资工程项目管理 ………… 43
2.7 各国和地区成功经验的共性所在 ………… 44

第3章 我国政府投资工程代建制的发展历程及当前困境 ………… 47
3.1 实施代建制前的传统政府投资工程管理模式 ………… 47
3.1.1 传统政府投资工程管理模式 ………… 47
3.1.2 传统模式存在的问题 ………… 49
3.2 代建制的发展历程及相对优势 ………… 52
3.2.1 代建制的发展历程 ………… 52
3.2.2 代建制相对于传统模式的优势 ………… 54
3.3 代建制的地方实践模式比较 ………… 56
3.3.1 深圳、上海、北京与重庆的典型经验 ………… 57
3.3.2 地方代建模式的比较 ………… 65
3.4 代建制改革困境 ………… 69
3.4.1 代建领域投机行为泛滥 ………… 69
3.4.2 政府投资工程领域腐败难以禁止 ………… 71
3.4.3 对代建制的批评 ………… 73

第4章 委托代理视角下代建制的代理问题及解决思路 ………… 75
4.1 代建制的核心——委托代理关系及契约管理过程阐释 ………… 75

4.1.1 政府业主与代建人的委托关系 …… 75
4.1.2 政府对代建人委托代理的契约管理过程 …… 76
4.1.3 代理问题的理论说明 …… 77
4.2 代建合同签订前的逆向选择问题 …… 79
4.2.1 代建人选择阶段的投机行为——以围标为例 …… 79
4.2.2 委托代理理论视角下对招投标环节代建人投机行为的原因解析 …… 82
4.2.3 逆向选择难题下的公开招投标失效 …… 83
4.3 代建合同签订后的代建人道德风险 …… 85
4.3.1 代建合同执行阶段的投机行为——以转包为例 …… 86
4.3.2 委托代理理论视角下对合同执行中代建人投机行为的原因解析 …… 89
4.3.3 道德风险难题下的代建合同约束失效 …… 92
4.4 委托代理理论框架下对代建制的治理思路——代建人激励 …… 95
4.4.1 代理问题治理对策——激励相容约束机制的梳理 …… 96
4.4.2 我国已实施的主要代建人激励措施 …… 99

第5章 代理问题治理：激励约束机制失效与原因初探 …… 101
5.1 报酬激励约束失效——代建费偏低问题 …… 101
5.1.1 代建费用构成及收取方式 …… 101
5.1.2 我国代建费用整体偏低的现状 …… 103
5.1.3 代建费激励不足的政府管理根源 …… 107
5.1.4 小结 …… 109
5.2 风险激励约束失效——分担不合理问题 …… 109
5.2.1 风险分担机制及工程担保制度 …… 110
5.2.2 我国工程担保制度实施中的风险分担不合理之现状 …… 112
5.2.3 风险机制运转不成熟的政府管理根源 …… 118
5.3 声誉激励约束失效——虚置空转问题 …… 121
5.3.1 代建人绩效考评与分级制度介绍 …… 121
5.3.2 代建人绩效考评与分级制度的虚置空转现状 …… 123
5.3.3 代建人绩效考评体系难以建立实施的政府管理根源 …… 125
5.4 市场选择激励约束失效——准入制度混乱问题 …… 126

5.4.1 市场选择机制及资质管理介绍 …… 126
5.4.2 代建人市场准入制度的现状及问题 …… 128
5.4.3 代建人市场准入机制不完善的政府管理根源 …… 130
5.5 激励约束机制总体失效的行政环境制约 …… 132
5.5.1 政府职能转换不到位导致对代建人干预过度 …… 132
5.5.2 政府内部管理机制混乱导致代建人无所适从 …… 135
5.5.3 政府对代建人的监管无力 …… 137

第6章 官僚"理性":政府对代建人激励失效的深层动因 …… 140
6.1 政府委托人的"理性"分析 …… 141
6.1.1 理性经济人视角下政府的利益结构 …… 141
6.1.2 多层委托代理链条下的公共利益实现难题 …… 142
6.1.3 政府投资工程建设领域的官僚利益扩张冲动 …… 144
6.2 代建制下政府官僚利益最大化策略之一——寻租 …… 146
6.2.1 代建制中官僚主动寻租的诱因 …… 146
6.2.2 代建制下的寻租行为 …… 148
6.2.3 寻租行为对代建制的负面影响 …… 151
6.3 代建制下政府官僚利益最大化策略之二——合谋 …… 154
6.3.1 合谋及其对官僚利益最大化的作用 …… 154
6.3.2 代建制中合谋的形成及其表现 …… 157
6.3.3 合谋行为对代建制的危害 …… 159
6.4 代建制下政府官僚利益最大化策略之三——利益部门化 …… 161
6.4.1 官僚利益的部门实现途径 …… 161
6.4.2 利益部门化下的地方代建模式之争 …… 163
6.4.3 利益部门化下代建模式不统一的危害 …… 166

第7章 代建制改革困局的破解之策 …… 169
7.1 针对代建制改革困局的破解思路 …… 169
7.1.1 代建制是否要抛弃 …… 169
7.1.2 代建制困境破解思路 …… 171
7.2 代建制新模式的确立——专业的代建管理机构建设 …… 174
7.2.1 新模式的构建 …… 174

7.2.2 新模式对优化代建制的意义 …………………………… 177
7.3 代建制管理优化的具体策略 …………………………… 178
7.3.1 官僚“理性”行为对策——严格监管体系，加大违规成本 …………………………… 178
7.3.2 代建制委托代理问题解决对策——政府市场管理能力重塑 …………………………… 183
7.3.3 代建制改革外部制度环境的改善 …………………………… 185
7.4 结 语 …………………………… 188

参考文献 …………………………… 190

第1章 绪 论

1.1 问题的提出与研究意义

1.1.1 问题的提出

中国政府对基础设施投资的增长速度高于 GDP 增长已持续多年。在计划经济时期，我国政府的财政性投资在固定资产投资中一直占有绝对优势，几乎是物质资本积累的唯一来源。虽然改革开放后，社会基础建设不再靠政府单一力量推进，但是我国市场经济处于转型期，投资拉动仍是经济结构中非常重要的一环，政府投资的各类基础工程建设资金总额仍然保持着逐年上升的势头。我们可以通过图 1.1 所示的全社会固定资产投资中国家投资资金总额的变动趋势加以佐证。

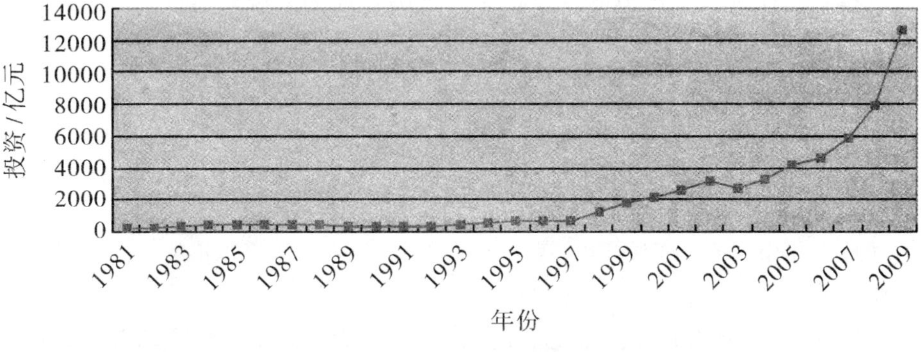

图 1.1 全社会固定资产投资中国家投资资金总额的变动趋势

资料来源：中国统计年鉴（2010）。

特别是美国次贷危机发生以后，我国政府更是提出了 4 万亿元的经济刺激计划，加大了基础设施建设投入，以拉动经济增长。一定意义上，这对我国顶住全球金融风暴的冲击，走向经济复苏，迈向高速增长，做出了较大贡献。但同时，在政府投资工程建设上可谓乱象丛生。如已曝光的一系列豆腐渣工程，大量的"三超"工程、胡子工程等，经济、效率和质量低下问题的大范围存在，使政府投资工程的管理长期成为社会和公众关注的焦点，在经济和政治上带来双重的负面影响。

为了解决这些问题，各级政府也不断尝试探索更有效的政府投资项目管理模式。在计划经济阶段，政府投资工程管理所采用的两种主要模式——自建模式与工程指挥部模式，都存在权力过于集中、资金易被浪费或工程质量责任难以追究等问题。其后，在体制转轨阶段对上述管理模式进行了多种改革尝试，包括项目法人制、建设指挥部制等。这些模式最初也是因应当时的问题进行的有益尝试，对调动使用单位的积极性，尤其是加快政府投资工程建设进度方面起到了正面作用。但是这些模式的负面效应也很快显现，如机构设置不合理、决策没有科学性、建设管理水平低下、政府官僚腐败等政府投资工程建设领域痼疾非常突出。

2004年7月，国务院颁布了《关于投资体制改革的决定》(国发〔2004〕20号)。该决定明确提出要加快在政府投资工程中推行代建制改革，即通过公开招投标等方式选出专业化的企业来建设政府投资工程，并由其严格控制政府投资工程的投资、质量及工期，完工验收后再交付使用单位。该决定颁布后各地全面开展代建制试点及实践工作。在相关政策的进一步推动下，实行代建制的地区由小规模的试点扩大为全国各地的大规模实行。目前，我国大多数地方都开始实行了代建制。到2006年为止，在全国47个省、市、自治区、计划单列的市以及副省级的省会城市中，有32个地区进行了代建制改革，占全国的68%；另外还有2个省、市计划实行代建制，占全国的4%；只有13个省、市还未开展代建制，仅占全国的28%。① 总之，自2000年之后经过各地方实践总结，目前学界和政府主管部门都较认同代建制应为我国政府投资工程管理体制改革的重要方向，并形成了如北京、深圳及上海为代表的一批地方代建制模式。

代建制提倡的市场化理念无疑符合我国政府经济职能转变的要求，也符合公共物品和服务提供民营化、业务外包与合同治理等新公共治理思路，但是代建制的现实表现却令人失望。本来希望通过代建人的专业性，来更好地管理和约束建筑商的诸多投机行为，但是代建人却没有忠实履行自己的受托

① 杨庆蔚．深化政府投资体制改革　加快推进代建制工作［J］．中国招标，2006（Z1）：15－18．

责任，反而利用自身的信息优势，与各类承包商沆瀣一气，致使政府投资工程领域内的豆腐渣工程（质量低下）、“三超”工程（成本不受控制）、钓鱼工程（工程期拖延）等现象完全没有减轻的迹象。总之，代建人没有起到控制下游建筑承包商的作用，反而成了乱源。

另外，期望通过将业主权力交予代建人来限制政府权力，从而达致遏制腐败的改革目标，成效也甚微。2011 年 12 月，最高检对《法制日报》表示：“工程建设领域职务犯罪继续稳坐职务犯罪的‘头把交椅’，在一些重大工程密集上马的地区，涉案人数和金额成倍增长，令人触目惊心。部分项目三分之一工程款被用于行贿。”①

最后，各地代建制改革按照最严格的算法，也进行了 10 年，但目前仍未发展出一个成熟稳定的模式。基于此，有质疑者喊出代建制已失败、纯属冗余的声音。

那么，理念先进的代建制改革为什么在中国政府投资工程建设领域效果不彰呢？代建制改革仅仅是将政府投资工程的管理业务外包给市场就万事大吉了吗？仅有市场压力，代建人就会忠实履行自己的义务吗？代建制改革的新格局中，各方有哪些利益诉求？尤其是在缺乏有效的约束机制的情况下，政府部门和官僚的不当利益对代建制改革产生了哪些扭曲？造成目前代建制改革困境的深层次原因究竟有哪些？代建制改革是否还要继续？如果要继续的话，目前应该选择哪种模式？进一步，究竟如何改善和治理目前的代建市场无序、腐败滋生和监管缺失等乱象？这些都是笔者持续关注并力图回答的问题。

1.1.2　研究对象

1. 政府投资工程的定义

本书所讨论的政府投资工程，也称作政府工程、公共工程②。虽然本书并不是从政府投资角度来展开论述，但因为政府投资工程界定清晰，与国内

① 李娜. 最高检：部分项目三分之一工程款被用于行贿 [N]. 法制日报，2011 - 12 - 10 (5).

② 政府工程（government project）这个概念在美国常用，公共工程（public project）在日本和我国香港常用。但这两个概念在我国内地经常和政府投资工程概念混同使用，并没有严格区分。政府工程、公共工程概念有时候涵盖的意义已经超出了建设工程领域，比如一些城市的菜篮子工程也成为政府工程，全民健身运动在有些地方也成为公共工程。这些情况可能用政府项目和公共项目表达更确切。

政策衔接好，因此本书仍沿用政府投资工程概念作为讨论主体。在后文具体表述中，将政府工程和政府投资工程概念等同使用。

从工程的资金来源出发，政府投资工程一般被界定为：为适应并推进国民经济及地区经济的发展，满足全社会的生活、文化需要，出于国防、政治等方面的原因，通过政府的财政投资，发行国家或地方财政性债券，向资本市场和证券市场融资，并利用其他国家政府的赠款，通过财政进行担保的金融组织的贷款和行政事业性收入等方式独资或合资兴建的固定资产投资工程。

本书所指的政府投资工程概念要比上述定义狭窄：特指以各级政府的财政资金（包括预算内、预算外的）为主体投资建设的非营利性公共建设工程，如政府办公楼、公立医院、市政道路、学校等，也称非营利性政府投资工程。做出以上限定，是因为本书研究重点并不想涉及政府投资工程投资来源以及建后营运等问题。

2. 政府投资工程的公共属性

把政府投资工程限定在非营利性政府投资工程后，其特征就非常突出了：由于其资金主要来源于政府各级财政，也就是来自税收，所以必须对纳税人负责；非营利性政府投资工程的主要领域是市场机制失灵的基础设施项目和纯公益性项目，在发达国家及我国香港地区，这种工程项目被视为政府公共采购的一部分。基于以上特质，国际上对此类政府投资工程形成以下共识：第一，政府相关决策和承建管理部门分别履行投资人和管理人职能，由于工程所花费的资金都通过税收等方式来自公民，政府应该非常严格审慎地花费这些资金，并保证满足广大公民的需求。因此，此类政府投资工程的建设过程应该高度透明，并受到严格的法律、规则、司法、行政规定以及政策和程序的规定和控制。第二，整个项目，从立项决策到施工过程的各个环节都应有细致的信息记录，这些信息可以被公开审议，任何人都可以提出质询并得到相应解答。第三，相关政府管理部门必须公布接受任何投标的意图并接受他们的投标。

由于参照政府采购管理规则，各国对政府投资工程管理也严格遵守以下原则：第一，公平。只要是公开竞争政府投资工程的投标者都应该获得相同的机会。第二，诚信。相关从业人员，不管是政府官僚还是承包商，其行为都应谨遵诚信原则，杜绝腐败现象。第三，经济和效率。即尽可能以最低的资金和时间成本达到理想的质量。第四，模范作用。许多国家通过在政府投资工程建设中积极应用新型节能材料和技术，以起到模范引导作用，来提升行业技术水平和推广环保理念。此举将提高政府投资工程的正外部性，有利于公共利益的最大化。

总之，因为此类工程牵涉到公共利益，比一般工程有着更严格的建设管理程序。

3. 代建制所涉及的政府投资工程建设管理环节

如图 1.2 所示，如按流程展开的话，政府投资工程的管理可以分为三个主要阶段：立项决策管理、工程建设管理和项目营运管理。代建制改革所涉及的管理集中在工程建设管理阶段，主要是对项目基本立项后，从前期的组织相关设计和勘察，到组织招投标、签订合同、组织相关建筑企业进行工程全面建设，最后验收，并交付业主这一整段工作的管理。

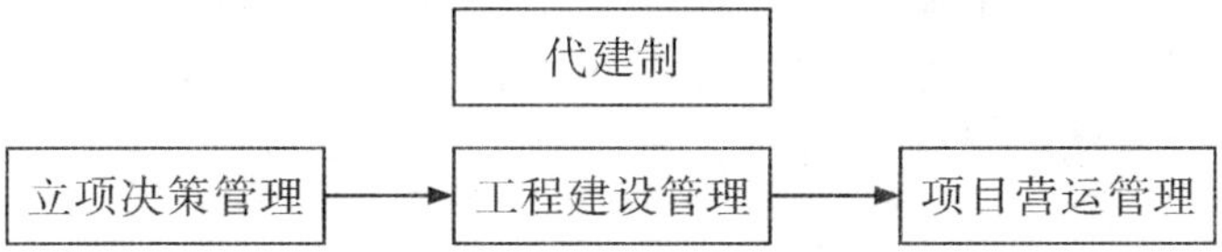

图 1.2 政府投资工程建设管理环节

当然，项目立项阶段是否科学合理，对工程建设阶段的管理有着巨大影响；政府投资工程建成后的营运是否有效满足公共的利益，也是我国目前政府投资工程领域的一个重要问题。但本书集中关注的是，如果政府投资工程的立项和营运都符合公共利益，那么在工程建设阶段如何进行有效管理，以保证政府各项目标的实现。

1.1.3 研究意义

1. 理论意义

政府投资工程的建设管理是涉及经济学、管理学、法律学乃至建筑学等多学科的复杂过程。学界对此领域研究论述也颇为丰富，例如，经济学的研究兴趣主要包括政府投资工程的融资模式、投资控制、风险担保等问题；法学方面主要研究与政府投资工程建设相关的法规完善问题，如政府采购法、招投标法、合同法等的完善；而管理学方面，从项目管理或建筑企业管理等角度来进行的研究较为多见。由于政府投资工程具有一定的公共属性，涉及的政策主体和利益主体又是如此广泛与复杂，行政管理学者对此领域也多有涉猎。进一步讲，政府投资工程如何实现高效廉洁是各国政府管理者共同面临的一个难题。国内的政府投资工程建设领域尤其不能让人满意，投资浪费、质量低下、腐败丛生等问题遭到公众高度质疑。虽然近年来在政府投资工程建设管理体制方面有不少改革，借鉴了不少国外经验，引进了不少先进理念，但并无明显成效。如何看待这种理论与现实之间的差距，如何从理论上定位问题的真实根源，相关研究无疑具有重要的理论意义。

具体到代建制，学界运用委托代理理论已较好地揭示了其核心运作机制及存在的问题，并以此出发设计了各种激励约束机制以及相关治理措施。可是将委托代理理论从公司治理领域引入涉及政府行为的领域，必须考虑到其"范式紧张"问题。如按照激励机制的设计，是应该给予代建人一定的投资剩余索取权才能更有效地引导其合作，但这是与政府投资工程的公有产权相违背的。而且更重要的是，对代建人的激励约束是靠政府去实现的，因此，政府的治理能力会影响激励机制的成效。换句话说，代建制中的问题并不纯粹是信息不对称问题，起码要考虑现实中国的行政环境问题。否则不能解释，为什么这些精心设计、国外运转还算良好的机制，在中国也试行了很久，结果却大相径庭。

当然，本书并不想止步于政府管理不善、监督不严、执行不到位等浅层原因，而是进一步地以"理性经济人"为理论基础，通过讨论官僚在代建制中利益最大化实现方式及其所造成的危害，来揭示政府代建管理失败的深层根源在于政府官僚的"理性"作祟。由此希望能够显示出本书具有一定的探索性。

2. 现实意义

首先，代建制作为目前政府投资工程领域的主要改革举措，试行多年而成效不显，在控制投资、遏制腐败等方面的作用乏善可陈。代建制运行绩效不佳的背后到底是什么原因，迫切需要厘清。到底是代建制制度设计本身的问题，还是执行中发生偏差问题，亟须有一个客观评估。本书通过对代建制在各地的运行现状进行详细的对比和梳理，对代建制运作至今的整体绩效进行了客观评价，并经过逐层归因探析，从政府管理失当的角度去解读代建制失效的根源，希望为政府投资工程管理的进一步改革重点提供方向定位。

其次，本书对代建制试行以来各地出台的相关政策进行了全面的梳理和对比。以此为经验基础，从信息不对称、政府管理能力和理性经济人等多个角度去解读代建制困境的根源所在。对代建制中诸如权责分配混乱、激励约束机制失败、腐败行为失控等突出问题做了系统的探讨。真实根源的锚定，有利于有针对性的优化政策出台。因此，本书的研究对于实践层面代建制相关政策的优化具有重要的现实意义。

最后，作为行政管理专业的学习者，笔者对于引入中国特殊环境中的各种改革措施的适应性问题极有兴趣，政府投资工程建设管理市场化努力在中国的困境是一个普遍性的问题。在代建制陷入实施成效不佳的困境后，有人提出代建制中市场失灵引起的问题比政府失灵更严重，认为政府投资工程建设市场化管理方向不适合中国，代建制的市场化尝试应为目前的混乱负责。本书通过还原代建制施行中政府与市场的真实关系，来厘清问题的所在，认为代建制运行中的问题不是市场化机制本身所致，而更多地是政府职能转变不足、契约管理能力不高、官僚腐败控制力不强等行政管理问题所致。市场化并不等于政府放弃责任，相反，应从加强政府维护市场的责任入手，尽快优化代建制中政府的职权架构、强化对政府官僚的监管、促进政府与市场的伙伴关系才是政府投资工程建设领域改革的正确思路。这不仅对于代建制，也对于目前国内类似的其他市场化改革领域提供了经验支持。

1.2 现有研究综述与评价

1.2.1 国内政府投资工程建设管理体制改革主要模式研究——代建制

1. 对代建制内涵的界定

尹贻林、阎孝砚曾在《政府投资项目代建制理论与实务》（2006）一书中指出：代建制这种由中国本土发源、从地方自发成长起来的项目管理方式，目前仍处于不断完善的阶段。由于我国政府还没有出台与政府投资工程代建制相关的国家级法律文件，因此当前社会各界对代建制的界定还不统一。①

2004年7月出台的国务院《关于投资体制改革的决定》中将代建制界定为“通过招标等方式，选择专业化的项目管理单位负责建设实施，严格控制项目投资、质量和工期，竣工验收后移交使用单位”。②

张伟结合对中外项目管理模式的研究，指出：代建制是针对财政性投资的非经营性项目，由政府主管部门通过公开招投标的方式选择专业化的工程管理公司，对政府投资工程实施全过程或分阶段的管理，控制工程的投资、

① 尹贻林，阎孝砚．政府投资项目代建制理论与实务［M］．天津：天津大学出版社，2006.

② http：//www. gov. cn/zwgk/2005 -08/12/content_ 21939. htm.

进度及质量，并在验收后转交给使用单位的项目管理模式。①

郭留洋认为政府投资项目代建制是指政府投资项目通过公开招投标的方式，选择专业化的项目管理公司，负责项目的投资管理和建设组织实施工作，项目建成后交付使用单位。②

2. 对代建制管理模式的研究

当前，国内学者对政府投资管理模式的研究中，多侧重于理论研究和比较研究。建设部委托天津理工学院造价工程师培训中心（TCCCE）进行了以"政府投资工程管理方式改革研究"为课题的研究，课题组在2002年出版了《政府投资项目管理模式研究》一书，书中对英、美等发达国家的政府投资项目管理模式进行了详细的介绍，并对政府投资项目的决策方法、支付体系、建设方式、行政管理体制等进行了研究。③

天津理工学院造价工程师培训中心的尹贻林、严玲等也有一些关于政府投资项目管理模式的文章。严玲、尹贻林对我国非经营性政府投资项目管理中的弊端进行了分析，并比较了深圳模式与上海模式的优缺点，在此基础上提出了政府投资项目管理可供选择的过渡模式。④

黄霆等分析了现在我国政府投资工程管理中的问题和原因，并对比了我国政府投资项目改革试行的代建制和工务局两种模式，指出我国政府投资工程的管理改革需要在合理的制度框架下进行，仅靠一两项具体措施是远远不够的。⑤

范成方等介绍了非营利性政府投资项目管理模式的现状和弊端，并对比分析了深圳模式和上海模式这两种典型的代建制改革模式，认为上海模式优于深圳模式，建议全国各地应以当地咨询市场的培育情况为依据来选择适合的政府投资项目管理模式。⑥

郭留洋认为近几年各地根据当地的实际情况形成了不同的代建制操作模式，他选取了上海模式、深圳模式和北京模式这三种典型的模式进行了详细

---

① 张伟．政府投资项目代建制理论与实施［M］．北京：中国水利水电出版社，2008.

② 郭留洋．政府投资项目代建制管理模式研究［D］．天津：天津大学，2006.

③ 尹贻林，阎孝砚．政府投资项目管理模式研究［M］．天津：南开大学出版社，2002.

④ 严玲，尹贻林．对非经营性政府投资工程管理模式的比较与选择［J］．天津理工学院学报，2003（6）：21－24.

⑤ 黄霆，等．我国政府投资项目管理的现状分析［J］．建筑经济，2005（1）：16－20.

⑥ 范成方，贾宏俊，罗建强．非盈利性政府投资项目管理模式探析［J］．山东科技大学：自然科学版，2006（3）：81－84.

分析，经过对比指出了每种模式各自的优缺点。①

3. 对代建制运行模式的研究

近年来代建制在我国发展迅猛，由于各地经济发展水平不同，各试点运行代建制的模式也各不相同。许多学者对各地代建制的运行模式进行了分类。

康克龙将各地代建制的运行模式区分为三种：第一种是由专门成立的事业机构来提供政府投资工程的代建服务，如深圳市的公务局、安徽的公益性项目建设管理中心等都是专门负责政府投资工程的事业单位。在这种模式下是由当地的发改委向代建机构下达代建任务，然后代建机构再根据具体情况开始代建工作。第二种是有限选定代建单位的模式。在这种模式下，政府会先通过公开招投标选定若干家企业，然后由发改委再在选定的企业中选出工程的代建单位。第三种是通过项目公开招标选定代建单位的模式。例如北京市发改委就是委托专业的招标代理机构，通过公开招投标选定代建单位，而工程总投资、代建管理费等都在招投标中进行确定。②

在对代建制的运行模式进行划分之后，一些学者还对各个模式进行了进一步的比较分析。

周国栋认为北京、上海和深圳三地的代建模式正好代表了代建制的三种不同模式，这三种模式都有独特的优势。他认为北京通过公开招投标来选择代建人的模式优于另外两种，其机制设计比上海模式和深圳模式更加科学、先进。他指出，上海模式和深圳模式在推行过程中都遇到了较大阻力，其根本原因在于还没有通过市场化的方式选择代建人。③ 他的这种观点也是当前理论界的主流观点。

汪慧颖以我国代建制模式运作具有代表意义的上海、深圳为例，展开运行模式的优劣分析。汪慧颖认为这两种模式虽然都在一程度上解决了政府工作效率低下的问题，但是在实施过程中由于权、责、利界定的缺失，以及模式本身发展的相对滞后性，仍然阻碍了非经营性政府投资项目运行中代建制优越性的体现。④

---

① 郭留洋．政府投资项目代建制管理模式研究［D］．天津：天津大学，2006.

② 康克龙．“代建制”理论与实务若干问题探讨［J］．中国招标，2005（21）：20－24.

③ 周国栋．政府投资项目代建制改革研究［J］．建筑经济，2005（4）：9－14.

④ 汪慧颖．代建制模式问题与对策研究［J］．中南财经政法大学研究生学报，2010（1）：78－82.

1.2.2 关于政府投资工程建设各环节中问题的研究

目前关于政府投资工程建设管理中具体问题的研究主要集中在以下几个方面：

（1）关于工程招标管理，主要涉及招投标对于政府投资工程建设的重要意义、招标过程中的委托代理关系和工程招标采购中存在的问题等方面。论文类有：丁志刚、周少东《论建筑工程招投标制度评标及办法》(2005)①，林巧华《浅析我国工程政府采购与招投标的衔接问题》(2008)②，胡波朗、蔡荣《政府采购评标之我见——对建筑工程招标投标案例刍议》（2010)③，马跃成《建筑工程政府采购的招投标技术性分析》(2010)④；著作类有：曹富国等《政府采购招标投标法的适用》（2002)⑤，张莹《招标投标理论与实务》(2003)⑥。

（2）关于工程合同管理，主要涉及合同文本规范问题、合同争议的解决途径和方法、合同设计原理等方面。论文类有：王轩《谈国际工程合同发展的新趋势》(2007)⑦，王慧《建设项目工程合同索赔管理》（2010)⑧；著作类有：邱闯《国际工程合同原理与务实》（2002)⑨，苟伯让《建设工程合同管理与索赔》（2003)⑩，张水波等《FIDIC 新版合同条件导读与解析》(2003)⑪。

（3）关于工程担保，主要涉及政府投资工程风险防范方法创新、风险分担方式、担保存在的问题等。论文类有：倪炜《浅析现阶段我国的工程

---

① 丁志刚，周少东．论建筑工程招投标制度评标及办法［J］．陕西建筑，2005（3）：26－27.

② 林巧华．浅析我国工程政府采购与招投标的衔接问题［J］．中国工程咨询，2008（4）：48－49.

③ 胡波朗，蔡荣．政府采购评标之我见——对建筑工程招标投标案例刍议［J］．中国政府采购，2010（1）：78－80.

④ 马跃成．建筑工程政府采购的招投标技术性分析［J］．中国房地产金融，2010（5）：26－28.

⑤ 曹富国，等．政府采购招标投标法的适用［M］．北京：企业管理出版社，2002.

⑥ 张莹．招标投标理论与实务［M］．北京：中国物资出版社，2003.

⑦ 王轩．谈国际工程合同发展的新趋势［J］．陕西建筑，2007（5）：8－9.

⑧ 王慧．建设项目工程合同索赔管理［J］．内江科技，2010（1）：130.

⑨ 邱闯．国际工程合同原理与务实［M］．北京：中国建筑工业出版社，2002.

⑩ 苟伯让．建设工程合同管理与索赔［M］．北京：机械工业出版社，2003.

⑪ 张水波，等．FIDIC 新版合同条件导读与解析［M］．北京：中国建筑工业出版社，2003.

担保》（2009）①，李波《建设工程担保有关问题探讨》（2010）②，王迎莹《建设工程担保解决方案的探讨》（2010）③；著作类有：于九如《投资项目风险分析》（1999）④，邓晓梅《中国工程保证担保制度研究》（2003）⑤。

（4）关于政府投资工程集中支付制度研究，主要涉及目前工程资金管理制度的缺陷分析、实行集中支付需要哪些配套措施等问题。论文类有：杨山君《谈工程变更价款的控制与管理》（2002）⑥，徐茂义、陈雅月《国库集中支付制度在尼尔基工程建设中的运用》（2005）⑦，夏立明等《我国政府投资项目集中支付制度研究》（2003）⑧；著作类有：马国贤《中国公共支出与预算政策》（2001）⑨。

（5）关于工程造价管理，主要涉及如何科学估算工程造价、国外工程造价管理经验介绍和投资控制等问题。论文类有：黄惠平《政府投资项目工程造价管理研究》（2009）⑩，蔡建东《政府代建项目工程造价管理与控制》（2011）⑪；著作类有：龚维丽《工程造价的确定与控制》（2001）⑫，郝建新等《美国工程造价管理》（2005）⑬，严玲等《工程造价概论》（2009）⑭。

（6）关于发达国家和地区政府投资工程建设管理的成功经验论述。论文类有：邓蜀娟、王月明《国内外工程造价管理模式之比较》（2006）⑮，许娟《美国政府投资工程管理研究》（2007）⑯，朱璇、于阳如《发达国家政

---

① 倪炜．浅析现阶段我国的工程担保［J］．建筑，2009（11）：28－29．

② 李波．建设工程担保有关问题探讨［J］．消费导刊，2010（02）：142．

③ 王迎莹．建设工程担保解决方案的探讨［J］．建筑经济，2010（5）：87－89．

④ 于九如．投资项目风险分析［M］．北京：机械工业出版社，1999．

⑤ 邓晓梅．中国工程保证担保制度研究［M］．北京：中国建筑工业出版社，2003．

⑥ 杨山君．谈工程变更价款的控制与管理［J］．内蒙古统计，2002（5）：25－26．

⑦ 徐茂义，陈雅月．国库集中支付制度在尼尔基工程建设中的运用［J］．水力发电，2005（11）：15－17．

⑧ 夏立明，等．我国政府投资项目集中支付制度研究［J］．财经问题研究，2003（6）：60－63．

⑨ 马国贤．中国公共支出与预算政策［M］．上海：上海财经大学出版社，2001．

⑩ 黄惠平．政府投资项目工程造价管理研究［J］．中国建设信息，2009（10）：70－71．

⑪ 蔡建东．政府代建项目工程造价管理与控制［J］．建筑经济，2011（2）：38－40．

⑫ 龚维丽．工程造价的确定与控制［M］．北京：中国计划出版社，2001．

⑬ 郝建新，等．美国工程造价管理［M］．天津：天津大学出版社，2005．

⑭ 严玲，等．工程造价概论［M］．北京：人民交通出版社，2009．

⑮ 邓蜀娟，王月明．国内外工程造价管理模式之比较［J］．重庆建筑，2006（3）：58－61．

⑯ 许娟．美国政府投资工程管理研究［J］．保山师专学报，2007（2）：64－66．

府投资工程的立项管理程序》(2010)①;著作类有:尹贻林、阎孝砚《政府投资项目管理模式研究》(2002)②,王振强《英国工程造价管理》(2002)③。李德全在《发达市场经济国家和地区政府投资工程管理方式》一文指出,虽然各国的具体管理体制不尽相同,但严格和完备的法律和法规约束、全过程及全方位的监督、注重对参与各方的管理来预防违规、管理过程透明、责任追究机制严格明确等,是它们的共同特点。④

上述提及以及未提及的我国研究者的研究对于推动我国政府投资工程建设管理改革做出了巨大的贡献,也为本书对未来政府投资工程管理具体机制设计方面的研究提供了坚实基础。

1.2.3 关于代建制的委托代理问题

1. 委托代理理论的研究

委托代理理论是从经济学中发展出来的,研究委托代理关系中存在的合同问题及其解决的理论。在信息经济学中,处于信息优势地位的一方是“代理人”,“委托人”则是处于信息劣势的一方。委托代理理论是信息经济学的基石,目前被广泛地应用在管理、金融等学科中。

(1) 国外关于委托代理理论的研究。委托代理理论起源于亚当·斯密所著的《国民财富的性质和原因的研究》⑤。亚当·斯密认为,只有对劳动进行专业分工才能提高生产效率,才能创造更多的财富。这正是对委托代理问题产生的原因的解释,但是亚当·斯密并没有对委托代理理论进行更为深入的分析。

20 世纪 30 年代,伯利与米恩斯⑥通过实证研究,提出了将“控制权和所有权分开”的理论,从而开创了现代的委托代理理论。但是,最早对委

---

① 朱璇,于阳如.发达国家政府投资工程的立项管理程序[J].企业导报,2010(10):44.

② 尹贻林,阎孝砚.政府投资项目管理模式研究[M].天津:南开大学出版社,2002.

③ 王振强.英国工程造价管理[M].天津:南开大学出版社,2002.

④ 李德全.发达市场经济国家和地区政府投资工程管理方式[J].建筑经济,2002(6):9-12.

⑤ 亚当·斯密.国民财富的性质和原因的研究[M].郭大力,王亚南,译.北京:商务印书馆,1997.

⑥ Berle A A, Means G C. The Modern Corporation & Private Property [M]. NewYork: MacMillan, 1932.

托代理理论进行模型化研究的是威尔逊（Wilson）①、罗斯（Rose）② 等人。他们提出了“状态空间模型化方法（state-space formulation）”，从而非常直观地表现了委托代理的各种技术关系。20 世纪七八十年代，委托代理理论取得了突飞猛进的发展，学者们分别从不同角度对委托代理问题进行了研究。

Jensen 和 Meekling 从代理成本的角度对委托代理理论进行了研究。他们认为，由于信息不对称的存在，以及委托人和代理人的利益分歧，必然会产生代理成本，且在委托代理的过程中很难实现帕累托最优配置。他们还认为，可以通过让代理人拥有剩余索取权来降低代理成本。③

霍姆斯特姆（Holmstrom）等人从激励约束机制的角度对委托代理理论进行了研究，他们将激励约束机制分为“显性激励机制”和“隐性激励机制”，他们认为委托人既可以根据代理人绩效情况来奖惩代理人，也可以通过长期的委托代理关系对代理人进行激励和约束。④

莫里斯（J. Mirrlees）等人从信息不对称的角度对委托代理理论进行了研究。莫里斯通过其构建的道德风险问题模型，展示出由于委托人处于信息劣势，因此需要承担掌握信息优势的代理人的投机行为所导致的风险。⑤

（2）国内关于委托代理理论的研究。我国经济体制改革以后，有关委托代理理论的著作不断涌现，委托代理理论也被广泛地应用于实践中，包括公共项目建设中的委托代理问题。然而与西方理论界相比，我国学者对委托代理理论的研究大多是描述性研究，对委托代理模型的研究相对匮乏，与西方的研究相比还存在很大差距。

张维迎对委托代理理论有较为深入的研究。他从非对称发生的时间和非对称信息的内容两个角度出发，将非对称信息情况下的模型概括为隐藏行动的道德风险（moral hazard with hidden action）模型、隐藏信息的道德风险

① Wilson R. The Structure of Incentives for Decentralization under Uncertainty [J]. La Decision, Paris, 1969.

② Rose S. The Economic Theroy of Agency: The Principal's Problem [J]. The America Economic Review, 1973.

③ Jensen M, Meekling W H. Theroy of the Firm: Management Behavior, Agency Costs and Ownership Structure [J]. Journal of Financial Economics, 1976.

④ Holmstrom B. Managerial Incentive Problems: A Dynamic Perspectives [J]. Review of Economic Studies, 1999.

⑤ Mirrlees J. Theroy of Moral Hazard and Unobservable Behavior: Part I [J]. Review of Economic Studies, 1999.

(moral hazard with hidden information）模型、逆向选择（adverse selection）模型、信号传递（signaling model）模型和信息甄别（sercening model）模型。[①]

陈通等通过对委托代理链条的研究，指出要改进公共项目的委托代理系统就要"简化委托代理关系并提高信息的传递及利用效率"。[②]高程德主要从行为人角度分析了委托代理关系中存在的各种要素以及委托代理关系的行为主体。[③] 简新华则从代理成本的视角出发，针对我国的实际情况，提出了抑制委托代理问题的激励约束机制。[④]

2. 代建制中的委托代理关系

尹贻林、阎孝砚在《政府投资项目代建制理论与实务》中指出政府投资工程代建制中存在多层多级委托代理链关系。他们认为政府投资工程的所有人是全体公民及国家。公民以投票的形式将政府投资工程的监督权授予人民代表大会，同时作为初始委托人的全体公民也将公共项目的投资及管理授权给政府进行。但是由于政府投资人的地位是虚置的，因此政府也要委托其下属的机构，各政府机构又委托代建人，而代建人还需要同承包商、设计单位等建立委托关系，从而形成了一条公众—各级政府—政府具体部门—代建管理公司—项目执行层的多级委托代理链。[⑤]

彭杰认为代建制中不同机构之间的基本委托代理关系可分为四个层次，分别为公众委托人大，人大委托政府，政府委托代建人，代建人委托施工、设计、监理等单位，并对政府委托代建单位进行了深入的分析。[⑥]

严玲、赵黎明与尹贻林等的观点基本相同，他们也认为政府投资工程中的委托代理关系是一个多级的委托代理链条。但与尹贻林等的关注点不同的是，他们认为，在政府投资工程中还存在着两个层级：第一个层级的委托代理关系的方向是由下到上的，表现为公众将全民所有的资产交由政府进行公共管理；第二个层级的委托代理关系表现为政府业主（中间委托人）将大

---

① 张维迎．博弈论与信息经济学［M］．上海：上海人民出版社，1996.

② 陈通，张国兴，谢国辉．项目委托代理系统有序度和运行效率［J］．建筑管理现代化，2000（2）：4.

③ 高程德．现代公司理论［M］．北京：北京大学出版社，2006.

④ 简新华．委托代理风险与国有企业改革［J］．经济研究，1998（9）.

⑤ 尹贻林，阎孝砚．政府投资项目代建制理论与实务［M］．天津：天津大学出版社，2006.

⑥ 彭杰．代建制委托代理问题研究［D］．北京：清华大学，2008.

量公共建设项目委托给建造企业完成。①

3. 代建制中委托代理问题的产生原因及解决途径

彭杰从契约理论的视角出发，认为导致委托代理问题的原因在于信息不对称和合同不完备，分别探讨了解决代建制中逆向选择和道德风险问题的措施，提出代建制中逆向选择的解决措施有：改进招投标方式及招投标监督机制；道德风险的解决措施有：改进代建合同激励机制，建立代建人声誉激励机制，以及完善代建合同等。②

彭天明从项目风险的角度出发，指出委托人和代理人之间通过信号传递和信号甄别可以有效解决逆向选择问题；道德风险问题则可以通过加强合同激励、建立代建人声誉激励机制、加强委托人的监督，以及进行风险分担来解决。③

张良从治理视角出发，指出要消除政府投资工程中的委托代理问题，就必须加强对代建人的选择及工程建设等环节的管理，同时还要在委托人与代理人之间建立有效的沟通机制，尽量减少信息不对称造成的影响。他还认为，信息不对称是不可能完全消除的，因此要消除委托代理问题，保证政府投资工程的质量，维护委托人的利益，还必须建立起对代建人的激励和监督机制。④

以上从代建制的模式研究、具体的管理问题和代建制中的委托代理问题等角度出发，简要回顾了已有的研究文献与成果。通过回顾我们发现：

（1）目前对代建制模式的研究中，很多研究仍停留在把代建制作为一种先进经验引入介绍的阶段。至今代建制推广已有年头，然而目前缺乏系统地对代建制这些年的真实运转状况进行评估的研究。虽然也有研究提到代建制存在的问题，但是并没有深入对代建制执行中的异化现象进行理论探源，更缺乏研究客观地指出代建制已陷入形同虚设、绩效欠佳的困境。

（2）在代建制中的具体管理问题研究方面，普遍侧重对新理念、新方法或者国外经验的引入；但是忽视这些机制在现实中的适应性，尤其是忽视

---

① 严玲，赵黎明．政府投资项目双层多级委托代理链的分析［J］．财经问题研究，2005（12）：41－46.

② 彭杰．代建制委托代理问题研究［D］．北京：清华大学，2008.

③ 彭天明．基于委托—代理理论的政府投资项目代建制风险研究［D］．重庆：重庆大学，2008.

④ 张良．治理视角下我国政府投资行为中的委托代理关系研究［D］．成都：电子科技大学，2011.

政府能力对这些管理方法实现或者有效运转的限制。

（3）在代建制中委托代理问题研究中，学术界对代建制的代理问题已经有了较为突出的认识，主要依托委托代理理论，设计了各种激励约束机制和政策来解决它。但是笔者以为，在这些研究中缺乏对激励约束机制生效的行政环境的系统研究。而代建制现有的困境并不仅仅是信息不对称的问题，很大程度上是政府治理能力的问题。虽然有学者就某些具体的代建环节的政策失效提出政策建议，但缺乏系统地从政府治理能力角度对问题根源的追溯，以及对政府行为背后真实动因的关注。

1.3 研究的理论基础

由于代建制是将政府投资工程的建设交与专业的工程服务公司进行管理，类似于投资人将公司交与经理进行管理，因此从委托代理角度对代建制的研究颇为丰富，并为代建制改革提出了很好的政策建议。

虽然委托代理分析框架已比较成熟，被广泛运用到各类经济关系中，如税收、就业、货币政策等，但是将委托代理理论从公司治理领域引入代建制这类领域时，起码应该注意两个问题：第一，委托代理框架下设计的激励约束机制需要委托人较高的市场管理技巧去实现，而代建制中作为委托人的政府，其行为逻辑、治理方式与市场中的投资人大相径庭，尤其是转型中的中国的行政理念与市场治理能力都比较滞后。因此在探寻代建制执行困境的根源时，需要重视现实环境约束问题。第二，经典委托代理模型里面将代理人预设为具有私人信息，相对于委托人有信息优势，因此较多地考察代理人的机会主义。而在代建制中，政府兼具投资者、监督者等多重角色，拥有代建人所不具备的重要信息，并且具有较为复杂的内部利益冲突，这都超出了经典委托代理理论对委托人性质的假设。更重要的是，政府委托人的“强势”可能比代建人的机会主义对代建制的影响更恶劣。基于此，笔者希望借鉴公共选择学派将“经济人”引入公共管理学的方法，通过深入剖析政府委托人（官僚）的“理性”行为，来丰富委托代理理论在代建制中的应用，使其更贴近现实。总之，本书的研究仍是在委托代理理论框架下展开，希望借助于政府治理理论以及理性经济人理论对代建制困境中的真实根源进行探寻。

1.3.1 委托代理理论

委托代理理论是过去30多年里契约理论最重要的发展之一。它是20世纪60年代末70年代初，由罗斯（Ross）、詹森（Jensen）与麦克林（Meckling）等经济学家深入研究企业内部信息不对称和激励问题发展起来的。委托代理关系是一种契约关系：通过契约，一个人或一些人（委托人）授权给另一个人（代理人），代理人为委托人的利益从事某项活动，但又与一般的雇佣关系不太相同，其特点是委托人授予代理人相当大的自主决策权，但委托人在监控代理人活动方面存在困难，即会产生“代理问题”（agency problem，也被称作委托代理问题）。简单来讲就是，代理人利用自己的信息优势采取行为损害委托人利益，最大化自身利益。代理问题一般被具体总结为逆向选择与道德风险。以契约订立为分割点，事前发生的为逆向选择，事后发生的为道德风险。基于此，委托代理理论的中心任务是研究在利益相冲突和信息不对称的环境下，委托人如何设计最优契约激励代理人。

1. 代理问题的产生原因

（1）有限理性。这个概念是由诺贝尔经济学奖得主西蒙提出的，他指出人处理信息的能力是有限的，因而在决策中不可能考虑到全部的可能性及其后果，并做出完全理性的选择。西蒙对新古典经济学理论的完全理性假定不现实之处进行了深入剖析，指出其两个致命弱点：一是其假定未来变化与目前状况保持一致，二是假定全部可供选择的备选方案和策略的可能结果都是已知的，所以完全理性只能存在于理论抽象之中，更贴近现实的是人类的理性是有限的，而不是全知全能的理性。进而人类选择机制应当是有限理性的适应机制，而不是完全理性的最优机制。

（2）机会主义。经济学假定人是理性的，并且追求利益的最大化。机会主义不只是理性经济人追求利益最大化的别称，它假定人是恶的，会利用信息、策略、权力等为自己谋取私利，并且损害他人的利益，包括公共利益。

（3）信息不对称。信息不对称指信息在交易双方的分布不平衡，一方拥有信息而另一方没有信息。信息不完备并不是问题，而信息不对称会造成问题，个体会利用信息优势谋取利益最大化。

（4）契约的不完备性。订立一个“一切都讲清楚了”的完备契约成本极高，这阻止了完备契约的可能。而且一个契约里不可能对未来所有的情况都穷尽，事态的发展是无法完全预测的。因此在履约过程中，会出现无法追究责任、无法有效惩罚的情况。代理人会利用这一点进行投机行为。

2. 代理问题的解决之策

（1）逆向选择问题的解决策略。逆向选择的核心难题是，委托人对代理人的真实信息无从获得且无法判断真假。因此，应该改善合同的设计来有效获得代理人的私人信息，建立有效的信号传递或信号甄别机制是关键。信号传递是指在面临多个代理人的选择时，委托人因不知道代理人的信息而难以决定，代理人可通过某种形式传递自身的信息。信号甄别是指在面临多个代理人的选择时，委托人提供多个合同供代理人选择，代理人根据自身的类型选择一个最适合自己的合同，并根据合同选择行动。最简单直接的信号传递机制就是在工程中应用公开招投标机制，而信号甄别机制在工程建设中应用难度较大。

（2）道德风险问题的解决策略。为解决道德风险问题，委托人一般可以从三个方面着手：①设计激励合同以调动代理人的积极性，使其努力工作，诱使代理人从自身利益考虑出发选择对委托人也有利的行动；②形成竞争的代理人市场，利用时间和声誉来约束代理人，用市场退出对代理人形成压力；③构建有效的监督机制，减少信息不对称，关键是使代理人为其违规行为付出代价，以达到惩戒目的。三者相辅相成，保持平衡。

在合同激励机制中，为了引导代理人选择委托人即政府投资人所希望的行动，政府投资人通过设计合同激励条件来明确双方的委托代理关系和利益分配，代理人通过履行合同来获得经济利益，同时也实现了政府投资人的意愿。但在实际中，合同有可能得不到完全的履行，从而导致合同激励机制的失效。

声誉激励机制可以避开契约不完全履行的问题，因为在声誉激励机制中，代理人市场对代理人行为具有约束力。在竞争的市场上代理人的市场价值（收入依据）决定于其过去的经营业绩，从长期来看，代理人必须对自己的行为负完全的责任；因此，代理人会积极努力工作，提升自己在代理人市场的声誉，从而提高未来的收入。需要强调的是，声誉激励机制在多次委托代理关系中才有效，是依靠时间来解决代理问题。

1.3.2 理性经济人假设

“经济人”（economic man）又称“理性经济人”，一般认为这种假设最早由英国经济学家亚当·斯密（Adam Smith）提出。他认为人的行为动机根源于经济诱因，人都要争取最大的经济利益，工作就是为了取得经济报酬。为此，需要用金钱与权力、组织机构的操纵和控制。理性经济人的假设，反映了人的基本行为特征及个人在经济活动中遵循理性原则，在作出决策前，个人往往会经过仔细的计算和分析，以求实现利益的最大化。此理论可称得上构建西方经济学大厦的基石。而公共选择理论将理性经济人假设引入政治研究领域，运用经济学的方法研究集体选择决策，这也为后来的公共管理研究注入新的动力。理性经济人假设目前也经常被用来分析官僚的行为逻辑，已取得一系列成果。

1. 官僚个人利益最大化

公共选择学派的代表人物丹尼斯·缪勒（Dennis C. Mueller）认为，可以把公共选择定义为对非市场决策的经济学研究，其基本假定是经济学的经济人假设，即人是自利的、理性的效用最大者。[①]布坎南（Buchanan）也对人的自利性进行了深刻的论述，他指出“个人的行为天生要使效用最大化，一直到他们遇到抑制为止”[②]。即个人无论处在什么地位（包括企业领袖、政府官僚），其本性都是一样的，都以追求个人效用或利益最大化为基本动机。以此为逻辑起点，在政治活动或行政管理活动中，为防止个人利用权力或其他手段损害他人利益，因此需要通过制度安排或政策设计来约束政府官僚的自利性，一项好的政策设计能够抑制官僚不当追求个人利益最大化。

理性经济人假设下对官僚利益最大化描述最著名的是尼斯坎南。他在1971年《官僚制组织与代议制政府》里强调，官僚就像经济市场中的消费者与厂商一样，是理性自利的，是个人利益最大化的追求者。官僚组织和官僚个人的行为动机和出发点，既不是作为普遍福利的社会公共利益，也不是政治家所引导的国家利益，而是官僚组织和官僚个人的利益。他们提供公共物品的意愿和程度，是基于某一物品和服务与官僚自我利益实现的关联程度之上的。如果没有相应的硬性制度约束，官僚倾向于首先实现自我利益最大化。[③]

虽然尼斯坎南的官僚预算最大化模型引起很多争论，被批评为不是准确的理论，而且其描述的官僚倾向于通过预算的最大化来实现自身利益最大化

---

① 丹尼斯·C缪勒．公共选择理论［M］．杨春学，等译．北京：中国社会科学出版社，1999.

② 詹姆斯·布坎南．自由、市场与国家［M］．吴良健，等译．北京：北京经济学院出版社，1988：24.

③ 威廉姆·尼斯坎南．官僚制与公共经济学［M］．王浦劬，等译．北京：中国青年出版社，2004：195－202.

的方式，与我国的官员利益最大化实现方式也不相符，但是其以追求自身利益最大化的视角来分析官僚行为的深层根源，无疑对本书如何研究政府在代建制中的反常行为提供了一个很好的思路。

2. 寻租理论

戈登·图洛克（Gordon Tullock）在1967年《关税、垄断和偷窃的福利成本》中提出寻租理论并将之不断发展，认为寻租是"那种利用资源通过政治过程获得特权从而构成对于他人利益的损害大于租金获得者收益的行为"[①]，把寻租视为凭借政府准许的特权取得垄断地位并获得垄断租金的一种努力。它虽然使某些个人获益，但却给全社会带来了损失，造成资源浪费。克鲁格（Krueger，1974）正式提出寻租理论，将其运用于国际贸易等领域。随着理论的发展，布坎南（Buchanan，1980）从寻租产生的条件和层次、政治分配与寻租等内容上对寻租理论进行扩充，认为寻租产生的条件是存在限制市场进入或市场竞争的制度或政策，往往与政府干预的特权有关。他着重于强调寻租基本上是通过政治活动进行的，而限制寻租就要限制政府。而租金是指某生产要素所有者获得的收入中，超过这种要素的机会成本的那部分剩余。[②] 寻租理论也是以理性经济人追求自身利益最大化为逻辑前提，这个领域结合了对于市场经济和对政府的微观研究，也因此可以被视为一种新的政治经济学。

经济人追求自身利益的活动大致可分为两大类：寻利和寻租。寻利是对生产性利润的追求，基本算是正面的，包括物质和人力资本的投入、技术和制度的创新以及人们从事的科学研究、产品开发、公平交易等，是增进社会福利的；寻租是对直接的非生产性利润的追求，其通过对发包权、签证权、验收权等的权力变现来实现，并不生产具体的产品或劳务，不能增加社会福利与扩大社会生产规模，有时甚至还会阻碍生产，是一种零和甚至于负和博弈，是有损于社会福利的活动。

作为经济利益的当事人或独立的经济主体，无论是寻利还是寻租，其行为从个人角度看都是合乎理性的。经济人选择寻利还是寻租，取决于活动所处的具体经济、管理体制环境。同一个经济人在某种制度环境中可能是个寻利者，从事生产性活动和服务，从而增进社会福利，到了另一种制度环境中

① 戈登·图洛克. 关税、垄断和偷窃的福利成本［M］. 李政军，译. 经济社会体制比较，2001（1）.

② 詹姆斯·布坎南. 寻求租金和寻求利润［J］. 经济社会体制比较，1988（6）.

就可能成为寻租者，从事非生产性的活动，从而造成社会资源浪费和社会福利损失。因此，具体的制度设计和运行环境对于抑制寻租活动来说至关重要。

一般来说，寻租的条件包括政府（或行业协会等有权机构）干预、市场分割、预期的经济租金，寻租的形式包括合法寻租与非法寻租，寻租的层次包括民间寻租、官员寻租与社会寻租等。

第2章　政府投资工程管理的国际先进经验介绍

国外发达国家和地区以及我国的香港地区，政府投资工程领域经过多年的发展，已逐步形成了一套成熟而科学的运行规范和制度。借鉴其成功的经验，无疑可以使处在市场经济体制建设初期我国的政府投资工程管理少走弯路，更好地发挥政府投资效益，对于政府投资工程代建制改革具有重要的意义。

一般认为，这些国家和地区在公共建设领域的成就得益于以下几个方面：严格的法律法规体系、良好的分工和组织体系、独特的项目管理理念和程序、完善的监督体系、有效的项目建设方式、规范的合同管理和资金给付、透明的信息公开和中介咨询、公平的工程采购方式等。下面对各国和地区的经验的介绍将主要依此脉络进行。

各国和地区在政体、经济繁荣程度和政治文化氛围方面具有很大的差异性，虽然在公共建设领域具有相近的诉求目标，但所依赖的途径和动力等方面却可能大相径庭。例如在政府投资工程建设管理程序的监督方面，新加坡强大高效的检察机关作用关键，而美国更注重通过完备法制环境下的充分市场竞争压力来促进设计、施工企业的自我约束。我们必须认识到：各国和地区政府投资工程建设管理体制是与其整个行政管理体制相适应的。

2.1　美国政府投资工程管理概述

美国作为世界上最发达的市场经济国家，其政府投资工程承建管理的基础是建立在较为成熟的政府管理体制和机制之上的。美国是典型的“政府有限度地干预经济式”自由市场经济国家，美国政府基本的经济管理职能大体可归结为三个方面：①经济行政事务的管理，如制定经济法律、法规，维护正常经济秩序；②宏观调控经济，如利用财政和货币政策，引导经济健康发展；③提供经济服务，其中非常重要的一个举措就是投资兴建各种公共工程。美国政府投资工程的指导原则是及时向用户交付最有价值的产品和服务，保持公众信任，实现公共政策的目标。

2.1.1　美国的相关法律法规体系及管理组织架构

1. 相关法律法规体系

美国非常注重以法律来规范政府行为。对于政府投资工程建设，也同样有一套完整的法律法规。总体来说，美国关于政府投资项目的主要法律法规是美国联邦采购政策办公室制定的《联邦采购规章》（*Federal Acquisition Regulation*，FAR），另外还有美国国会1962年颁布的订立政府合同过程中的诚实法律，美国国会1984年颁布的订立政府合同时促进公平竞争的法律，以及每一个行政机构制定的部门规章制度。此外，美国政府投资项目的合同管理还必须受一些公共法律的约束，如合同法、企业法、小企业法等。

同时，在政府投资工程项目承建上，对于各具体的区域建设，也有相关的详细法规。例如，美国政府注意运用政府投资手段促进地区经济均衡发展和产业结构的优化，自20世纪60年代起，相继颁布了《地区再开发法》（1961）、《加速公共工程法》和《人力训练与发展法》（1962）、《农村发展法》（1972）等。为了加快西部和落后地区发展，美国国会专门通过了《田纳西河流域管理法》（1933）和《阿巴拉契亚地区发展法》（1961），并运用税收优惠、政府采购、直接投资等措施引导地区经济全面发展。

2. 相关管理组织架构

政府投资项目的运行，需要一个安排合理的政府组织架构来保证。一个良好的组织体系为项目的收益提供了可能。美国是一个联邦制国家，联邦政府、州政府以及地方政府分别对各自的工程项目进行管理。在政府投资的管理上，各州之间以及州与联邦政府之间不尽相同。

根据政府的职能定位，政府投资工程主要集中在改善社会和经济环境方面的项目上，如交通、城市设施、农业基础设施、水利设施、军事及国防设施、高科技项目、政府办公用房等。同时，各级政府在投资活动的分工上也比较明晰：联邦政府主要负责涉及国家全局或需要巨大投资的项目，如国家公路和州际交通、国防、宇航以及其他需要花费巨大的高科技项目；州政府负责州内的公路、州管的福利和文化等设施的建设；市政府负责城市内的交通、供水、污水处理、消防和社会治安设施等的建设；县政府负责县属的学校和福利设施等的建设。

每个部门都拥有相对专业的管理队伍。对于一般的政府投资工程，美国各级政府一般根据行业的不同，分别由不同的部门实行专业化管理。对于联邦政府负责投资的住宅及城市设施、农业基础设施、水利设施、军事及国防设施、交通、政府办公用房等，分别交由住宅及城市建设部、垦务局、美国工兵部队、交通部、总务管理局等实施专业化的管理。对于一些特大型的工程，则组建类似密西西比河流域管理局这样的专门机构进行特殊管理。美国各州以及地方政府的政府投资工程管理体制大体相同，即由数个专业部门对本级政府的政府投资工程进行专业化管理。例如密苏里州，其政府投资工程主要由州运输局和设计建设处负责管理。

2.1.2 美国政府投资工程一般管理流程

联邦政府投资工程的决策及实施过程中，最终用户（政府投资工程的使用部门）以及管理与预算办公室、国会以及财政部都要以不同的形式参与：最终用户一般要参与审定设计和验收工程，管理与预算办公室要对项目的预算进行审定，预算还需经国会批准后方可继续执行，财政部负责工程建设资金的集中支付。联邦以及各州的政府投资工程的决策及实施程序不尽相同，但一般均具有以下特点：在项目的决策阶段，项目要经过同级财政部门和议会的严格审查；在项目的实施阶段，则由项目的执行机关严格按照规定程序以及有关合同对项目进行严格的管理。

以美国总务管理局的项目运行过程为例，一个大型项目从设计到建设直至交付使用，大约需要如下四个阶段的工作：①区域规划。总务管理局房地产开发办公室的每个地区办公室都有自己的区域规划，以明确自己的投资战略。总务管理局总部的投资管理办公室在此基础上每年对循环滚动的5年计划进行更新。②对计划任务书深入研究。计划实施的工程将从区域规划中挑选出来以便进一步深入运行，即总务管理局做出决定，批准某一项目，并向管理与预算办公室和国会提出所需投资额度。③项目审定。管理与预算办公室对作为总务管理局的预算请求的构成部分的每个说明书进行检查并上报国会，国会审定项目，并且在联邦预算中安排适当的资金。④项目管理。总务管理局下属的房地产开发办公室组织成立一个项目小组，该小组由建筑师、工程师、建设经理、总务管理局的客户或租户、房地产开发专业人士等组成，负责对工程自始至终地进行集权化的管理，并承担责任。

2.1.3 美国政府投资工程管理一些关键环节的原则

1. 政府投资工程的承发包原则

美国规定，政府投资工程的承发包必须坚持《政府采购规章》规定的基本原则和方法。具体包括：①完全与公开竞争原则；②公众利益和承包商利益的平衡原则；③保证程序的完全性原则；④政府要认真考虑所有的标书和投标文件的原则。

2．招标原则

政府投资工程一般以公开招标方式为主，但允许在一定条件下采用竞争性谈判和单一来源承建方式。在采用招标方式时，原则上实行最低价格中标原则，但合同官员要确认承包商的负责任性。即在授予合同时，要检查承包商按照项目的要求执行合同的能力，从而避免其为中标而恶意压价的情况。确定承包商的负责任性时要求查阅调查以下事项：承包商圆满执行合同的能力，包括其财务资金，以及承包商是否拥有要求的政府证书或者许可证；承包商利用自身实力履行合同的意愿和决心；承包商是否拥有足够的诚意不折不扣地执行合同。在采用最低价中标原则时，政府往往会设定一个最低价，这种限制是为了防止低于成本价的倾销造成工程的质量问题。

3．合同管理和资金给付原则

美国政府在工程建设合同中相对于承包商只是一个有“部分特权”的平等主体，严格的合同管理保证了整个市场的有序运转。

（1）建设方式。美国政府投资工程的建设方式仍然主要采用传统的所谓三角方式，即业主分别与设计机构和承包商签订设计和施工合同，业主直接对设计工作进行管理，在施工阶段则由设计人员代替业主承担一部分重要的监督工作。另外，针对工程的具体特点，有时也采用其他方法，如CM方式等。

（2）合同形式。美国政府投资工程的合同形式以固定价格合同为主，但同时也有多种其他类型的合同。合同内除常规内容外还有一些规定政府部门特权的特殊条款，如美国规定政府有权力在认为“符合政府利益”的任何时候中止合同。这时候，承包商仅有权力追索执行合同中已经发生的费用及已经完成工作量的利润，但没有权力收回任何将来期望得到的利润或者造成的损失。

（3）合同管理。政府投资工程的合同管理一般都由政府部门委派一名“合同官员”实施管理，在发生变更事项时，一般采用友好协商和调解的方式解决分歧，无法达成一致时申请仲裁或提起上诉。如果政府与承包商由于合同修改而在增加报酬和时间延期的问题上不能够达成一致时，政府可以发出一个单方面的合同修改意见，承包商只能先执行后申辩。

（4）资金支付。在工程价款的支付方面，一般采用集中支付模式，即承包商提出支付申请，经"合同官员"确认后，由财政部门直接将资金拨付到承包商账户。

4. 监督原则

为防止政府投资项目实施中的腐败行为，保证投资效果，美国政府建立了相应的监督机制。其具体内容如下：

（1）健全的监管体系。美国政府投资项目监管分为国会监管、政府部门监管和公众监督三个层次。对政府投资项目管理部门实施外部监督的主要任务由总审计署办公室承担，它有权对行政机关的投资计划进行评估，可以接触所有政府文件，就政府机关的支出提出建议。美国政府职能部门是政府投资项目的具体规划、组织和实施者，对所辖项目的监管负有义不容辞的责任。政府职能部门还常常将一些监督检查工作委托给各类社会中介组织（如美国环境保护协会）进行。美国 1978 年建立了总检察官制度，并设立相对独立的监督评价机构，对政府投资项目进行定期或不定期检查，有效地防止和纠正了政府职能部门对自身管辖项目监管不到位的问题。美国政府投资活动必须十分透明，并通过专家委员会、听证会、新闻媒体等形式接受公众监督。

（2）对政府投资工程实行事前、事中、事后相结合的全过程监管。美国政府各职能部门对政府投资项目的监管从项目规划即已开始，这一阶段的监督主要体现在对规划征询公众意见、开展调查、举行听证等方面。政府投资项目规划方案得到批准后，都要进行招标，政府监督有关各方严格依照法定的程序和条件进行招投标活动。在项目设计阶段，政府部门管理人员要向专家咨询，对设计图分阶段与专家和设计单位进行沟通。在施工中，政府部门或者派出自己的人员或者聘请中介机构进行监管，工程完工后要进行严格的验收和评价。另外，负责政府投资项目的行政机关内部也都设有独立于工程管理部门的监督部门，对其在招投标等环节的行为进行监督。

（3）对工程监管实现程序化、制度化、定量化。美国对政府投资项目的监管严格依据有关法律、规范和标准进行，尽量采用定量指标来衡量被检查对象的行为，并定期提交检查报告。

（4）强化信誉与风险约束。美国对设计、施工、监理等承包单位不采用评定资质的办法，对工程建设质量也不设专门的政府投资工程质量监督机构，而是靠风险约束和信誉制度等市场办法进行管理。

（5）严格处罚制度。对一般工作上的失误，采取提出改进意见的方式，督促有关单位改进；对违法违规行为，则采取罚款、赔偿、终止合同、取消资格等处罚；对严重违法行为，由司法机关立案调查，直至追究刑事责任。

2.1.4　注重公众参与和中介咨询

公众的参与和中介的咨询提高了政府投资工程决策的科学性，同时有利于公众对该项目的理解，促进其顺利开展。

在规划和计划阶段，政府项目管理部门要将相关的文件通过网络等媒体向社会公布，并举行听证会，广泛征求相关利益团体和市民意见，发挥民众在政府规划和项目决策方面的积极作用。例如，在一个具体承担项目策划的州和地方运输部的网站上，就会有正在征求意见的运输发展中长期计划文件草案，有拟建项目资料、专门委员会开会的时间、举行听证会的时间等。

政府部门需要咨询服务时，一般采用招标方式，委托咨询服务机构自主进行。咨询人员或机构不受任何社会力量和利害关系左右，站在独立立场上，凭借自己的智力和信息加工分析手段及相应的职业准则提供服务，确保行业的独立性和超脱性，保证服务结果的客观性和科学性。咨询报告要严格按程序和规定操作，并得到委托部门的认可。如果在执行过程中出现技术、数据、方法、推论等方面的错误，咨询公司要承担法律责任，依法赔偿经济损失。

2.2　英国政府投资工程管理概述

2.2.1　英国的相关法律法规体系及管理组织架构

1. 相关的法律法规体系

英国关于政府投资项目的法律法规主要是政府部门颁布的《采购政策指南》和《采购实施指南》，以法律法规的形式确定了关于政府投资项目的具体实施和管理方式，以及相应的监督和奖惩机制。此外，在施工阶段的项目管理上，国际咨询工程师联合会下设的土木工程合同委员会（简称 FIDIC）组织编写的《土木工程施工合同条件》，不仅是业主和承包商之间签订土木工程施工合同的指南，也为业主单位在项目施工阶段的管理提供了操作性很强的管理方法、步骤和程序规范。FIDIC 合同条款涉及项目范围管理、项目时间管理、项目费用管理、项目质量管理、项目人力资源和沟通管理、项目风险管理、项目采购管理等方面。按照 FIDIC 合同条款对建设项目进行管理，有利于保证工程质量、工期和控制费用，减少风险，实践性非常强。

2．负责政府投资工程建设的主要组织架构

英国的政府投资工程业主即英国政府主要公共支出部门有：国防部、社会保险与公益事业代理部、卫生部及全国卫生服务机构、环境及交通区域部、教育及就业部、内务部、内陆税务局、海关及国内货物税收总署以及北爱尔兰办公室、苏格兰办公室和威尔士办公室。为了对中央政府的采购与商务活动提供咨询，英国中央政府成立了政府商务办公室。英国政府投资工程选择承包商的方式主要是竞争性招投标，但也鼓励伙伴式、议标或共担风险等采购方式。

英国各政府部门的支出受议会公共支出委员会的监控。该委员会的主要职责是制定与建设项目管理有关的政策和法规，通过全面仔细地规范建筑行业以达到建设活动的有序进行。英国各政府部门的采购都是在政策指引的基础上进行的。各政府部门对自己的采购决定负责，但这些决定必须在财政预算的范围之内；同时，他们还必须就他们的所有支出向议会负责。

2.2.2 英国政府投资工程模式的发展

英国政府为了达到减少政府公共预算开支、提高工程质量和服务管理水平的目的，就关系到国计民生的政府投资工程建设制定了一系列引入私人资本竞争机制、民间融资投资的政策，建立政府监督管理下私人资本参与公共设施建设的管理模式，即 PFI（Private Finance Initiative）模式。其基本思路是将政府的项目，如道路、电站、医院、学校交由私人融资、建设和运营，英国 PFI 项目通常是 DBFO（Design-Build-Finance-Operate）项目，即由私人部门负责完成项目的设计、建造、融资和运营，并且通过提供服务来获得政府的付款或通过收费来取得经济补偿，或两者相结合。1997 年，英国政府提出了更为广泛的公私伙伴模式，即支持政府与私人部门更广泛地合作开发项目。

一般而言，英国的传统管理模式是：由财政公共预算出资，由公共建筑部负责经营管理，私人工程公司负责建设。其具体操作是政府向社会公开招标，由政府部门和私人公司签订建设合同，建成后移交公共建筑部。

后来政府又引入了另一种政府项目管理模式，即利用财产服务代理（Property Service Agency，PSA）。PSA 以项目管理者的身份代表政府对项目进行管理。一方面 PSA 雇用建筑师、测量师和工程师组建相应的管理机构；另一方面，PSA 也委托咨询机构完成专业化的咨询工作。通过实施 PSA 管理模式，PSA（专家机构）在业主（政府）与承包商之间建立了一种良好的联系；同时，PSA 制定的政府项目合同形式（GC Works Contracts）对保证项目的实施能顺利进行起到积极作用。

2.2.3　英国政府投资工程管理重要环节简介

1. 造价管理

英国十分注意对政府投资项目的工程造价管理。英国政府环境部地产服务中心负责组织各政府部门提出政府投资项目计划，由政府财政部审查，并核定投资额，然后列入国家年度政府预算。预算经批准后，由财政部负责拨款。为了确定投资、控制工作量及计价，各部门大都制定并经政府有关部门认可的各种建设标准的造价指标，它们是向国家申报投资、控制规划设计、确定工程项目规模和投资的基础。在立项阶段，预算师要参与可行性研究报告的编制工作，并编制投资估算，提供给政府有关部门决策。在招标阶段，政府投资工程一般都采取公开招标方式。在施工阶段，为确保结算不突破造价限额，规定不得随意变更设计。

2. 招投标管理

对于一般土木工程项目准备投标报价，英国制定了很详细的操作步骤，硬性要求政府投资项目按照这种方式进行，使得准备投标的单位有一个公平的竞争环境。其具体步骤如下：①对项目进行初步估价。②从招标文件中提取材料消耗量，从材料供应商处得到材料价格。细部工作一般由分包商承担，其工程量可以从投标文件中获得，其价格可以从分包商处得到。③对工地及其周围地区进行实地勘察并进行研究。取得的当地情况可作为施工实施的影响系数。④准备施工组织和详细的施工方案。其中包括详细的设备需求、临时工程、所需要的监理人员等。⑤临时工程的设计及其他需要承包商设计的项目，以及需要从造价中减去的工程数量。⑥检查招标文件中给出的主要工程数量。⑦对所列的工程数量和资料进行价格计算，为对工程造价进行估算做准备。根据合同条件和财政需求等做出估价，并准备风险（或机遇）评估。⑧计算投标文件价格。⑨管理层复审估价，评估风险并计算日常支出、利润和筹措资金。⑩完成并提交投标书。

3. 合同管理

英国政府投资项目的合同管理与一般国家的合同管理方式大致相同，基本上都是由政府部门直接实施管理，实施过程严格按照合同执行，合同执行过程中如发生争议，解决的程序一般为协商、调解、仲裁、上诉等。英国政府商务办公室制定的采购指南中规定了一套标准合同文本，但只作为指导性合同文件，没有强制性。为了保证合同的履行，保证金或担保的类型主要包括无条件即付保证、履约保证、母公司保函、预付款保证、滞留担保等。

4．相关监督体系

英国成立了公共账目委员会，它是属于英国议会的账目监督机构。该委员会负责检查政府各执行机构的拨款及其他账目，并把结果及有关建议提交下院。该委员会的作用在于使议会更好地控制公共基金的花费。此外，英国还设有向议会负责而不向政府负责的独立审计监督部门——国家审计署。其作为审计官的法定职责是为所有政府部门和其他公共机构的账目出具证明，检查收入和储备账目，并将其检查结果向议会汇报。总之，各部门的支出受议会公共账目委员会的监控，该委员会受国家审计署的监督。

2.3 日本政府投资工程管理概述

日本强大的行政体系是日本战后赶超发展的一个关键因素，这种政府主导市场经济的治理特色在政府投资工程建设领域也有所体现。政府投资是日本政府推动经济发展的主要手段之一。以2001年为例，日本建设投资为68兆4100亿日元，其中政府建设投资为29兆8900亿日元（占43.7%）。日本政府在政府投资工程建设管理方面积累了许多成功的经验。

2.3.1 日本的相关法律法规体系及管理组织架构

1．完备的法律法规和长期规划

"二战"后日本政府为了稳定投资，切实保证政府投资有效地为社会经济发展服务，通过建立、健全投资立法，将政府投资行为完全纳入立法的保护与监督之下，发挥了政府投资的宏观调控作用，引导日本经济实现了高速增长。"二战"后日本颁布的与政府投资有关的法律达20多部。例如，在经济恢复时期颁布了《政府法》（1947）、《地方政府法》（1948）、《国有财产法》（1948）、《土地取用法》（1951）和《道路法》（1952），在高速增长时期颁布了《河川法》（1964）、《城市计划法》（1968），在稳定增长时期制定了《国土利用计划法》（1974）等。另外，1950年日本制定了《国土综合开发法》。以上法律法规为政府投资提供了法律依据，也从法制上保证了包括政府投资在内的各项政策的连续性和稳定性。

日本实行的是政府主导的市场经济体制。它的一个重大特点是把整个国家基础设施的建设纳入国家计划的轨道并与国土开发计划紧密配合。除了成文的法律，日本政府在不同的时期都会制定中长期发展计划，明确政府投资的总方向。其发展计划一般包括三个部分，即计划的基本思想、政策目标体系、经济发展目标等。

2．政府投资范围及相应的政府管理组织架构

在日本，政府建设投资项目主要是指国家、地方公共团体及其他的公共团体采购的土木建筑工程（包括土木建筑工程的有关工程设计、调查以及用于土木建筑工程的机械类的制造）以及测量（土地的测量、地图的承制以及政令规定以外的测量用照片摄影等），并包括国土交通大臣指定的有关资源开发的重要土木建筑的工程和测量。政府投资项目又分为中央政府、都道府县和市镇村三个层次，建设投资的比例大体上为5:2:3。中央政府本身不仅承担了大量基础设施的建设任务，同时还分担了一部分地方政府建设的资金。

2001年以前，在中央设建设省，全面负责政府机关办公建筑、国家公路、大型水利设施、国家公园和部分公私住宅工程的管理职能机构是住宅局。其余工程项目由有关部门分管，首相府所属的环境厅、国土厅等也对建设活动行使部分指示、监督和管理职能，住宅产业和建材的生产则由通商产业省主管。小泉政府上台后，于2001年1月对政府职能部门进行了调整，并精简了人员。2001年1月6日实施了《国土交通省设置法》，撤消了曾分管政府投资项目的北海道开发厅、国土厅、运输省、建设省等省厅，将其进行统合，成立了国土交通省。目前，国土交通省是政府投资项目的宏观管理机构，担负着政府投资工程的决策和计划的制定，下设的都市地域筹备局、河川道路局、住宅局、铁道局等业务部门，负责相应投资工程的管理和监督、立项及资金的审查。

2.3.2 日本政府投资工程建设管理原则和具体办法

虽然日本政府十分注重政府投资工程的长期规划，但具体的设计和施工管理还是依靠私营企业在市场竞争的环境下来完成，政府并不大包大揽。为保证市场的有序竞争，日本政府在招投标、合同管理和资金支付各环节都有详细规定。

1．招投标环节的管理办法

对于招标投标工作，日本政府要求所有公共工程都要按照一定的程序进行：①企业应向各发包单位报名，接受资格审查，登记注册。②有关部门和单位对申请企业进行资格审查，并按资质等级分类排队、造册。③发布招标公告。当有工程发包时，发包方按工程的规模、性质等情况，根据自己的要求和愿望，通常在投标日期前10天（紧急情况下是5天），利用告示或新闻媒介发布公告。④ 实际招标。承包商提交标书后，有关企业要按一定方式进行答辩。发包方介绍工程情况和特点，投标方则介绍自己的资质、业绩、技术业务所长以及如何干好该工程的方案设想。开标时要求全体投标者全部参加，公开开标。定标是招标的最终结果。⑤签订合同。中标单位确定后，由发包人个别通知中标企业，双方签订承包合同。⑥担保。承包合同签订后，承包人必须交付一定额度的保证金或到保险公司购买一定数额的工程保险作抵押。

日本政府投资项目的招投标方式分为四种：一般竞争投标、指名竞争投标、随意契约和特命发包。一般竞争投标是最为优先使用的契约方式。在招投标中，采用低价中标原则。但是，对于异常的低投标，日本有低投标价格调查制度，以确认投标者是否有能力以投标价格承担工程。即在以下三种情况下，最低价格者也有可能不能中标：①当合同担当官认定其不适于履行合同的内容，缔结合同有可能扰乱公正的交易秩序；②其价格超过了预定价格（预定价格是发包者根据各自的造价基准测定工程费的基础上设定的上限价格）；③发包方认为其价格属于低于成本价的倾销（有可能造成工程的质量问题）。日本有两种防止这种倾销的制度，分别是低投标价格调查制度和最低限度价格制度。所谓最低限度价格制度，就是发包者事先设定最低限度价格，该价格以下的投标者不能中标。

指名竞争招标指发包者事先通过实施竞争参加希望者的资格审查编制有资格企业名录，在个别工程发包前从名录中选择多家满足发包工程等级、技术条件、地理条件等指名标准的公司予以指名，通过这些公司的竞争投标而缔结的合同方式。指名竞争招标的原则亦为低价中标原则。

随意契约是指发包者选定承包商不是采用招标方式，而是与个别选定的特定企业进行交涉，而后缔结合同的方式。民间工程一般采用随意契约，此时，发包者要考虑金额、质量保证、合同款支付条件等要素来选择承包商。对于规模大、复杂的政府投资工程项目，如原子能发电站等，工程的拖延会造成巨大损失，此类项目多采用成本加酬金合同。

特命发包是指工程发包者在有资格的承包商中择优选择一家，通过议标达成交易的方式。采用特命发包时，除非投标失败，一般不指定复数投标者。政府投资工程原则上不采用此方式。

2. 工程造价管理

日本的国土交通省（原建设省）发布了一整套工程计价标准，来作为计算工程造价的依据。其制定原则是劳动定额制：按工程量确定工日，以工日计价。在同类工程中分工种，按投资规模确定工日数，然后乘以工资额即得人工费。日本预算定额的量和价是分开的，量公开，价保密。对于政府投资项目，政府指定专门机构针对政府投资项目专门收集和掌握劳务、机械、材料等的单价，并编制复合单价，作为控制政府投资的依据。也就是说，政府投资基本上是由政府掌握预算。

3. 合同管理和资金给付

根据建设业法和会计法的规定，日本的政府投资项目必须签订合同；在签订合同的同时，必须有合同保险。合同保险是指当承包商不能履行合同时，为避免发包者的损失，在会计法规中规定的合同保证金的交付制度。

合同管理内容主要包括工地移交、工程师现场监督（相当于我国的监理）、工地记录、工程计划和进展及投资管理、合同付款、合同工期延长、索赔事宜、工地安全、噪音控制及避免空气和水污染、工程变更、罚款、工程竣工、完工证明、保养期事项等。

4. 相关监督体系和机制

在政府投资工程建设项目的监督方面，日本首相府设置了政府采购投诉检讨委员会，专门接受国家、政府机关的相关工程的投诉，以此方式对政府投资项目进行监督。换言之，采用专门的监督机构来实施监督，是日本保证政府投资工程廉洁、高效的关键所在。

2.4 德国政府投资工程管理概述

为了促进德国经济的发展，尤其是两德统一后，为了促进原民主德国地区的发展，联邦政府在基础设施等方面越来越多地采用直接投资的方式，从而形成了大量的政府投资工程。这种状态与我国新时期以政府投资拉动市场需求的情况很相似。因此，德国政府投资工程的管理制度对我国目前的政府投资工程建设有很多的可借鉴之处。

2.4.1 德国的相关法律法规体系及管理组织架构

1. 严格的法律法规体系

德国的建设法律主要包括《联邦建筑法》、《建筑产品法》等一系列法律法规和条例标准。《联邦建筑法》是国家建设管理的根本大法，其中包括建设主管部门的职权范围，建筑许可、建设咨询、材料检测等制度；《建筑产品法》重点说明德国的建筑产品质量保证体系和建立欧洲统一的建筑产品市场，该法对于建筑产品质量保证的范围、形式、内容、程序进行了规范，并规定了建筑产品质量保证体系中检测机构、监督机构及认证机构不同的权力和义务。此外，德国各州还根据地方的具体需要，制定有地方性的建设管理法规条例。

2. 政府投资范围划分和相关政府组织架构

德国是一个联邦制国家。每一级政府都具有一定的投资权利。联邦、州、镇三级政府按建设性质的不同，具体区别属于哪一级的投资范围。德国三级政府在项目投资上划分的各自投资范围是：联邦政府主要负责一般的国道、高速公路和邮电等大型项目投资，各州政府负责各州的教育、医疗等投资，市镇级政府主要投资社会福利等方面。

联邦的交通、建筑、房屋部门负责投资、设计和建设管理，也负责向各州建设局拨款，但不参与实际建设及施工工作。道路建设工程由各州管理部门负责管理。州一级的道路建设管理部门称为道路建设局，不仅可以承建州和地方的道路，还能承建联邦一级的高速公路，它相当于一个发包单位，各承包商可以进行竞争性投标。道路修成后的验收和维修亦属于道路建设局的管辖范围。

德国公共事业建设的三级管理组织架构如图 2. 1 所示。

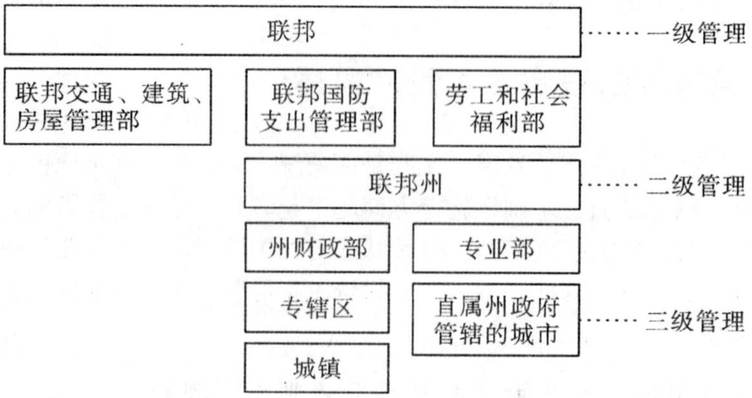

图 2. 1 德国公共事业建设的三级管理组织架构

2.4.2 德国政府投资工程管理主要程序介绍

除小部分特殊的专业工程之外，德国的政府投资工程基本采用建、用分开的原则。需求部门从使用的角度出发提出具体的立项要求，但并不真正参与项目的建设过程（当然，作为最终用户，可以提出自己的相应意见）。项目的建设管理一般都由专业的部门来负责，包括项目的立项、招标、监督等各个方面。德国采用的是一种专门机构实施全过程管理的模式，这些专业机构实际上是代替政府行使业主的职能。

1. 政府投资工程的立项

德国政府投资工程的立项一般都是由需求部门提出，再由若干承建商提出可供选择方案，然后向财政部提出申请，由财政部与交通、建筑和房屋部共同审查，财政部主要从财政、资金的角度对项目进行审查，交通、建筑和房屋部则从技术细节上审查方案。能否立项需要仔细考虑诸多因素，包括经济、环保、大众利益、政府利益、科技、技术性等。其中经济因素是很重要的因素之一。如果效益性在1:2左右，投资就很难通过；如果在1:5左右，可能就容易被各方面接受而获顺利通过。

当然，一个项目的确定除考虑上述因素外，还需要通过一系列论证和批准，这些论证和批准都有严格的程序。例如申请报告要包括开工和竣工日期、总投资、资金来源、资金到位时间、经济效益情况、科技含量及其先进程度等，要向公众公开、接受公众监督。

2. 项目预算管理

项目一旦确定，就要保证计划之内的资金供应。如果是投资期较长的项目，其每年投入的资金额都要事先纳入相应的各级财政年度预算。如果项目投资规模突破了，超支部分要按投资权限及归属分别向联邦政府或各州政府财政等申请追加。这些追加要经过严格、详细的审查、听证后才能确定是否批准。联邦政府追加还要经过议会批准，如果用款部门与财政部门发生矛盾，两个部门协调不了，最终由联邦政府总理决定。所有项目投资突破预算要求追加的，都要由政府成立的专门机构对超支额、超支具体原因等进行严格的评审，也可以通过听证、辩论等方法进行调查，最终报议会批准。

3. 工程的招投标管理

项目立项通过后由专门的机构进行具体运作（如是属于联邦政府负责的工程则由联邦建设有限公司进行具体管理）。由公司做出详细的方案后报议会审批，再进行社会的公开招标。

德国规定，500万欧元的工程或20万欧元的设计和货物购买工程都必须在欧盟范围内公开招标。公开招标过程当中，一般投标商不应少于10个。招标程序执行非常严格，规定开标时间，报价公开后将不得变更，确立最低价中标原则（当然，如果公司太小或报价奇低，并不保证最低报价者一定中标）。如果投标单位认为招标过程中有不公正的事项，可以起诉，自起诉之日起两周内不能决定中标者。

德国一般采用的是合理低价中标法。所以，在编制投标报价时，就需要正确掌握材料价格、机械使用费、劳务价格及市场行情等，并要对市场的走势作出预测。这就需要有一批既有专业知识，又有丰富工作经验的人员来承担此项工作，否则就无法胜任计价，也无法参与市场竞争。德国的地方公共工程由于地方政府需确保其资金供应，故由地方政府负责计算，联邦政府在业务上加以指导以确保预算，并实施监督。工程造价基本上由专业人员计算，有时也委托给社会咨询服务公司承担，而这些咨询公司或其他计价部门（包括政府的）基本上都采用计算机计算。预算专业人员不需要有特殊资格，只要有学历和经验即可，但一般起码要取得工程师资格才能从事工作；虽然国家并没有做出此规定，但社会上已形成共识和习惯。

4. 合同管理

在德国，有专门的非经营性政府投资工程管理机构专司工程建设管理，在管理上突出"代建"与"集中的专业化项目管理"特点。该类机构的任务是对政府投资工程的具体建设全面负责。同样，也包括制定详细的合同范本、审核合同的合法性、监督合同的履行等。

2.4.3 德国政府投资工程的内外部监管

德国作为一个市场经济发达的国家，政府并不介入设计公司、施工企业的具体运作，而侧重从对建设市场的整体监管来规范建设市场的秩序。

1. 政府内部监管

德国对政府投资工程的监管是全方位的，体现在整个建设过程之中。主要体现在：一是项目管理单位专业化。德国专业性项目建设业务必须交由专业公司承担。德国工程咨询业高度发达，不仅有大量的专业性较强的专业公司，还出现了很多拥有集设计、咨询、监理于一体的综合性项目管理公司。二是项目运作市场化。德国政府对公共工程建设全部采取招标的方式，从市场中选择项目中介管理公司全权代理，按市场方式实施有效的监管。德国重大建设项目必须采取公开招标的形式，由专业部门负责招标投标业务的管理，并科学评定报价。三是实施严格的设计审核制度。德国实行独立的第三方设计审核制度，重大项目设计一般分为方案设计、初步设计、技术设计、审批设计和施工图设计五个阶段。德国建立了审核工程师制度，项目设计审核由审核局组织审核工程师进行，并实行谁设计谁负责的质量管理制度。四是有健全的施工质量安全管理体系。

审核检验工程师代表政府进行质量监督检查是德国工程质量监督管理中的一个特色。除了承包商为了在激烈的市场竞争中保持优势，自身对于工程质量严格进行控制之外，德国并没有专门的建筑工程监理公司。德国政府对工程质量的监督管理，主要采取由州政府质量审查主管部门委托授权，由国家认可的审核检验工程师对所有新建的工程和涉及结构安全的改扩建工程的质量进行强制性监督审查。审核检验工程师的主专业为结构，代表国家行使设计质量审查权，拥有相当大的权力。但审核检验工程师一般不局限于结构专业的审查，对涉及的所有内容均有审查权力，因此，审查范围十分广泛。

2. 外部监督——公众与专业工程咨询机构的参与

德国工程咨询业有着悠久的历史，在本国和世界多数国家的建设中起着重要作用。目前德国工程咨询机构的规模呈两极分布状态：一是逐步发展成为大规模的综合性咨询机构，其数量相对较少；二是向具有某一专业技术特长的小型化咨询机构发展。两者各有利弊，主要是为适应不同客户的不同要求而产生的。对于大型项目而言，一方面是项目功能的多样化，另一方面是工程规模越来越大，因此对项目咨询承包企业的技术能力和抗风险能力的要求越来越高。对于这类项目，业主往往对几家咨询公司的联合体不太感兴趣，而是更信任大型的咨询公司，因为它们具有更多的经验，组织完备和规范，工作更有连贯性，并有足够的财力应付可能发生的风险。在某一专业技术领域具有专长的小型化咨询公司，其组织管理更加灵活，更能适应中小业主的要求，可以根据项目需要临时组合，共同参与承包，同时在保持技术领先优势、提高工作效率、降低人才培养和经营的成本等诸方面易取得更好的效果。

总结起来，德国的工程咨询业有以下一些特点：①综合业务能力很强。一般承担从项目前期的市场调查、项目策划和规划、可行性研究、勘察、方案设计、工程设计、采购咨询、工程监理、工程保险到建成后的全过程服务。②技术开发投入大。德国工程咨询公司均非常重视技术开发和人才培养，每年投入的费用一般占全年预算的10%以上。因此，德国工程咨询公司的人才、技术、设备等都具有较大的优势。③独立性强。德国工程咨询公司一般不隶属于政府部门和企业单位，而是独立或联合选择和承担咨询项目，不受任何部门的约束和影响，能客观地、科学地对用户委托的项目进行评估或预测，提出切实可行的方案、建议或结论。④组织结构灵活。德国工程咨询公司的组织形式并没有完全相同的模式，机构设置随自身的发展和社会需求而变化，灵活多样。有的按专业体系划分，有的按任务或项目来组成，或兼而有之，弹性较大。但公司基本上都是合伙人制。⑤人员结构合理。咨询公司人员一般要求高、中级研究人员占较大比重。同时各咨询公司都为咨询人员提供稳定和较好的工作环境。⑥与政府保持较好的沟通渠道，起到了为政府项目决策的参谋作用，同时也为本公司在市场竞争中觅得先机。

德国政府对工程咨询业的管理，主要依靠《建筑基本法》及地方法规对工程咨询的行为进行约束和制约，不实行资质管理，咨询设计单位的生存与发展主要依靠市场的调节。在德国，工程咨询单位包括建筑师事务所、结构工程师事务所以及各专业咨询设计事务所，另外还有一批具有总承包能力的工程公司也承接咨询设计业务。德国的工程咨询业务涉及工程建设的全过程，从工程项目的前期准备到运行保修，咨询设计单位可为业主提供全过程的服务。

德国政府虽然不对设计单位进行资质管理，但却委托建筑师和工程师协会对建筑师、工程师实行严格的个人执业资格的认定和执业注册管理制度。因此，德国的各类协会，如建筑师协会、工程师协会、中小建筑企业协会在政府与会员单位之间起着重要的桥梁作用。协会主要是向政府反映成员单位的意见和建议，给成员单位争取宽松的政策环境，为成员单位提供多方面的咨询服务；有的协会还接受政府的委托，对成员单位进行职业培训。

2.5 新加坡政府投资工程管理概述

新加坡是一个城市国家，以行政系统的高效廉洁运作而闻名于世。它在政府投资工程建设管理方面有一套特别的经验。

2.5.1 新加坡的相关法律法规及管理组织体系

1. 法律法规体系的预防作用

除了一系列建筑领域的专业法律法规以外，需要特别介绍的是新加坡监察领域的《预防腐败法》。它有效地限制和打击了政府投资工程建设中的各种违法和不规范行为，为新加坡在这个领域的高效运行奠定了坚实的基础。

《预防腐败法》对举报和保护举报人做出了具有前瞻性的规定：发现腐败行为的公民有权向检察和监察机关举报该腐败行为。检察和监察等部门必须为举报人保密。如果不依法保护举报人，致使举报人遭受打击报复，或对举报人实施打击报复的，单位主要负责人和直接责任人将受行政处分。该法案特别规定，对举报属实，使国家、集体财产免遭损失或减少损失的，使职务犯罪大要案得以侦破的，应当给予举报人奖励。

2. 新加坡政府投资工程管理组织架构

新加坡对建筑业的管理机构主要是新加坡国家发展部属下的建筑业发展局（CIDB）。它对整个新加坡建筑业行使行业管理的职能，主要负责：承包商的资质评定，质量评分、行业统计；制定行业内部的管理条例，规范建筑业市场，平衡建筑业与国家经济发展的比重；帮助建筑企业培训各层次管理人才，为承包商提供各种资讯，包括技术开发、新材料、新设备的推广和应用，以及搜集、提供工程项目招标信息；扩大新加坡建筑行业与国际的交流和合作，包括引进国际先进的管理技术及海外人力资源等方面。这种纯行业性的管理行为起到了政府对建筑行业"指导、协调、服务、配套"的作用，它并不涉及各施工企业的内部管理，也不直接参与承包商的工程招投标及其他经营活动，实质上是一种行业性的间接管理。CIDB 只是代表政府健全和完善市场机制、保证市场秩序、提供服务和配套，从而培育和发展一个健康、统一、完善的市场。

新加坡国家发展部设立建屋发展局和公共工程局，分别负责公营住宅和政府投资工程的建设管理。这与香港的做法基本一致。新加坡的建屋发展局成立于 1960 年 2 月，它是国家发展部属下的法定机构之一，也是新加坡唯一的公共住屋管理机构。建屋发展局的职责是提供高品质的住屋及优良的服务。它还进行组屋区策划与发展住屋有关设施，使居民拥有高素质的生活环境；通过组屋区更新计划，改善屋龄较大的组屋区，使之提升到现代组屋的水平。建屋发展局同时也替其他政府机构实施一些工程，如填土，土木工事，设计与建设出租车转换站、教堂和体育场。在编制上，建屋发展局有员工 8708 人，分为高级职员和初级职员。高级职员基本上都是专业人士，包括规划师、建筑师、工程师、工程监管师、合约师、房地产业师、系统分析师、律师、会计师、行政师、测量师等。建屋发展局所有的专业服务如规划、设计、工程和品质测量都由其自身提供。实际的工地施工是通过公开招标的方式让私人承包商承建，工地的监督工作则由建屋发展局职员负责。

目前，另外一个主要的政府投资工程建设管理部门是新加坡公共工程建设集团（新公集团），它于1999年成立，对整个新加坡公共工程建设领域产生巨大影响。该集团从拥有超过160年经验的新加坡公共工程局演变而来。新加坡政府与新公集团签了5年的合同，规定除政府组屋外，限定一定规模以上的公共工程都必须由新公集团作为项目的咨询顾问。新公集团为国有独资公司，但完全按照私人企业的方式运作，拥有员工800多名，另外还有1600人专门负责建筑物的保养和维修。按照承接项目造价的一定百分比收费是新公集团的主要收入来源。新公集团借助于多年专业经验积累和政府的合约保证，具有非常强的竞争力。

2.5.2 新加坡政府投资工程管理重要环节简介

1. 立项管理

新加坡政府都有一定数量的审批项目，但是审批手续普遍较少，体现了新加坡行政体系高效的一面，而且对不同项目的审批内容和审批重点都有所不同。例如，对私人投资项目，政府部门主要审查其对环境的影响，其他方面一般不予审查；对政府投资项目，除环境因素外，还要审批资金来源、构成、总额及效益等。但总的来说，手续并不是太麻烦，政府关注的重点是可行性研究报告而不是项目建议书。

2. 招投标管理

为保证申请者得到公开的信息和公平的机会，新加坡政府规定，凡是价值在3万新元以上的服务或工程项目都要公开招标，1000万新元以上的工程项目还要根据WTO"政府采购协议"的规定实行国际招标。对于议标和直接谈判则采取限制态度，不但明确规定，只有出现以下几种特定的情形——紧急情况、自然灾害、只有单一的供应来源、两次招标后仍不能授予合同等，才能议标和直接谈判；而且还规定，遇到这些情况需由新加坡公共工程局知会项目议标和直接谈判单位的最高公务员，获得其同意后才可以议标，以起到制衡作用。

3. 承包商管理

为使申请者获得公正待遇，新加坡政府还规定：对所有承担政府投资工程的承包商实行有条件的注册登记制度，不注册登记的承包商不能参加政府项目的投标，获得资格的承包商也必须每3年重新注册一次；制定"建筑质量评估体系"，为工程质量提供衡量标准，并依此进行奖惩；建立查禁制度，设立专门的财政部查禁委员会，对终止合同、偷工减料等行为进行检查，清除背后的腐败行为。

2.5.3 新加坡政府投资工程的监督体系

首先，新加坡良好的法制环境和强力的惩罚措施，使各种腐败成本大幅提高，有效地限制了各方面的违规冲动。正是高度廉洁的整体行政环境，才使政府投资工程的高度集中管理成为可能。其次，针对政府投资工程建设领域，新加坡政府还设计了一套环环相扣的监管体制，包括施工企业自评、监理单位把关、建设单位验收、监管部门监督、使用单位评价等环节，并对规定规模的建设工程实行了监理（大多以质量控制为主）。政府对建设工程质量实行了强制性监督或稽查制度，包括对建设工程的地基基础、主体结构、使用功能和室内环境质量等重点环节、部位的实体质量及责任主体的质量行为的监督检查工作。

2.6 中国香港特区政府投资工程管理概述

香港特区政府对公共工程的管理主要由香港工务局具体实施，工务局由土木工程署、建筑署、渠务署、路政署、水务署组成。工务局现已并入香港环境运输与建筑工务管理局内。合并后的新部门还负责香港环境和交通运输方面的事宜。本书主要涉及的是对其香港公共工程管理的职能方面的讨论，因此为方便理解，我们仍简称其为香港工务局。香港工务局全系统共约2万名公务员。

2.6.1 香港工务局的主要职能及架构

1. 工务局的主要职能

香港工务局从功能上来说是集政策建议和制定与执行功能于一身的部门。简单来讲，工务局总部主要负责所有与公共工程相关之政策的制定和建议；下属的几个工务署负责对工务工程从初步可行性研究到设计、施工直至运行、维修的管理。香港的非营利性政府投资工程除为低收入居民提供租屋（租住房屋）和居屋（出售房屋）等公营房屋工程外，都由工务局作为业主，统一负责实施全面控制和管理。以 BOT 方式建设的营利性政府投资工程，其工程的监督与管理也由工务局负责。其职能具体包括：就使用方所需提供意见；确定工程的范围、规模及质量；组织设计和选择方案；管理进度及控制成本；监督和控制顾问公司；监督和控制承建商；进行各项招标；实施质量管理制度以确保建设工程质量；进行建筑合同管理并解决合同执行中出现的问题；监督工程现场管理；保持和改善安全标准；协调政府有关部门的关系；向顾客、政府有关部门及资助团体提供专业及技术性的意见；向政府及资助设施提供预防性维修；就设施的修理及翻新提供意见并进行实施。

2. 工务局的架构

根据不同的工务工程类别，工务局下辖建筑署、土木工程署、机电工程署、路政署、拓展署、水务署等工务部门以及新机场工程统筹署和港口工程统筹处两个协调机构。

2.6.2 香港政府投资工程建设主要程序

香港政府投资工程的资金来源于基本工程储备基金，由政务司长、财政司长、库务局长及公务员事务局长共同决定投资策略，认可工程项目，并将有关的项目列入财政预案，提交立法会审批拨款。工程项目的建设审批主要有以下程序：

1. 策划和立项

先根据有关的政策、标准和指引，对工程项目进行初级评估和可行性研究。然后进入政府投资工程的计划阶段，说明工程项目的条件、资源考虑、设计准备情况、费用准备、土地供应、环境影响评估及方案实施准备等。在财政投资上需预测工程项目的投资费用，并分析可能产生的工程效果，即进行成本效益分析。

2. 项目批准

根据政府投资工程计划的财政状况（基本工程储备资金、资金提供方法、基金提供和费用政策等），决定政府投资工程的项目数量和类别。通过有效的升级程序，如从新项目的丙级阶段上升到乙级阶段，再从乙级阶段上升到甲级阶段，不断提高工程项目的研究深度和进行阶段，提交工程实施的执行时间表，并最终得到政府的批准并拨款。

3. 征地事项

通过法律程序进行土地征收工作。需要说明的是，由于香港是以私有制为基础的社会，征地程序复杂且漫长，根据以往的经验，一项工程的征地时间最少需要 18 个月。

4. 工程设计和评估

根据有关的设计指引和政策完成工程设计和评估工作，主要包括初步设计阶段、详细设计阶段及项目评估阶段。初步设计阶段主要完成工程项目基本方案选择，编制设计文件和布置工程总平面图，并且经过审查和批准。详细设计阶段内容主要包括详细设计目录、设计文件、设计计算书、设计有关记录（包括永久设计记录、设计说明、设计审查）、图纸、有关设计审查和证明文件等。项目评估主要是对投资费用进行评估。

5. 合同文件

选择合同类型，制定合同文件的内容并通过法律审查。合同文件的内容包括合同编号、投标须知、投标表格、合同条款、规范、工料单、图纸、杂项等。

6. 投标程序

包括资格预审、标书评审及评标结果批准等。

7. 合同管理

合同管理内容主要包括工地移交，工程师现场监督（相当于内地的监理），工地记录，工程计划、进展及投资管理，合同付款，合同工期延长，索赔事宜，工地安全，噪音控制及避免空气和水污染，工程变更，罚款，工程竣工，完工证明，保养期事项等。

2.6.3　香港政府投资工程项目管理

项目管理主要分为设计阶段管理、工程招投标管理及施工监督管理三个方面。

1. 设计阶段管理

整个设计阶段又分为丙级、乙级和甲级三个阶段。丙级阶段相当于我们的可行性研究及初步设计阶段，乙级阶段相当于我们的技术施工阶段，甲级阶段相当于我们的施工管理阶段。

丙级阶段：完成工程项目的可行性研究；进行初步地质勘察；完成初步设计，进行初步工程造价估算，定出工程的计划时间表；等等。有的项目可能要经过项目独立审核。在有关的工作完成后，可申请项目进入乙级阶段。乙级阶段：对工程进行仔细探讨并完成详细设计及审查，完成项目的环境影响评估并通过有关部门审查，完成项目的详细投资核算，完成征地工作，进行广泛的咨询，准备标书，申请升为甲级即提交立法会申请拨款。甲级阶段：进行工程的招标和投标工作；进入工程实施阶段，监督工程进行直至全部完成。同时需要提交全部费用的支出情况。

2. 工程招投标管理

该阶段工作主要包括政府对承包商的资格预审，对投标标书的评审及批准。

承包商资格预审是根据不同工程性质的分类，按海外、本地及经由政府确认的资质名册进行严格审查，只有资格审查合格的承包商才可以参加投标。投标书的评审，主要是考虑投标报价、承包商的财政状况及在过去5年的施工表现。一般情况下采用最低价中标法，否则要说明原因。评标结果要经过由包括库务局长、工务局长、物料供应署长及律政署代表组成的投标委员会的书面批准。

香港特区政府在进行招标时，采纳下列原则：①公开及公平的竞争。政府对所有投标者一视同仁，并确保制定的规格不会对投标者带来不必要的障碍。此外，政府亦会确保所有有意投标者均获得相同的资料。②合乎经济效益。为达到最佳的经济效益，政府在评审投标书的过程中，会考虑投标价、投标者过往的表现及投标书是否完全符合招标文件内所列的规格和条件等因素。③清晰明确的程序及作业方法。为使投标者更了解与政府交易的程序及作业方法，政府会确保这些交易程序和做法清晰明确。为鼓励承建商提交切合要求而又具竞争力的标书，政府会在招标文件内尽量提供所有必需的资料。④向公众负责。由于所有工务工程的开支均属公款，政府在招标事宜上必须向公众负责。此外，政府也会向拨款的立法机关和有意投标的承建商解释有关的政策和措施，以确保公众具有向政府问责的权利。

3. 施工监督管理

香港的工程合同管理模式并未实行目前国际上通用的FIDIC条款，而是由授权的工程师全权负责（在中国版本的合同文件中，如深港联合治理深圳河工程的合同文件中称为工程主任）。其主要特点如下：①工程师具有双重身份。一方面既是政府代理人，代表政府利益；另一方面又要求运用技术上的独立专业判断来管理合同。有的政府投资工程是委托给顾问公司进行管理的，有的就直接由政府部门的公职人员出任工程师直接进行合同管理。②工程师在合同上具有最高权力。现场工程师须负责一切的地盘记录，包括天气、人力、安全、测量、试验检验及工程进度、付款、会议记录、给承建商的指令等。③与承包商谈判事项制度化，形成书面条款。如投资的额外支出、工期延长的批准、罚款、索赔等，可以使有关问题受到合同条款的约束，减少人为因素的影响。

2.7 各国和地区成功经验的共性所在

各国和地区的政治、经济及社会环境不尽相同，因此，各个地方在政府投资工程的具体管理方法上存在差异，有些环节甚至截然相反；但是，在构建一个高效、廉洁的政府投资工程建设管理体系方面，一些基本原则上还是高度统一的。以下这几条，可以看作这些国家和地区投资工程管理获得成功所需的共性原则。

1．严格和完备的法律和法规约束

在发达国家和地区，政府投资活动要受到严格的制度和法律约束，他们一般在合理划分事权和财权的基础上，通过健全的立法和完善的制度，使政府投资项目的规划、设计、筹资、建设、经营、使用以及政府、企业和居民的责任、权利、义务等都用法律的形式确定下来，力争杜绝责权不清的现象。例如，日本政府每开展一项新的投资活动或变更一项比较重要的投资活动，都要事先制定或修改一项法令，使政府投资完全纳入立法的保护与监督之下。

2．动态的、全过程及全方位的监督

政府投资工程建设要受到动态的、全过程的、全方位的监督是世界各地成功经验的一个基石。

动态的监督是指政府在工程建设过程中，派出建筑监视员（日本）或审查工程师（德国），对工程建设进行不定期的检查，一旦发现问题，立即责令改正。这些人一般纳入政府公务员系列，其报酬来自国家税收；即使不属于公务员系列，也受到政府的严格控制。

同时，整个过程还要受到严格的全过程监督。如在法国，其政府投资项目全过程的监督为：一是立项由各级议会监督，二是招投标由经济财政部下设的财政稽查总署派出财政监察专员监督，三是款项拨付由经济财政部下设的公共会计司派出公共会计和财政监察专员监督，四是项目实施和资金使用由经济财政部下设的国家监督署派出国家监察员和国家市场专门委员会监督，五是竣工验收由审计法院监督。

至于全方位的监督，主要有银行、保险公司、公众舆论的监督，建设参与方相互监督以及对政府投资项目管理部门实施内外监督等。

3．注重保持管理的透明度

发达国家和地区十分注重保持政府投资项目管理的透明度，以维护公平竞争，减少违规。

例如，美国绝大多数的州规定，政府投资项目建设的承包商、咨询公司的选择必须通过严格的程序，在公开的情况下进行。又如新加坡在财政部门设置政府招标服务部门，该部门负责通过报纸、电视等发布招标信息，并解答有关疑问；还设有政府招标信息网络系统，规定所有应该发布的政府投资工程招标信息、招标结束后的中标者及其价格都必须在该系统上进行公布，等等。这些措施确保了政府投资建设管理的透明度，维护了公平竞争，减少了违规。

4. 注重对参与各方的管理

发达国家和地区非常注重通过对政府投资建设参与各方的管理来预防违规。如对政府投资工程建设的承包商、建筑师、各类工程师等实行注册制度、资质管理及市场准人、禁入制度。此外，还推行质量保证体系，项目参与各方（如业主、承包商、分包商、供应商、监理单位、设计单位等）必须遵守。并在此基础上实行资质与奖惩管理。以新加坡为例，对承包商的建设业绩进行打分管理，先是在参考同类工程完成情况的基础上确定一个基准分，然后按一定的规则对承包商完成的工程进行评分。超过基准分的，可获得工程实际造价以外的奖励；反之则要罚款。

5. 注重政府投资项目后评价

发达国家对政府投资项目后评价非常重视，并建立了合理有效的机制来加强政府投资项目后评价立法和人员培训，以及通过建设项目管理信息系统等手段来开展政府投资后评价工作，使其成为政府投资项目管理的一个重要工具。

6. 对违规行为的相关责任人处罚严厉

发达国家对政府投资建设中的违规行为处罚相当严厉并非常及时，而且落实到具体的相关责任人。例如，在发达国家政府投资项目建设中，若承包商贿赂业主的工作人员或监理工程师，只要一经发现，其合约就会被解除。此外，他们对违规行为的处罚普遍表现为对直接责任人的罚款或监禁。这些处罚使得违规者的违规成本很高，具有很好的防止违规的效力。

第3章　我国政府投资工程代建制的发展历程及当前困境

3.1　实施代建制前的传统政府投资工程管理模式

3.1.1　传统政府投资工程管理模式

我国政府投资工程管理方式的变革是随着我国工程项目的投资主体格局的变化而变化的。从我国工程项目的投资主体格局的演变来看，主要可以划分为两个阶段：第一阶段是20世纪50年代初至70年代末，为单一的国家投资主体格局；第二阶段开始于20世纪70年代末，也就是在实行改革开放之后，逐渐形成了多元化的投资主体格局。2004年，国务院颁布实施《关于投资体制改革的决定》，这一举动标志着我国政府投资工程建设管理方式的改革进程又前进了一大步。

1. 传统政府投资工程管理模式的第一阶段

20世纪50年代初至70年代末这一时期，新中国刚成立到逐步发展，政府投资管理模式也由计划经济模式发生了一些变化，但是总的来说变化不大。例如投资权只是在向中央集中和向地方政府放权的过程中来回变动，而没有固定下来。尽管经济和社会环境随着时代的发展不断地发生着变化，但是政府投资工程管理模式主要还是遵循比较固定的严格的程序，也就是采用行政办法进行管理。这一办法容易产生以下问题：政府投资管理存在的主要问题是投资建设以领导意志为主，中央政府投资决策一般都是为了满足政治上的需要，而忽略了经济、社会的需求，这样的结果就是导致决策机制不科学。①

在这个阶段，政府投资项目的主要管理机构基本上是按照行政上的等级

---

① 张长春．政府投资的管理体制——总体框架、近期改革重点与促进措施［M］．北京：中国计划出版社，2005.

制度来做安排。主要的管理机构包括指挥部、筹建部、基建办等，不少机构是政府部门自建的，甚至很多时候是临时组建的。这些自建自筹性的管理机构采取集中突击的管理模式，对最初的政府投资任务快速完成起到了一定作用。然而，随着投资管理层面的进一步增加，项目进一步分散，这些机构的规模和管理水平远远满足不了大型工程项目的要求，从而导致了一系列的问题，如管理水平低、工程造价高、工程质量差、超规模、超工期等。①

具体来说，第一阶段的建设管理模式主要有三种：一是建设单位自营模式，应用于新中国成立初期。二是以建设单位为主的甲、乙、丙三方制。这种模式主要是模仿苏联的模式，主管部门的权力和职责范围很大，要指定设计院和施工企业，管理物资的供应、资金等。在那个时期资源紧缺、任务重、工期紧的情况下，由于这种模式明确了双方的经济责任，所以也起到提高工程管理的水平和节约工程投资的作用。三是工程指挥部方式，主要是在1965年到1984年。这一模式中的激励方式主要包括放权、包干（政府主管部门将工程任务包干给施工单位）和形成有限的利益对立竞争关系这三种。

2. 传统政府投资工程管理模式的第二阶段

第二阶段一般是指20世纪70年代后期，特别是改革开放之后的这一时期。随着改革开放的逐步推进，国家投资主体的格局也发生了变化，由单一的格局向多元化的格局转变，政府投资工程的管理模式也变得多种多样。如1997年在国家计委颁布的《关于实行建设项目法人责任制的暂行规定》中要求经营性建设项目必须组建项目法人。另外还有工程指挥部型管理模式（管理机构一般都是临时组建的，项目完成后就解散）、基建处（室）型管理模式（基建处（室）负责具体项目的实施，行政部门进行常规性的行政管理）、专业机构型管理模式（主要有政府机关型、事业单位型和企业型三种）。

由于很多关于政府投资工程管理的文献和著作中都比较详细地介绍了这一阶段管理模式，尽管本书对其中的一些观点持有保留意见，但是因为国内学者对这些管理模式的研究已经非常透彻了，本书不再赘述。

从这一阶段管理模式的特点来看，模式的改革倾向于多元化的投资主体、全过程的项目监管、专业化的管理水平等。这也为后来的政府投资工程管理模式的改革奠定了一定的基础。如2004年的《关于投资体制改革的决

① 辽宁立杰咨询有限公司．项目代建制的制度、管理与实践［M］．北京：机械工业出版社，2007.

定》就明确规定了政府投资工程主体多元化改革方向，这种主体的多元化也为我国政府投资工程建设管理带来了新的经验。

3.1.2　传统模式存在的问题

从改革历程中可以看出，实施代建制之前，根据不同时期的突出问题，政府投资工程的管理体制已经进行了多次改革，也出现了诸多模式。但严格说来，这些模式并不是替代关系，在某种程度上是一种共存的状态，如至今仍有一些单位存在着基建处（室），负责一些项目的建设。总之，政府投资工程管理领域在相当长一个时期缺乏稳定而有效的制度建设，混乱而积弊丛生。一般为讨论方便，将实施代建制之前的这些模式统称为传统模式，本书将其弊端进行了归纳，来展示进行代建制改革之初所面临的急需解决的问题。总的来说，传统政府投资工程管理模式的弊端主要体现在以下几个方面：

（1）在传统的政府投资工程管理模式中，四个主要职能——投、建、管、用混淆不清，导致工程管理各方的责、权、利不清。过去很多政府投资工程都是由使用单位自建自用的，致使部门为了本单位甚或个人利益，向上跑项目、争资金，最终是两种“三超”现象泛滥：“超概算、超预算、超决算”和“超投资、超规模、超标准”。更有甚者，超投资的资金实际并非用于工程建设本身，官员在工程造价上有意“高估冒算”，是为了将多得的资金挪作它用，或者直接中饱私囊。① 另外，某些“一把手”利用手中绝对的权力，用个人意志随意干涉工程的决策、投资、建设各环节，以达到以权谋私的目的。这也是项目的投资和工期一再超规模，质量却得不到保障的重要原因。

（2）机构重复设置，资源浪费严重。条块分割的部门结构，使得项目工程不同的环节就由不同的部门管理，但实际上有很多职能又是相互重叠的，以至于内部程序混乱。这也造成政府机构臃肿。而政府规模庞大，无疑就增加了政府运行和管理的成本。②

（3）政府投资工程决策机制不科学。这体现在以下几个方面：一是决策的不客观性。在我国的强行政的环境下，不少决策只是某些甚至是个别官员的主观决定，考虑的是个人利益或政治利益，置其他经济、文化、社会福

---

① 刁寿权．我国传统工程管理模式存在的弊端［J］．现代商业，2008（30）：119.

② 尹贻林，阎孝砚．政府投资项目代建制理论与实务［M］．天津：天津大学出版社，2006：19－21.

利于不顾。例如新上任的官员可能出于个人需要就建新的办公楼，或者是老官员需要改善自己的形象或绩效，就仓促地决定建设某项工程。二是掌握资金分配权力的部门经常利用手中的权力相要挟以换取好处，私人利益凌驾于公众利益之上，到头来由虚拟的主体政府或国家来承担工程失败风险，从而导致政府投入资金血本无归。

（4）单一的投资主体难以满足公共物品和服务的提供。成熟的国外市场中，公共物品和服务，如医院、环境治理、公共交通、城市绿化等，不是仅仅由政府来提供的，还有很多非政府组织也起到了很大的作用。然而，从我国的情况来看，公共物品和服务的产权由政府及其公共部门所垄断，非政府组织发展严重不足。政府的垄断地位使其他投资主体，如民间投资者和国外投资者很难进入公共物品和服务的生产领域中。单一的投资主体缺乏有效的组织性和生产性，导致不能有效地对公共资源进行配置和提供。这样一来，环境治理、城市绿化、公共交通等公共服务就容易出现供给不足的状况。

（5）政府投资项目建设管理水平低。传统的政府投资项目中管理单位一般都具有临时性和自建性的特征。管理班子是自己成立的，其中不少管理人员都是临时从其他建设部门或单位调过来的。这些人一般都是行政性人员，对专业性的工程建设方面的知识比较欠缺，人数也不够多。然而由于政府投资项目一般都是规模大、投资多、工期长、环节多的工程，涉及的专业知识可能远远不止建筑等某一方面的知识，对工程的方方面面，如决策、投资、造价、安全、质量等要求较高，标准较严。以上那些水平参差不齐的管理人员的专业素质大多远远达不到要求。所以相对于政府投资工程的要求来说，自建性或临时性的管理人员的管理水平是比较低的。①

（6）政府"越位"、"缺位"、"错位"现象严重，不能准确地进行角色定位。由于政府投资工程中各项机制的不科学，管理水平低，使得行政代理管之过宽，失之过多。这主要表现为：政府干预市场运行，造成"越位"问题；政府投资工程业主"缺位"现象明显；政府存在建设与管理双重身份，导致"错位"问题。这些都是政府不能准确对自己的职能和责任进行定位的表现，同时也影响了行政体制改革。

这些问题说明，代建制的出台，和当时整个政府投资工程管理领域所面临的系统性紊乱有关：权力约束不足，责权不匹配，管理组织架构不合理，等等，亟需寻找一种替代模式，来对政府投资工程建设管理机制进行全方位

① 刁寿权．我国传统工程管理模式存在的弊端［J］．现代商业，2008（30）：119.

的革新。

学者认为传统模式还存在其他一些问题，本书归纳如表3.1所示。

表3.1 我国政府投资工程管理中存在的问题

相关文献	机构设置重复、管理水平低	随意提高建设标准、变更投资规模	项目决策缺乏科学性	政府监管不力	缺乏对工程造价的控制	法人实体缺位	招投标过程不规范	对工程的评价体系不健全
杨竞萌(2009)		√		√	√			√
李海成(2009)	√		√		√			
张功杭(2008)	√			√	√			
王　磊(2007)	√			√	√			
黄如宝(2006)		√	√					√
范成方(2006)	√							
吕　强(2005)		√	√		√		√	
朱　海(2005)	√	√		√	√			
宋金灿(2005)	√		√	√	√			
范成方(2005)	√		√	√		√		
苏　红(2005)		√	√				√	
毛寨汉(2005)	√	√	√	√				

资料来源：根据尹贻林、阎孝砚《政府投资项目代建制理论与实务》改编，资料有增删。

3.2 代建制的发展历程及相对优势

3.2.1 代建制的发展历程

随着市场经济体制改革逐渐深入，国家计委、建设部、财政部一直积极进行非经营性政府投资项目管理模式改革的探索。财政部主张借鉴国外的政府采购做法，对政府投资工程项目实行适度集中的政府采购模式，2002年颁布的《政府采购法》就将工程纳入了政府采购的范围①。建设部在经过一些课题研究、国内外考察之后②，也支持政府集中采购模式，并主张由建设行政主管部门作为政府投资工程集中管理的主管部门③。但是国家计委作为由国务院"三定"方案明确的政府投资主管部门，反对组建集中机构管理的方式④，而主张采用厦门、北京、上海等地从1993年开始探索的市场化的代建制方式。经过地方实践、理论总结，目前学界和政府主管部门都较认同代建制应为我国政府投资工程管理体制改革的重要方向。

早在1993年，厦门市就对传统的工程管理模式进行改革，将招标或者直接委托等较为市场化的方式引入政府投资工程管理。特别是在非经营性公共工程中，厦门市将专业性的建设管理工作委托给专业的管理公司，将工程的建设和使用职能真正分开。随着改革不断的发展，在2001年还颁布了《厦门市重点工程建设项目代建管理暂行办法》，将工程管理改革制度以文件的方式确定下来。

随后在安徽省也进行了类似的改革。1998年，在安徽省政府的批准下，成立了专门负责代建管理工作的安徽省公益性项目建设管理中心，实行"交钥匙"模式进行管理。该中心在成立后就代建了该省"迎九运"工程、安徽大剧院改造、省图书馆、"9811"工程、省人大会议中心改造等项目。

---

① 徐波，燕平．工程项目管理考察团赴美考察报告［J］．建筑经济，2001（5）：7－10.

② 李德全．发达市场经济国家和地区政府投资工程管理方式［J］．建筑经济，2002（6）：8－12；政府投资工程管理方式改革课题组．香港政府公共工程管理方式考察报告［J］．建筑经济，2002（7）：3－7；王宁，刘宇昕，郭正学．关于对深圳、珠海开展政府投资工程建设组织实施方式改革情况的调研报告［J］．建筑经济，2003（10）：30－35. 刘宇昕，郭正学．对厦门市开展政府投资工程建设组织实施方式改革情况的调查［J］．建筑经济，2003（9）：23－26.

③ 建设部办公厅．关于征求对《关于开展政府投资工程建设组织实施方式改革试点工作的指导意见（征求意见稿）》意见的函．2003.

④ 国家计委办公厅．国家计委办公厅对开展政府投资工程建设实施方式改革试点工作的指导意见（征求意见稿）的意见．2003.

这些工程不但取得了不错的成效，其管理模式还受到了国家发改委的肯定，并在全国推广。

1999 年初，上海市开始了代建制的实践历程。受原上海市计委的委托，上海浦东咨询公司成为代建项目的代理人，开展了对上海市收教收治综合基地项目进行全过程的代建工作。随着改革的深入，上海市于 2001 年底在高速公路建设中强制实行代建制，后被广泛推广到其他市政工程建设中，扩大了代建制实行的范围。

2002 年 10 月，北京市开始了代建制试点工作。试点工作首先开始于全额使用政府投资的公益性建设项目。到 2003 年底已实施北京回龙观医院 1 号病房楼、北京市疾病预防控制中心防病业务楼、北京市残疾人职业技能培训体育训练中心等项目。随着改革的推进，代建制的范围也在不断扩大。

2003 年，湖北省政府专门成立了湖北新光工程项目管理有限公司。这个公司主要是按照市场化模式运作的。如民主党派办公大楼、人民大会堂湖北厅、湖北省竞技馆、湖北省公务员住宅小区等工程都是采用代建制管理模式建设的。

2004 年 2 月 11 日，由深圳市财政局全额拨款的深圳南坪快速路一期工程项目由深圳市政府委托授权深圳市交通局与深圳高速公路有限公司进行建设和管理，正式签订《工程建设委托管理合同》。

在各地代建制试点的推动下，国家也开始重视改革政府投资项目管理方式。2002 年，在国家建设部的带动下，开始了关于“政府投资工程管理方式”等课题的研究；2003 年，除了国家发改委在工作会议上积极推进代建制的试点工作外，国务院也在《投资体制改革方案》里规定要在全国范围内力推代建制。直到 2004 年，国务院正式出台了《关于投资体制改革的决定》，明确规定要“对非经营性政府投资项目加快实行代建制，即通过招标等方式，选择专业化的项目管理单位负责建设实施，严格控制项目投资、质量和工期，建成后移交给使用单位”。2005 年 6 月，北京举行了关于中国残疾人体育综合训练基地建设项目的代建单位开标仪式，标志着中央政府投资领域引入了代建制模式。

从上述代建制的推行情况看，代建制改革的进程是循序渐进的，并不是一蹴而就的。先是由少部分的省份或城市在少部分的政府投资工程项目中实行代建制模式，然后这些省市在成功的经验上逐步扩大代建项目的范围，接着由地方推广到中央，中央最终以法规文件的方式将代建制确定下来。随着代建制的不断发展，为了确保代建制改革的顺利进行，相关的政策和法规也在逐步完善。如在 2004 年 7 月，国务院颁布《关于投资体制改革的决定》；

2005年7月，国家发改委发布《关于审批地方政府投资工程的有关规定(暂行)》；2005年7月，国家发改委发布《中央预算内投资补助和贴息项目管理暂行办法》；2005年11月，《关于切实加强政府投资工程代建制财政财务管理有关问题的指导意见》由财政部颁布；2008年11月，国家发改委印发《中央政府投资工程后评价管理办法（试行)》；2010年，国家发改委发布《关于推进和规范政府投资工程代建制的指导意见》；2012年3月，国家发改委发布《中央投资项目招标代理资格管理办法》；等等。这些标志着代建制改革已成为我国政府投资工程建设管理体制改革的主流方向。

3.2.2 代建制相对于传统模式的优势

按照已有文献，学者们普遍认为与传统政府投资工程管理体制相比，在非营利性政府投资工程领域实行代建制的管理模式会有更多的优势，最具代表性的有以下三点：

(1) 代建制将政府内部委托代理关系转化为外部委托代理关系，使业主和代建人的责任明确；并通过招标的方式选择代建人，形成竞争市场，从机制上遏制政府投资工程超投资、超工期和质量低下蔓延的现状。

(2) 代建制实现了工程管理队伍的专业化。这可以提高对政府投资工程的管理效率和水平。

(3) 由于使用方和建设方的分离，有利于使用方的责任意识强化，形成自觉监督代建单位的良性机制，从而最终达到规范政府投资工程管理行为的目的。

除了以上三点，一些学者甚至认为，代建制会引发包括政府投资控制、建设工程质量以及政府投资监管等领域的连锁变革。总之学界对代建制相对于传统政府投资工程管理模式的优势充满信心。国内许多学者，如尹贻林、阎孝砚（2006)①，乌云娜、牛东晓（2007)②，崔茂林（2005)③，蒋利民

① 尹贻林，阎孝砚．政府投资项目代建制理论与实务［M］．天津：天津大学出版社，2006.

② 乌云娜，牛东晓．政府投资建设项目代建制理论与实务［M］．北京：电子工业出版社，2007.

③ 崔茂林．代建制的优势［EB/OL］．http://www.qingdaonews.com/content/2005-02/27/content_4344595.htm.

(2009)①，姜然然（2010)②，刘磊（2007)③，权曙光、任远（2009)④，许英桀（2008)⑤，周向红、张希凌（2009)⑥，等等，在他们的研究当中对代建制的优势进行了探讨。笔者将其归纳整理如表3.2所示。

表3.2　代建制相对传统模式的优势

相关文献	理顺了政府投资工程中各方主体的责、权、利	充分发挥了市场竞争的作用，提高了投资效率	提高了对政府投资工程的管理水平和效率	规范政府投资工程建设实施中各方的行为	加快了政府职能的转变	在一定程度上遏制了权力寻租和腐败	减少了拖欠工程款现象，加强了投资控制	加强了政府对工程的监管
崔茂林(2005)		√			√	√	√	
蒋利民(2009)		√	√	√		√		√
姜然然(2010)		√	√			√		√
刘磊(2007)	√			√		√	√	
权曙光等(2009)		√	√			√	√	√
乌云娜等(2007)	√	√						

① 蒋利民．政府投资项目代建制的效果浅谈——实施代建制的优势和面临的困境［J］．决策管理，2009（17）：13.

② 姜然然．“代建制”在我国的发展状况、作用及问题［J］．建筑市场与招标投标，2010（1）：15.

③ 刘磊．政府投资项目代建制的优势研究［J］．山西建筑，2007（30）：215.

④ 权曙光，任远．我国代建制发展的意义、现状与建议［J］．建筑经济，2009（9）：20－21.

⑤ 许英桀．代建制模式的实践和思考［J］．中国招标，2008（22）：15.

⑥ 周向红，张希凌．代建制在政府投资项目中的作用及注意事项［J］．领导科学，2009（3）：35.

续表 3.2

相关文献	理顺了政府投资工程中各方主体的责、权、利	充分发挥了市场竞争的作用，提高了投资效率	提高了对政府投资工程的管理水平和效率	规范政府投资工程建设实施中各方的行为	加快了政府职能的转变	在一定程度上遏制了权力寻租和腐败	减少了拖欠工程款现象，加强了投资控制	加强了政府对工程的监管
许英桀（2008）	√	√	√			√		
尹贻林等（2006）		√	√	√	√	√		
周向红等（2009）		√						√

从表 3.2 中也可以看出人们对代建制寄予了较高的期望，甚至希望它能够促进政府职能转变、遏制工程腐败等，这已经将其作用突破了工程建设管理领域变革的范畴。各地方政府也纷纷推出以代建制为名的改革，制定推进代建制运行的法规。普通杂志以及学术刊物上总结代建制成功经验的文章也不在少数。总之，代建制被看作革除政府投资工程领域诸多弊端的利器，在各地得到推广。

3.3 代建制的地方实践模式比较

代建制经过近 10 年的发展，现在已经成为中国政府投资工程管理体制改革的重心，被看作革除政府投资工程建设领域诸多积弊的重大制度性创新。虽然中央政府层面在改革原则上做出指引，但在具体的组织架构、运转机制、权力分配等运转机制层次，从中央到地方却远未达成共识。要强调的是，对于其模式的分类与比较并不是无意义之争。先部分试点，实践纠错，得出成熟模式，再逐步推广是中国改革的重要成功经验之一。然而政府投资工程代建制改革经过这么多年的探索，各地都叫代建制，但细究各地模式中的关键环节，却南辕北辙，使得目前代建制改革失去了明晰方向。

有学者如尹贻林、阎孝砚（2006）① 提出，按照代建人性质不同，代建制的模式主要有政府专业代建公司模式、政府专业管理机构模式和项目管理公司竞争代建模式三种；按照代建人介入项目的时间，可以分为全过程代建和两阶段式代建两种模式；按照实践地域标准，可分为上海模式、深圳模式、北京模式。还有学者如赵崇煦（2004）② 认为按照项目管理方式的不同，代建制可以分为业主管理模式和 EPC 模式。乌云娜、张洪青（2004）③ 按照工程项目委托管理委托人的地位把代建制模式划分为项目管理服务（PM）和项目管理承包（PMC）两种。但是各地真正实行的代建管理办法，与学者提出的定义相差很远，必须具体考察。

本书认为，首先，由于各地对代建制的关键原则认识不统一，如“代建人应该由政府机构还是企业来充当”；其次，各地借鉴国外的经验也不统一，如深圳借鉴香港经验，北京借鉴美国等国家经验。因此各地的模式很难用单一维度的标准区别开来，有必要对具有代表性的地方改革经验进行多维度的比较分析，才能对我国代建制改革的现状有正确认识，了解问题的真实所在。

3.3.1　深圳、上海、北京与重庆的典型经验

1. 深圳经验和存在问题

2001 年 11 月深圳市决定成立深圳市工务局，这也标志着深圳市在政府投资工程领域引入代建制。2002 年 4 月中旬，深圳市工务局正式开始组建，并被定为直属深圳建设局的副局级事业单位。2003 年 10 月，经市政府研究决定，南坪快速路一期工程成为深圳市第一个由企业代建的政府投资工程，并由深圳高速公路股份有限公司代建。2004 年做出调整：工务局更名为建筑工务署，为隶属于深圳市政府的局级单位，其经费来源为财政的全额拨款。2005 年 2 月，在东部沿海高速公路莲塘至盐田段项目上，深圳市对代建单位进行了公开招标，开启了公开招投标的序幕。

伴随代建制的试行，深圳市出台了一系列相关的法律法规：

2000 年实施《政府投资工程管理条例》（后于 2010 年修改和重新制定）；

2008 年 6 月 1 日正式实施《关于加强建设工程招标投标管理的若干规

① 尹贻林，阎孝砚．政府投资项目代建制理论与实务［M］．天津：天津大学出版社，2006：82.

② 赵崇煦．政府投资项目代建制的具体操作［J］．中国投资，2004（3）：112－113.

③ 乌云娜，张洪青．工程建设项目代建制管理模式探讨［J］．中国工程咨询，2004（7）：18.

定》、《深圳市政府采购条例》；

2009年起草了《政府工程建设管理条例》；

2009年8月，建筑工务署制定了《建筑工务署土建装饰材料参考品牌库管理办法》（试行），同年制定了《建筑工务署项目代建管理办法》；

2010年制定《政府投资工程代建管理办法》等。

深圳市政府投资工程代建制采取的是一种政府集中代建模式，或者称为"工务局模式"（图3.1）。这种模式主要借鉴了香港工务署的经验。建筑工务署负责的工程领域范围主要是在除规划国土、水务、交通、教育、公安五个系统之外的政府投资工程、经济适用房及其他政策性住房、其他的市政工程、"一次性业主"工程和公益性工程等。建筑工务署的职能主要是代表政府行使业主的职能，对这些工程进行组织实施、协调和监督管理等。这一模式在初衷上是想解决政府投资工程中的委托代理问题，即将分散的监督变为集中的监督，从而提高监督的效率。

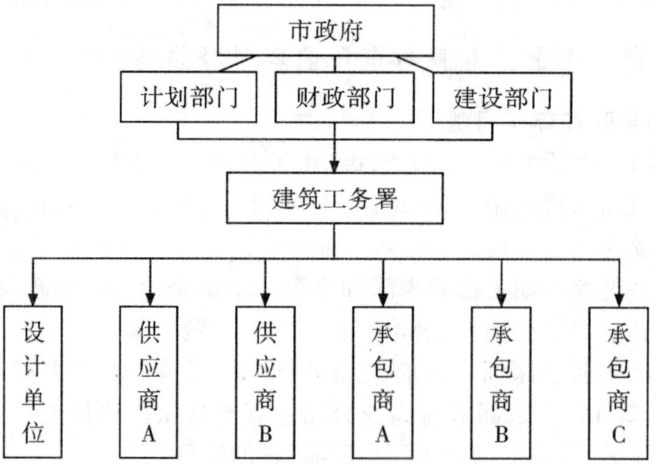

图3.1　深圳市政府投资工程管理模式

资料来源：修改自郭留洋，2006。

具体的做法是：在政府投资工程立项后，政府相关部门指派专业的技术人员为项目的牵头人，并与建设工务署签署项目管理的责任书。主要内容包括项目建议书的编报、项目可行性研究报告的审批、设计及标底的编制、招投标和现场管理、工程完工验收、结算等全过程的工作。在其他部门的配合下，建筑工务署负责项目移交后的建设项目管理工作，涉及工程建设的各个环节，一直至工程竣工验收，向使用单位实行“交钥匙”工程。

其他相关部门按照各自职责，负责具体的相关工作。例如，市财政部门直接支付建设资金并负责产权登记，市计划主管部门具体负责政府投资工程计划的编制和组织实施，市投资审计机构审核工程结算和竣工结算，市人民代表大会及其常务委员会对项目进行监督，建设局监督建筑工务署的工作，等等。

由于建筑工务署是一个专门机构，深圳的模式解决了部门专业化问题，但是集中代建缺乏市场选择环节，一直受到外界对其效率和公正的怀疑。然而，在较好的法律法规环境、相互牵制的外部监督制度和有效的内部监督制度机制下，深圳市建筑工务署的工作还是取得了一定的成果。截至2008年，深圳市通过招标等方式选择代建单位的项目已有20多项，以交通项目居多，主要有南坪快速路一期和二期、深盐二通道、西部港区疏港通道、北通道、红棉路、丹荷路等项目。2009年全年，深圳市共有委托代建项目37个，涉及概算金额13.3亿元，代建项目完成投资4.15亿元，大部分代建项目的质量、工期、投资控制、安全生产均进展良好。

但是，深圳模式在实际运行中也出现一些令外界质疑的问题。例如，建筑工务署集政府投资工程业主和政府管理职能于一体，是一种政府行政代理模式，不可避免形成行政垄断，易出现政府权力寻租现象；公务员队伍庞大，耗费了大量的财政资金。另外，由于建筑工务署还是属于政府的一个部门，对政府项目建设的管理和约束也主要是行政性的，所以在一定程度上缺少对工程控制的内在约束机制。如深圳市原市长许宗衡案就是一个反面典型案例。在政府投资工程中，许宗衡利用手中的职权收受大量贿赂，其中涉及兴建中的5条地铁线路、深圳“世界大学生运动会（大运会）”场馆建设工程、盐坝（光）高速公路，尤其是曾被称为“民心工程”的桃源村三期（经济适用房住宅小区）工程，因为质量低下，产生极坏影响。这说明深圳模式在政府投资工程管理方面还不能达到预期的改革目标。

2. 上海经验与存在问题

上海市政府投资工程代建制模式的实践和发展与深圳市有很大的不同。2001年上海市启动了政府投资工程管理体制的改革，市政府要求政府投资项目的建设体制应遵循四个原则：政府组织、企业运作、市场竞争、形成合力。同年12月上海市还颁布了《关于推进政府投资工程建设管理体制改革试点工作的实施意见》，该意见规定从第二年3月起，几个局属的建设单位要在改革的基础上从即将开工的项目入手，进行代建制的试点工作，对传统的建设管理方式进行改革，正式在政府投资工程中实施代建制。另外还有一系列的相关法律法规，如：

2001 年 10 月 1 日出台《上海市市政工程建设管理推行代建制试行规定》；

2004 年出台《上海市工程建设项目管理公司资质管理暂行规定》；

2007 年出台《上海市政府投资工程稽察暂行办法》；

2008 年出台《上海市发展和改革委员会关于审批政府投资工程有关规定（暂行）》。

上海市实行的政府投资工程管理模式有三个层级：政府—政府所属投资公司—工程管理公司（图 3.2），这样的模式有望于相互分离政府投资、投资管理和工程管理等职能。一方面，在职能相互分离的情况下，政府、投资公司、工程管理公司这三级主体的权利、责任和利益可以趋向于一致，均依据法规或合同中已经界定好的职责范围行使权利，履行职责；另一方面，通过对相关主体，特别是政府及其职能部门的管理职能的调整，有利于明确政府投资的主体地位，提高工程管理市场化的程度，最终使得建立起的政府投资工程管理模式及运行机制达到“决策科学化、主体多元化、管理专业化、行为规范化”的标准。

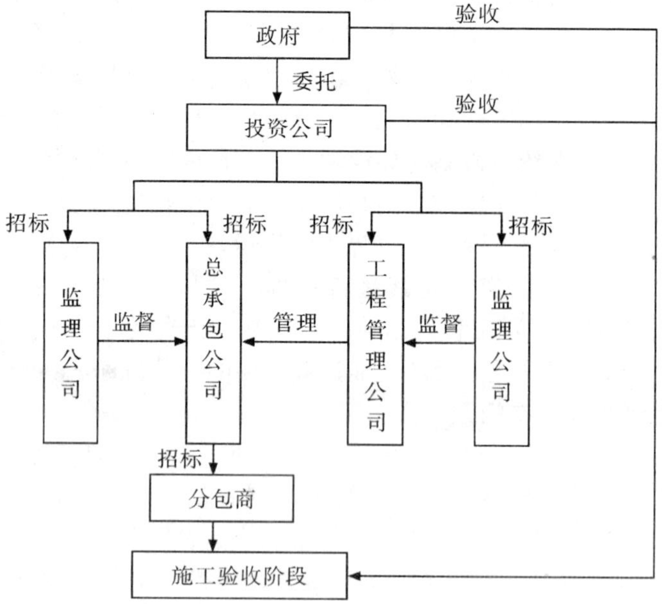

图 3.2　上海市政府投资工程管理模式

资料来源：修改自郭留洋，2006。

在具体的操作上，第一项重要变化是对政府部门中关于投资管理的职能进行调整。如在 2002 年 3 月份，上海市建委将水务局、绿化局、市政局、住宅局、交通局等 13 家单位定为首批政府投资项目代建制公司，并将它们职能中关于投资管理的职能移交政府性投资公司。此政府性投资公司作为投资主体，要么是由政府全额投资的公司，要么是经政府授权并由政府控股的项目法人。第二项重要变化就是培育多个工程管理公司，它们是具有资质证书或通过公开竞争比选后择优确定为推行代建制试点的公司。最初的工程管理公司就是上述的那 13 家单位。这些工程管理公司根据政府及相关部门的委托，主要负责项目的可行性研究、初步设计、项目管理、工程监督等工作。第三项重要变化就是完善政府的非经营性项目的投资职能，由投资公司通过运作来履行；对非经营性项目的建设管理，则主要由投资公司及社会的中介组织（即工程管理单位）来行使。受政府委托的投资公司、受投资公司委托的工程管理公司均在相关法律法规界定的职权范围内独立行使权利，履行职责。

其他有关部门按照各自职责分工参与有关工作。例如，财政部门所属的采购办负责下达政府采购方案，行使管理监督职能；政府设立的采购中心负责执行具体的采购项目，行使具体操作职能；市政工程管理局主要负责工程立项、市场规范、监督管理等政府管理性工作，其部门下的市政工程管理处和公路管理处负责具体的管理工作。

上海模式从理论上说特点有二：一是政府间接管理原则，直接管理交由工程管理公司和政府所属投资公司；二是运作和管理市场化，政府培育市场，依据价格机制和竞争机制进行投资管理。

经过几年的实践，上海市政府投资工程代建制取得了一定成果：到 2008 年，代建制试点已形成了一定的规模，管理日趋成熟，相应的体系和市场业已形成。如上海浦东工程建设管理公司，从最初承接“代甲方”工程以来，目前累计完成代建制工程投资额已经超过 110 亿元，取得了不凡的业绩。

上海模式旨在解决政府投资工程的专业化和委托代理这两个问题。因此其代建制改革不仅包括对工程建设的实施方式进行改革，还包括对政府投资工程的投资领域进行改革。而这两个改革一起进行有一定的不良影响，经常会由于前者的问题界定不清，造成后者在改革时各方职能不能界定清楚，进而很容易使各方在改革中陷入困境。另外，这种模式有一定的垄断性，投资公司由政府部门改革而来，还是直属于政府，不利于竞争；而且代建合同的约束力不强，导致代建单位权责不对等；还有，代建制的市场化水平不高及社会环境不配套；等等。上海陈良宇案在某种程度上可以说明这种模式在运行中还有严重的弊端。

3. 北京经验与存在问题

2002 年 10 月，北京市向代建制试点工作迈进了重要的一步。首先实践的工程领域是全额使用政府投资的公益性建设项目。北京市采用的代建制模式是公开招标选定代建单位，也可以叫做代建公司竞争模式。

北京市发改委于 2004 年 3 月 1 日出台了《北京市政府投资建设项目代建制管理办法（试行）》，明确了北京市代建制管理的范围及操作程序，这也是首次将具体的代建工作以文件的方式确定下来。同年 11 月颁布的《北京市政府投资工程委托代建合同（示范文本）》，又进一步巩固了政府投资代建项目的可操作性。该合同范本确定了政府投资代建项目的形成、范围及三方的权、责、利，而且把管理方式从传统的通过行政关系进行管理向通过经济合同进行管理的方式转变。也就是说一切要依据合同的规定和要求来办事。这样一来，对合同管理的改进和完善成为了代建合同管理中关键的一部分。

2006 年，北京市发改委成立政府投资工程代建管理办公室。

2006 年出台《政府投资工程公示管理办法》、《政府投资工程后评价管理办法》；

2007 年实施《关于依法加强政府固定资产投资项目招投标管理的意见》等。

北京模式是基于市场竞争原则来形成的。政府首先设立了一定的市场准入条件，如经济和技术实力良好、工程建设管理水平和业绩水平较高、风险承担能力强等。在这些条件下，将符合条件的项目管理公司纳入竞争范围内。最后政府作为业主，通过公开招投标等市场化方式，选择具备资格的项目管理公司承担代建工程的具体代建工作（图 3.3）。

具体做法是：在项目建议书批复后，市发改委通过招投标环节选择合适的代建人。选定代建人后，委托人、使用人和代建人三方签订项目代建期间的代建合同。① 合同的主要内容是规定委托人、代建人、使用人等相关主体的权、责、利。委托人作为项目的决策人，主要履行的是决策职能；项目的使用人主要履行的是决策的建议权和工程的监督权；代建人需要履行的职责

---

① 胡杰．我国政府投资项目建设市场规制研究［D］．天津：天津大学，2007.

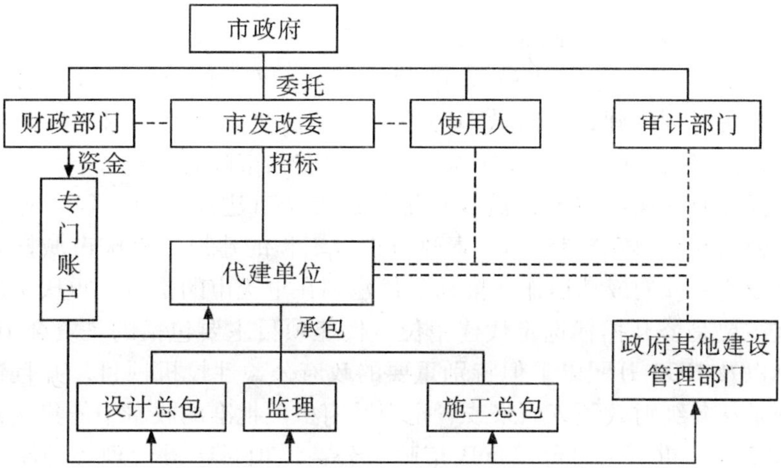

实线表示直接管理；虚线表示监督、监管

图 3.3 北京市政府投资工程管理模式架构

资料来源：修改自郭留洋，2006。

是对项目工程进行全过程的管理，代建期间还要依据合同规定履行一定的投资职责。另外，代建合同还包括对合同纠纷、违规行为的处理办法和相关的赔偿相关事宜等内容 。

北京模式的特点主要是：发改委作为投资主体参与市场运作，代建人在建设期间承担了实际意义上的业主职能。

通过几年来的实施和发展，北京市政府投资工程的建设有以下成果：从2002 年回龙观医院项目进行代建制试点以来，截至 2008 年，累计批复政府投资代建项目共计 65 项，总投资额约为 62 亿元，当前已完工 24 项，29 项正在建设中，另有 11 项已经确定代建人但尚未开工，没确定代建人的只有 1 项。另外，有 11 个奥运场馆项目也采取了代建制管理的模式。在已经确定代建人的 64 个代建项目中，共计有 23 家中标企业，其中，工程咨询类的企业有 13 家之多，房地产开发类的企业有 5 家，工程总承包类的企业也有 5 家。

但是，北京模式在实际运行中也出现了不少问题。如政府部门的市场定位不明确，既是裁判员又是运动员，政府插手越位的现象层出不穷。另外，这种模式对信息的流畅性和沟通机制的要求很高，而在实行过程中，由于信息不对称，各部门之间缺乏沟通，出现多头管理，造成管理混乱。代建人在地位上也缺少法律上的保障。

4. 重庆经验与存在问题

早在2000年，重庆市就提出了以适当分离"投资、建设、管理、使用"职能为原则的建设管理改革方案。为了适应重庆市中国三峡博物馆及重庆市人民广场三期工程的建设需要，市建委在市政府的授权下，在建设系统内选择专业的建设技术人员成立了重庆市城市建设发展有限公司（简称为城投公司），由该公司专门负责政府投资工程的建设。重庆市城投公司代理政府投资工程的成功运作，推动了代建制在重庆市的推行。重庆市的代建制模式主要是公开招标选定代建单位。代建项目主要包括的是资金1000万元以上以及1000万元以下但特别重要的政府公益性投机项目，并且这些资金必须是从各级财政预算而来或者是由政府机关批准的收费中筹集而来。

2003年，重庆市出台《重庆市政府公益性项目建设管理代理制暂行办法》；后来又颁布了《重庆市政府投资工程管理办法》；

2006年6月重庆市出台《关于加强市级政府投资工程建设管理代理制工作的通知》；2007年重庆市出台《关于加强和规范政府投资工程BT融资建设管理的通知》。

重庆模式的具体操作有：首先向政府相关部门申请项目并确定好项目的功能。接着需要市计委、市财政局、市建委等具有投资决策权力的政府主管部门做出决策。在决策过程中还少不了投资主管部门与使用人进行协商，对投资进行具体的论证和平衡。然后重庆市城投公司负责具体的代建管理工作，要对整个代建过程进行全方位的管理。项目建设管理全过程主要由城投公司负责，其他相关政府部门（审计、财政、建委、监察等）也有权力和义务监管工程管理全过程（图3.4和图3.5）。

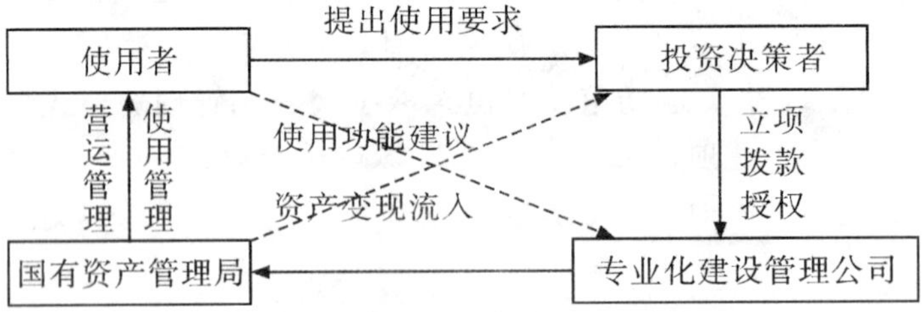

图3.4　重庆市政府投资工程管理模式流程

资料来源：王建初、曾德珩，2002。

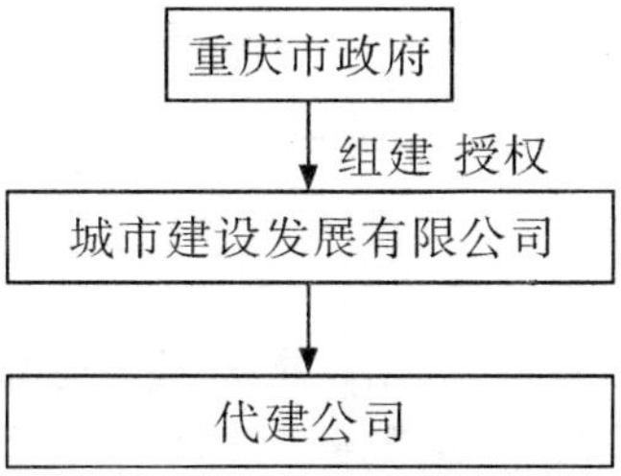

图 3.5　重庆市市政府投资工程管理模式架构

资料来源：本书自行整理。

严格来讲，重庆模式与代建制的设计思路还有一定差距，一是代建权直接全部指定给承建发展公司，缺乏市场竞争环节的筛选，不符合最优原则；二是承建发展公司并不是专业项目管理公司，还有投资、建筑等多种经营，根本无法保证项目管理公司所需要的独立性；三是重庆市城投公司属于国有控股，与相关管理部门有千丝万缕的联系，相当于政府变相介入市场，内部人控制等政府治理难题难以回避。重庆市政府已意识到这个问题，近两年在指定由城投公司代理政府投资工程管理的同时，也在尝试走市场化道路，部分政府投资工程已开始通过公开招投标程序对外选择代建单位。

3.3.2　地方代建模式的比较

下面以表格的形式详细展示和说明四个城市政府投资工程代建模式的关键异同（表 3.3）。

表 3.3　四地代建模式内容详细比较

比较点	深圳	上海	北京	重庆
采用的代建制模式	“政府集中代建模式”或“工务局模式”；“交钥匙”总承包	政府专业代建公司模式或有限选定代建机构的模式；“政府—政府所属投资公司—工程管理”三级管理模式	公开招标选定代建单位的模式或代建公司竞争模式	公开招标选定代建单位的模式

续表 3.3

比较点	深圳	上海	北京	重庆
代建项目的范围	除常年都有政府投资工程任务，并具有相应的建设管理水平及其他要求的专门的政府投资工程外，其他的市政工程、"一次性业主"工程和公益性的工程	市政（包括越江设施）、公路等工程项目（包括政府投资工程和其他招商项目）	全额使用政府投资的公益性建设项目或政府投资额占总投资额60%以上的公益性建设项目	针对使用各级财政预算资金和经有权机关批准收费筹集的资金1000万元以上以及1000万元以下但特别重要的政府公益性投资项目
出台的相关规章制度及政策	《深圳市政府投资工程管理条例》(2000)、《关于加强建设工程招标投标管理的若干规定》(2008)、《政府工程建设管理条例》(2009)、《政府投资工程代建管理办法》(2010)	《上海市政府采购管理办法》(1999)、《关于推进政府投资工程建设管理体制改革试点工作的实施意见》（沪建计〔2001〕第0889号）、《上海市市政工程建设管理推行代建制试行规定》(2001)	《北京市政府投资工程代建制管理办法（试行）》(2004)、《北京市政府投资工程委托代建合同（示范文本）》(2004)、《北京市发展和改革委员会关于政府投资管理的暂行规定》	《重庆市政府公益性项目建设管理代理制暂行办法》(2003)、《重庆市政府投资工程管理办法》(2003)、《关于加强和规范政府投资工程BT融资建设管理的通知》(2007)
成立的相关公司或组织	深圳市政府项目管理中心(2000)、深圳市建筑工务署(2002)	上海市政府采购中心（1999），在市政、水务等系统确定了13家单位为首批承担政府投资工程的工程管理公司（2002）	北京市发改委成立政府投资工程代建管理办公室(2006)	成立专门的负责管理政府投资工程的城建发展有限公司（2000）

续表3.3

比较点	深圳	上海	北京	重庆
代建单位（机构）的确定及其职责	建筑工务署代表市政府行使业主的职能和项目管理职能，负责除规划国土、交通、水务、公安、教育五个系统外的政府投资工程的组织协调和监督管理工作	投资公司作为政府业主的代表，主要是对项目的投资及还贷、设施的经营等进行管理；工程管理公司根据投资单位的委托，对项目进行可行性研究、设计、项目管理、工程监理等工作	政府通过招标选择专业化的代建单位。代建单位对建设项目的全过程进行管理，如勘察、设计、施工、监理、主要设备采购公开招标、验收和编制决算报告等	政府通过招标选择专业化的代建机构。代建机构对项目实施全过程或若干阶段的组织、协调和监督工作。代建机构不得在自己代理建设管理的项目中承担勘察、设计、施工、监理等工作
各地代建管理中相关职能部门的职能及权限	市计划主管部门具体负责政府投资工程计划的编制和组织实施，市财政部门直接支付建设资金并负责产权登记，市投资审计机构审核工程结算和竣工结算，市人民代表大会及其常委会对项目进行监督，建筑工务署受行政主管部门建设局的监督	财政部门的采购办下达政府采购方案；政府设立的采购中心执行具体的采购项目，行使具体操作职能；上海市市政工程管理局履行工程立项、市场规范、监督管理等政府管理职能，所属的上海市市政工程管理处和上海市公路管理处负责具体管理工作	市发改委牵头负责实行代建制的组织实施和招标工作，市财政局对代建制项目的财务活动实施财政管理和监督，市有关行政主管部门按照各自职责做好相关管理工作	发展计划行政主管部门牵头负责代建制实施的监督管理，财政部门负责项目资金使用的监督管理，建设行政部门负责项目建设过程中的建设行政管理，其他有关部门按照各自职责分工参与有关工作

续表 3.3

比较点	深圳	上海	北京	重庆
存在的风险与问题	没有完全解决政府角色混淆的问题；公务员队伍庞大，耗费大量的财政资金；激励机制不明	有一定的垄断性，不利于竞争，且合同约束力不强；代建单位权责不对等，项目管理水平不高；代建制的市场化水平不高及社会环境不配套	对政府的监管水平和强度有很高的要求	项目使用管理单位和代理机构的责、权、利不够明确；需要进一步明确政府部门对代建行为的监管职责；代理费偏低，代理机构缺乏内在动力；代理机构的总体素质和水平不高

资料来源：根据各地的代建管理办法整理。

从共性来讲，各地在制度设计时，显然都高度注重“代建”二字，所有模式都强调比旧有制度多出了一个代替政府业主行使管理职能的代建机构：深圳是建筑工务署，北京、上海是公开招标的代建公司，重庆是原城建投资公司基础上改造的代建公司；而且也都强调这些代建机构在建筑管理方面的专业性；以此为中心，对投、建、管、用的权力架构进行了一定调整，并出台相关政策与之配套。但问题在于各地改革似乎也路尽于此，宣布完成代建制改革后，也就是建立了一些机构，出台了一些政策，至于这样的架构安排是否符合代建制改革初衷，如何实现新机制与旧有政策环境的对接等深层问题，就不再深究了。因此，各地代建制试点多年，却绩效欠奉。

很多学者认为，从理论上来说，北京的代建模式可能更为纯粹。然而上文已讨论过，其实四地的实际运转状态与代建制改革的设计初衷都有相当差距。因此下文讨论的代建制抛开地方具体模式，就是指将政府投资工程外包给专业的代建公司全程管理的方式，代建公司是自由竞争的市场主体，我们关心的是如何控制代建公司实现政府投资工程的预设目标。因此，政府（相关部门）与代建公司之间如何良性运作是我们重点讨论的问题。

3.4 代建制改革困境

作为政府投资工程建设改革主要措施的代建制，在我国已经开展了一些年头，一些地方的实践已经长达十几年。但是运转多年，在莫衷一是的地方模式之争背后，是整个代建制运行的绩效低下，提高管理水平、控制投资额、保证工程质量、遏制腐败的诸多改革目标迟迟难以实现。由于没有明显地给政府投资工程领域带来好的效果，却引发了诸如代建人转包建设权以牟利的新乱象，甚至连代建制的必要性都遭人质疑，代建制改革陷入困境。

3.4.1 代建领域投机行为泛滥

通过代建人的专业化管理，去改善政府与高度复杂的代建市场之间信息不对称问题，这是代建制设计的一个重要理据。然而现实却是，在普遍实行代建制的大型政府投资工程领域，“三超”工程、豆腐渣工程等现象仍层出不穷，政府投资工程中的投资控制、工期控制与质量控制三大审计绩效指标都不理想，与引入代建人专业管理之前相比没有明显改善。

我们以2011年审计署对中央重大投资项目进行的审计为例。审计署在2011年6月27日在第十一届全国人民代表大会常务委员会第二十一次会议上所做报告为《关于2010年度中央预算执行和其他财政收支的审计工作报告》。报告的主要内容有：2010年审计署除了继续对京沪高铁和西气东输二线工程进行继续跟踪外，还对另外729个政府投资项目进行了审计和调查工作，其中包括扩内需项目406个、支线机场76个、粮油仓储设施247个。通过调查，审计署发现了在这些项目的建设过程中存在不少问题，主要有项目投资控制严重不足，相关主体不重视审核投资和结算的严格性，导致超投资的现象严重。从数据上来看主要表现在：因审核不严而增加的投资达15.12亿元，因虚假申报、多头申报、挤占挪用或违规使用的建设资金高达11.63亿元，因假发票或“白条”入账的资金达4.65亿元。另外一个严重的问题就是工程建设滞后，导致工程超工期等。例如在以上审计的247个粮油仓储设施项目中，78%的建设项目未能如期完成，不仅大大超出了工期，还使得2.56亿元的中央补助处于停滞或者闲置的状态。[①] 中央重大投资项

① 中华人民共和国审计署．关于2010年度中央预算执行和其他财政收支的审计工作报告[EB/OL]．http://www.audit.gov.cn/n1992130/n1992165/n2032598/n2376406/3380217.html.

目有着较为系统的管理程序和严格的监管，在投资、质量与工期三类控制上尚有如此惊人的问题，地方上的政府代建工程项目的超投资等乱象更不让人乐观。正如案例3.1所描述，很多基层实行的代建制根本没有起到约束作用。

【案例3.1】贫困县的代建办公楼赛白宫

安徽省安庆市望江县是全国的贫困县之一，2010年却因为建办公楼这一话题成为社会关注和议论的热点。这并不是一个简单的办公楼，而是占地182亩，总建筑面积达40878㎡，相当于8.5个美国白宫的建筑面积的超豪华办公楼。2004年，望江县政府成立国有独资公司——县城市建设投资公司，作为此办公楼项目的代建单位。此项目采取的是市场化的运作模式，县直机关及有关事业单位采取租赁或回购的方式使用其中的部分房屋，其余部分由城市建设投资公司直接交易管理，开展公共服务。项目曝光后，在调查中就发现了不少问题。一是此项目主体对决策和投资过程控制严重不足，导致项目的可行性研究报告、初步设计方案等出现缺失的问题。二是该项目存在超标准的问题。建设人擅自将原设计中的建筑材料进行修改，导致修改过的材料完全不符合国家发改委的有关规定，建筑存在超标准豪华装修的倾向。①

除了投资、质量和工期控制的数据不让人乐观外，代建人及其负责统筹的各类承包商在政府投资工程中的各种投机行为也不断见诸报端。其中社会影响特别恶劣的代建违规行径有：①低价竞标。目前，代建、咨询、勘察、设计、审图、监理等技术服务行业成为低价竞标的重灾区。低价中标后，这些单位会以降低服务质量标准、砍减服务项目、收缩服务内容的深度和广度等方式去获得超额利润。②围标、串标。目前相关市场流行围标、串标等潜规则，造成部分施工及大宗设备材料采购的公开招投标形同虚设。③转包。部分代建人、施工单位挂靠别人或被别人挂靠，或层层分包、转包等，以此逃避政府部门的正常管理。

除了上面的投机行为以外，代建机构的管理绩效也让人担忧：长期困扰工程建设阶段的种种混乱与矛盾，如设计图纸深度不足、监理单位总监缺

① 根据《贫困县白宫》一文（http：//epaper. bjnews. com. cn/html/2011－03/26/content_214664. htm？div＝－1）编写。

岗、施工单位项目经理长期不到位、运到工地的材料设备型号不对等等问题，并没有因为引入代建人而发生多大改观。

总之，代建人的管理绩效不彰及投机行为泛滥是代建制改革困局的一个重要标志。

3.4.2　政府投资工程领域腐败难以禁止

围绕代建权争夺的各种权钱交易行为正在成为政府投资工程领域腐败的新热点。如表3.2所列，代建制推行之初，被认为其实施有助于遏制政府权力寻租和人员腐败。很多学者在文章中都提出，通过将政府的业主权力移交给代建人，可以截断政府官僚和各类承包商之间的利益纠葛，从而减少官员腐败的可能。但现实情况却不容乐观，大型政府投资工程建设领域的腐败有愈演愈烈之势。当然，单靠代建制来遏制官员腐败的思路肯定是不对的，但问题是代建制在阻断官僚在政府投资工程领域的利益纠葛方面的辅助作用也实在乏善可陈，代建权却成为权钱交易的一个新的标的物。

首先，从最高人民检察院在2009年对城镇建设领域商业贿赂犯罪案件的查办状况就可以看出近年来大型政府投资工程领域腐败案高发之势不减。

该报告显示，2007年至2008年，全国检察机关立案查办的城镇建设领域商业贿赂犯罪案件在案件数量上占商业贿赂犯罪立案总数的45.3%，有9374件；在人数上占商业贿赂犯罪立案总数的44.5%，有10043人。其中，77.3%的城镇建设领域商业贿赂犯罪案件是受贿案件，有7250件；20%是行贿案件，有1879件。调查发现，在城镇基础设施建设领域、房地产开发领域、单位所属工程建设领域以及土地出让领域发生的案件共计7990件，占城镇建设领域商业贿赂犯罪案件总数的85.24%，因此这些领域也成为商业贿赂犯罪的高发领域。而且，相关报道也特别指出，其中窝串案发生的频率非常高，往往出现查一发百的现象。其中要数国家公务员和处级以上干部的犯罪率高，每100个案件中，就有35个是国家公务员犯的，有12个是处级以上干部犯的。这些案件的另外一个共性就是涉案金额普遍较大，平均个案涉案金额达20万余元；5万元以上的案件占总数的74.4%，50万元以上的案件则占总数的41.9%。[①]

需要指出的是，虽然上述数据没有对涉案工程是否实施代建制进行具体统计，但是按照国家规定，目前大型城镇基础设施建设都需要以公开招投标

① http：//news. xhby. net/system/2009/09/15/010587321. shtml.

的方式委托专业机构进行管理，基本符合代建制原则。因此从以上数据可以间接说明代建制对于遏制政府投资工程领域的腐败成效不足。

其次，从个案来说，明确实施代建制而仍发生腐败的案例也不在少数。以本书作为典型模式考察的四地——北京、上海、深圳与重庆为例，它们实施代建制较早，相关制度建设也较为完备，却都发生过轰动一时的政府代建工程腐败大案。如北京市海淀区原区长周良洛案中的插手工程招投标、上海静安区大火中的工程转包、央视大火案中的代建单位违规直接指定等。

而且，各地在确定代建工程范围时，一般都是按照达到一定投资额来划分的，如广东省规定超过500万元的投资额，就要实行代建制。因此政府代建工程腐败案往往牵涉金额巨大，给公共利益造成巨大损失。案例3.2就展示了代建工程中的腐败涉案金额巨大。

【案例3.2】代建工程腐败涉案金额巨大——陕西高速集团原董事长陈双全终审死缓

建国以来陕西省最大腐败案终于在2008年6月25日划上了一个句号。案件的关键人物陈双全被判以死缓。作为高速集团董事长，陈双全先后组织了咸阳机场高速、黄延高速和西汉高速三条高速公路的建设工作。在这些代建项目的建设过程中，陈双全利用手中的职务和所处的特殊地位做了不少违规行为。例如在项目预审阶段，他利用职务之便使自己熟识的施工单位入围并通过预审资格。在之后的招投标阶段，他运用明招暗定、透标、围标等手段帮助由自己控制的公司取得代建权。在这一过程中，他以权谋私，并进行权钱交易，大把捞取财物，光收受“感谢费”、“好处费”等贿赂就高达912万元人民币、93万美元、1000万日元。这起案件是建国以来陕西省查处的最大一起腐败案件。查案期间，经省纪委等部门对西汉高速公路项目建设审计调查，陆续收回多支付和无依据支持工程款6.49亿元。①

从以上的数据列举以及典型案例可以看出，代建制以及配套的公开招投标等政策，并没能扭转政府投资工程领域的腐败乱象，而且由于近年政府投资力度的加大，在建重大工程的增多，工程建设领域的腐败现象甚至有抬头之势。这引起了中央的高度重视。2009年7月，中央决定用两年左右的时

① 张娅，宁军．陕西高速集团原董事长陈双全受贿千万终审死缓［N］．华商报，2008-06-26.

间，集中开展工程建设领域突出问题的专项治理工作。这是针对工程建设领域影响和制约科学发展的突出问题所做出的重要决策，是建立健全惩治和预防腐败体系的重要举措。7 月 9 日，《关于开展工程建设领域突出问题专项治理工作的意见》由中共中央办公厅、国务院办公厅颁布。为了加强对这项工作的组织领导，中央成立了由中央纪委牵头、中央和国家机关有关部门参加的“治理工程建设领域突出问题工作领导小组”。在随后的几年中，中央的主要领导在不同场合多次强调工程领域腐败治理的重要性和紧迫性，相关专项治理工作也一直在积极推进。2009 年 12 月，中共中央政治局常委、中央纪委书记贺国强在当年的工程建设领域突出问题专项治理工作汇报会上总结道：自 2009 年 7 月以来，各级纪检监察机关共受理工程建设领域案件线索 4869 个，立案 3517 件，已给予 1521 人党纪政纪处分；全国检察机关立案查办工程建设领域职务犯罪案件 1794 件，涉及国家工作人员 777 人。① 2010 年 12 月 28 日召开的中共中央政治局会议强调：“要集中力量解决反腐倡廉建设中人民群众反映强烈的突出问题。要深入推进专项治理工作，继续深化工程建设领域突出问题和‘小金库’专项治理”②。从以上新闻可以看出，以代建制试行为标志的政府投资工程建设管理体制改革的绩效并不明显，代建制仍需优化提升。

由于各地在推行代建制时，普遍将其反腐功能当做一个重要依据，如广东省在总结代建制广东模式时，就强调是“向工程建设领域开刀”③。因此当政府投资工程领域腐败现象仍屡禁不止时，代建制就受到了多方诟病。虽然工程领域的腐败现象，很多并不是由代建制改革直接引起的，但是代建制作为近年政府投资工程领域的重要改革措施，被要求反思并进一步优化并不为过。

3.4.3 对代建制的批评

虽然直到今天，代建制被作为先进的经验在各地推广，然而，在如此差的改革成效背景下，业界已有人对代建制是否必要产生质疑。最严厉的批评

---

① 贺国强：深入推进工程建设领域突出问题专项治理［EB/OL］. http：//cpc. people. com. cn/GB/64093/64094/10632913. html.

② 胡锦涛主持政治局会议，研究部署明年反腐败工作［EB/OL］. http：//www. china. com. cn/news/txt/2010 –12/28/content_ 21633513. htm.

③ 赵杨，林亚茗．“投建管用”职能分离控“三超”防腐败［N/OL］. http://epaper. southcn. com/nfdaily/html/2010 –05/28/content_ 6847865. htm.

认为，除了在遏制建筑商投机行为和官员腐败方面无甚成效外，多一个代建环节根本就是冗余。

首先，多一个环节，就意味着政府、代建人、设计公司、监理公司以及承包商的关系复杂化，权责分界模糊，最后导致无人管理、无人负责的局面。在原有基础上加上一个代建环节，管理机制上有叠床架屋之嫌，会产生不必要的混乱。其次，多一个环节，意味着建设成本的提高。政府投资工程建设本身就存在管理环节和层次过多的弊端，导致在工程建设技术方面突飞猛进、成本有所节约的同时，工程的管理成本却一直虚高。现在又多一个代建环节，就意味着更多的程序和时间成本，甚至意味着又多一个腐败的源头。再次，用什么保证代建人的高管理水平？在代建制之前推行的监理制，也是以专业优势为主要推行理由，但是近年的实践却表现出技术和管理能力不足，监理几乎沦为摆设，其从业人员素质也参差不齐。有什么方法保证代建制不走老路？最后，代建人是否能承担建设管理的经济责任。这是个值得深究的问题。尽管代建人在建设的专业性上具有一定的优势，但就目前的代建人的发展状况来看，其普遍规模小，而它们要承担的建设项目一般都是涉及上亿甚至是几十亿元的庞大工程。所以一旦工程遇到问题，它们就很难承担建设管理问题带来的经济风险。

以上质疑对于代建制来说并不公平，其中不乏对代建制的误解之处；但在目前政府投资工程领域的诸多乱象之下，代建制纯属多余的论调还是相当有市场的。因此，代建制无论在现实成效还是运行机制方面都受到了质疑，陷入一种全国都在推广试运行，却迟迟不能成熟确立的困境当中。

除了以上来自业界的质疑，学界也有人提出这样的疑问：代建制所主张的市场方式在中国是否合适？认为其本质是用市场来解决政府失灵问题，但是最后的结果是市场失灵更严重于政府失灵。以上无论是从实际的成效还是从理论上对代建制提出的质疑，都需要我们去积极回应，探寻代建制失效的真实根源在哪里。

代建制改革为何陷入如此困境？是政策设计问题，还是不符合中国现实，抑或利益纠葛导致执行不力？本书将以理性经济人假设为起点，在委托代理理论框架下，考察个人机会主义中代建人和委托人双方的行为模式，来揭示代建制改革困境的根源所在。

第4章 委托代理视角下代建制的代理问题及解决思路

代建制的基本原理就是通过契约方式明晰政府业主与代建人之间的权利和责任，使业主从具体的建筑管理工作中脱离，而代建人利用专业知识独立处理建设事务，达到分工协作、提高效率之大目标。这在政府业主与代建人之间就形成了一个标准的委托代理关系。因此从委托代理理论出发的话，代建制的核心问题就是这个委托代理关系因为信息不对称的存在会出现代理问题——逆向选择与道德风险。解决问题之道是通过设计激励约束措施，引导代理人与委托人的利益实现一致。

本章集中于经典委托代理模型对于代建制的解读：第一节首先对代建制中的委托代理关系及问题进行梳理和必要的理论准备。然后在接下来的两节，分别从签约前的逆向选择与签约后的道德风险两方面对代建制中的代理问题的成因及所造成的政策困境进行深入剖析。最后一节，对委托代理理论提出的解决之道——激励约束相容机制与措施进行阐释。

4.1 代建制的核心——委托代理关系及契约管理过程阐释

既然将代建制放在委托代理理论框架下考察，有必要先对代建制中起核心作用的委托代理关系进行梳理。

4.1.1 政府业主与代建人的委托关系

需要强调的是，与政府自己负责工程建设管理的旧模式相比，代建制的重要特征就是新构造了一个多级委托代理关系。①

如图4.1所示，代建制下的主要委托代理关系是一个双层结构，由政府业主—代建人—各种承包商（监理、咨询以及设计单位都被简化看作承包

① 王建英，刘帆．政府投资项目代建制委托代理关系研究［J］．商业文化：学术版，2007(4)：184－185.

商）组成。即政府将政府投资工程建设的管理任务委托于代建人，代建人再根据政府的意图，发挥其专业优势，去组织、协调和监督承包商们完成建设任务。这一结构中，代建人既是委托人又是代理人，具有双重角色。

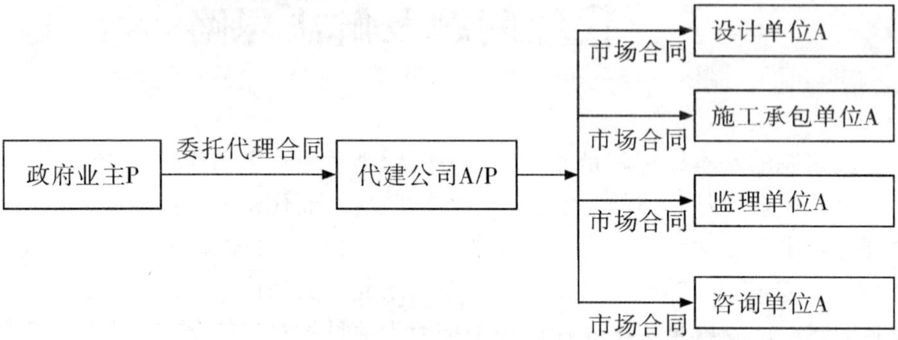

A—agent，代理人；P—principal，委托人

图 4.1　代建制中的委托代理关系

代建人与承包商之间，代建人是委托人。至于代建人如何管理诸如设计、施工诸单位，是其专业范畴之内的事务。而且双方都属于市场主体，其关系也主要由市场调节，政府一般不应无端干预。政府业主与代建人之间，代建人变为代理人。理论上政府业主的建设意图都要通过代建人实现，因此代建制的良性运转很大程度依赖于代建人是否忠实履行自己的受托责任。

从政府管理的角度出发，代建制的核心——委托代理关系就在政府业主与代建人之间，理论上只要控制好代建人的绩效，政府投资工程建设的整体绩效就能基本保证，这有点类似于董事会选择好的职业经理人来保证公司盈利。当然也与公司治理问题类似，职业经理人会出现投机行为而使投资人蒙受损失，代建人也会出现投机行为而使政府业主蒙受损失，即出现委托代理问题。

本章的讨论就限定在政府与代理公司的这一层委托代理关系内，并且不考虑政府业主自我利益与公共利益冲突等复杂问题，假定其行为模式与一般委托人无异，从而集中讨论基于代理人信息优势下的代建人投机行为初始根源所在。

4.1.2　政府对代建人委托代理的契约管理过程

作为制度经济学契约理论的主要内容之一的委托代理理论，其研究重点是委托代理关系：一个或多个行为主体按照契约指定、雇佣其他行为主体为自己提供服务，这种契约可能是明示的也可能是隐含的，在后者为前者服务的过程中，前者将一定的决策权力授予后者，同时前者依据后者所提供的服务的数量和质量对其支付应有的报酬。代建制中政府业主对代建人的委托，正是通过一个明示的代建契约规定双方的责任和义务，然后按约行事。但是，由于签约双方的组织性质不同，存在一个政府与市场的对接问题。所以相比一般的商业合同，代建契约的履行具有特殊性，它也涉及政府对市场主体如何管理的能力问题。一般来讲，政府对代建人的管理主要包括以下三个环节：

（1）代建人的选择。代建人在项目管理中负有重大责任，不仅要具有丰富的专业知识，而且要具有协调、沟通、管理等各方面的技能。目前，实施代建制的政府投资工程基本都采用公开招投标的方式选择代建人。其主要工作环节有：进行招标准备工作，编制招标文件，编制和发布招标公告和投标邀请书，进行资格预审，投标。

（2）代建合同的签订。通过公开投标，获得中标通知书后，代建人将与招标人（即政府业主）进行谈判，签订代建合同。代建合同的内容一般包括合同所涉及的词语定义、适用的法律法规，各方当事人的权利、义务、违约责任，合同的生效、变更和终止等通用条款，同时，还包括代建管理费的计算方法等合同专用条款。

（3）代建合同的执行。在代建合同生效以后，代建合同就进入合同履行阶段，各方根据合同约定，履行自身的义务。由于缺乏第三方监管，政府还需自己担负监督责任，来保证代建人的履约。

4.1.3　代理问题的理论说明

从信息经济学的视角出发，由于信息不对称的存在以及契约的不完备性，委托代理关系会产生代理问题。一般将代理问题按时间顺序分为两类——逆向选择与道德风险：在契约订立之前，具有信息优势的代理人通过欺瞒、签订对自己更有利的契约即为逆向选择；而签订契约以后，由于信息不对称的存在，代理人为实现自身效用的最大化而采取投机行为或减少资源的投入，使委托人的利益受损的现象被称为道德风险。

如图4.2所示，具体在代建制中，我们以代建合同签订为分界点，代建合同签订之前的代建人选择阶段，代建人的投机行为主要表现为逆向选择；

代建合同签订之后，在合同履行阶段的违约行为，归类于道德风险。①

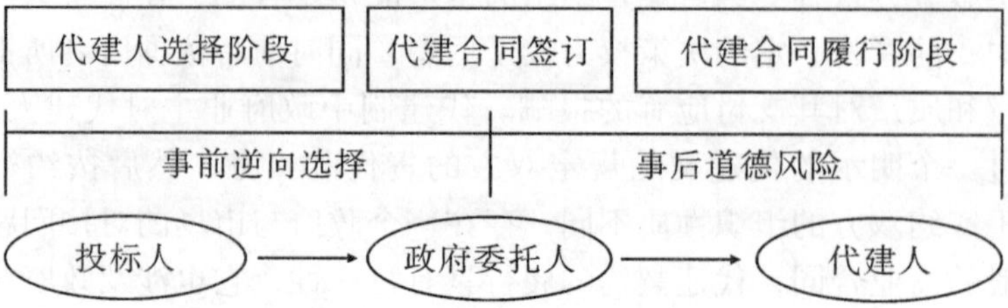

图 4.2　代建制委托代理问题

1. 逆向选择

代理人在委托代理关系建立前掌握了一些不为委托人所知的信息，代理人利用自身的信息优势与委托人签订对自己有利的契约，这就是逆向选择。

在政府投资工程中，代建人的建设管理能力就是代建人的私人信息。一些管理能力低下的代建人可能会向委托人隐瞒有关自己真实管理能力的信息，向委托人提供不实的信息，如为谋求中标或者是希望将实力更强的代建人挤出市场，实力差的代建人会向委托人提供虚假的业绩和资质。由代建费偏低和价格竞争导致的招标工作的失灵及效率损失正是此领域比较突出的问题。

2. 道德风险

由于信息不对称的存在，代理人为实现自身效用的最大化而采取投机行为或减少资源的投入，使委托人的利益受损的现象就是道德风险。在代建合同签订之后，代建人可能会利用合同的不完备之处以及自身的权力，进行各种对自己有利的行为，如为获取不正当利益而与承包商、设计单位等串通，从而损害委托人即政府的利益。

总之，为了解决政府在旧有模式下集投资人与建设管理者于一身的弊端，政府才特别委托专业的代建人进行工程的统筹管理。但是由于信息不对称等原因，导致代建人产生各种投机行为。

本章随后两节将对代建人选择阶段的投标人进行投机的原因进行剖析，并用逆向选择现象来阐释公开招投标政策所遭遇的尴尬。然后对代建合同履约阶段的代建人进行投机的原因进行剖析，并用道德风险来阐释代建合同管理的难度。

① 张伟．政府投资项目代建制理论与实施［M］．北京：中国水利水电出版社，2008：135.

4.2　代建合同签订前的逆向选择问题

代建合同签订之前的一个主要工作就是选择一个合适的代建人，即代建人的选择阶段。上文已强调，代建制的初衷就是挑一个好的代建人来帮助政府建设工程，选用的代建人之专业性、忠诚度等是影响工程建设的重要变量。因此，对代建人的选择是代建制的第一个重要博弈阶段。目前的现实是，为政府投资工程庞大的投资所吸引，再加上有利于自身公司形象提升，市场上各类工程服务公司都想分得这杯羹，以至于为获得代建权而不择手段，出现各种投机行为。

4.2.1　代建人选择阶段的投机行为——以围标为例

1. 代建人选择阶段的主要投机行为

在开始推行代建制之初，有些地方限于条件不成熟，很多工程采取了直接指定代建人的方式。由于这种方法很难防止利益输送等弊端，被广为诟病；它也与代建制通过市场竞争而保证代建人素质的思路相悖。后来随着《政府采购法》的推出，规定凡是政府采购必须实行公开招标。政府投资工程领域虽然仍未纳入政府采购范畴，但由于情况类似，目前实践中除非特殊的原因，政府大型工程都采用公开招投标方式选择代建人。因此代建人选择阶段的投机行为主要就是围绕着代建权公开招投标而展开的。

为达到最终中标目的，一些代建人常常采取以下投机行为：①虚假资质。在投标过程中，一些不符合条件的代建人会通过申报材料造假直接欺骗业主。更隐蔽的方式还有挂靠等，即挂靠在某个具有相应资格的单位下面，以便通过资格预审。②恶意低价竞标现象。一些实力较差、竞争优势不足的公司为了中标，不顾成本甚至违背建设规律去压低价格，以在标评分上获得优势。其意图是先中标，然后再在施工阶段用各种违规手法弥补损失。[①] ③围标现象。围标也称为串通招投标，它是指招标者与投标者之间或者投标者与投标者之间采用不正当手段，对招投标事项进行串通，以排挤竞争对手或者损害招标者利益的行为。

在巨大利益的驱使下，代建人在招投标过程中的投机行为可以说无所不用其极，其手法也林林总总，远不是本书所能涵括。本书选择比较具有代表

---

① 陈文建．建设工程招投标不规范行为及对策［J］．合作经济与科技，2011（3）：40－41.

性的围标现象，去展示代建人为了获得代建权是如何投机取巧的。

2. 典型投机行为展示——围标现象

以其管理难度和造成的危害来讲，围标可以用恶劣来形容，对于我们考察代建人投机手段的复杂、隐蔽等非常具有范本意义。

（1）围标行为的界定。目前，业内对围标行为的界定并不统一。一般把投标人之间的串谋，即若干投标人联合起来，影响甚至操纵招投标结果的行为称为"围标"。参照图4.3，本书将政府投资工程中的围标行为界定为：在政府投资工程的代建权招标过程中，若干代建人（乃至某一合同段的所有代建人）相互约定，做出多份相似的投标文件，一致抬高或降低工程报价来控制中标价格，排挤其他投标人，从而使某个利益相关者中标，并从中谋取利益的行为。

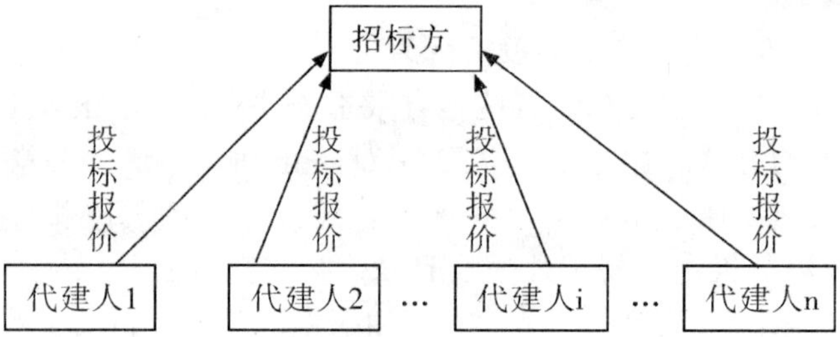

（a）正常情况投标人独立报价

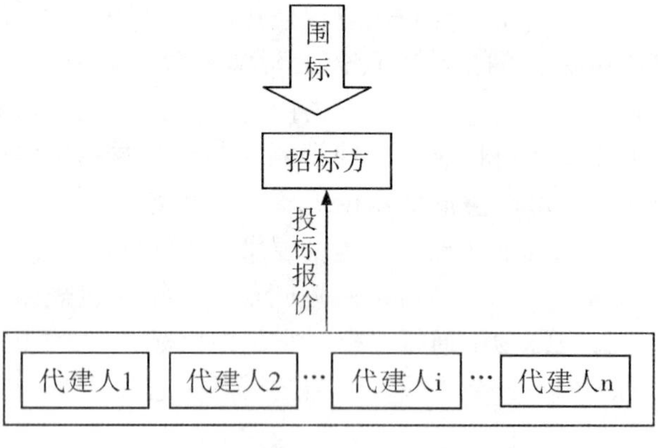

（b）围标情况投标人联合报价

图4.3 围标行为示意

（2）围标的具体操作形式。围标成员结成攻守同盟，陪标人会严格按照双方的合作协议行事，以确保围标人可以顺利中标，并都对围标活动的全过程进行保密。围标行为成功后，围标人就按事先约定的条件支付给陪标人相应的好处或与陪标人进行利益互换。

具体而言，围标有以下几种操作形式：①区域围标。即与外地的投标人串谋，相互在对方的区域参与投标，最后双方都可以在自己的所在地中标。②结盟围标。是指所有投标人都联合在一起，在参与投标之前先在内部进行竞价，将中标人内定之后再一起参加投标，这样便可以控制中标价格。③联合围标。通常某一投标人会联合该标段的所有投标人，由其操纵投标，并抬高工程报价，以达到获得超额利润的目的，中标后该投标人会支付一定的报酬给各个陪标人。④轮流围标。即投标者之间达成约定，在项目投标中轮流以高价或者低价中标。⑤大集团围标。国内一些实力超强的建筑企业，其子公司以及关联企业数目庞大，所涉领域广泛，且不为外界所了解，这些大集团可以通过内部协调，统一起来进行围标。

（3）围标的危害。围标方式多样，特别难以防范。不仅是代建领域，在整个工程建设领域都有蔓延之势，媒体多有曝光。围标已经对建设市场的秩序造成很大的破坏，其危害如下：首先，由于手法隐蔽，而难以监管。在招投标过程中，与其他的恶意压价、通过行贿等手段中标等投机行为相比，采用围标手段谋取中标的方式更加难以被人觉察，更具有隐蔽性，加大了监管的成本。其次，围标会造成招标方无从选择的局面。当投标方采取围标行为时，一般各投标方在投标之前就协议好由哪一家中标，其他各家进行陪标，然后再由中标方分给各陪标方一定比例或一定数额的“合理利润”作为报酬。一般来说，各协作方的协议都带有一定程度的长期合约性质，而且一旦形成，这种形式将成为大家都认可的“潜规则”。这样中标的企业并不是实力最雄厚的投标人，而是预先由各个投标方协议好的那个投标方。招标方实际上失去了选择的权利，只能选择预先由投标方协议好的企业，那么公开招投标便流于形式，失去了意义。

总之，围标现象将本应是技术、质量、信誉激烈竞争的市场，变成了畸形的投机取巧；本应是公平竞争、程序规范、运作有序的商业行为，却形成人人皆知的“潜规则”。案例4.1是典型的结盟围标案例。现实中被揭露的围标行为是极少数，大量的类似行为未被曝光。

【案例4.1】温州市政工程重大围标案

温州市的滨海园区建设是温州市一项大型的市政工程，该工程采用公开招投标的方式选择承包商，并采用最低价法评标。然而，在这一市政工程的第二标段公开招标的过程中却发生了重大的围标行为，严重影响了该市政工程的建设，损害了政府和广大市民的利益。在该市政工程招标的过程中，通过初审可以参加投标的共有7家建筑公司。然而，这7家建筑公司不但没有展开公平竞争，反而联合在一起进行围标，提前商定好由湖南某公司中标，其他建筑公司陪标，湖南某公司则向其他建筑公司支付了共500万元人民币作为他们陪标的报酬。

4.2.2 委托代理理论视角下对招投标环节代建人投机行为的原因解析

除了国内商业诚信环境恶劣、代建制发展不成熟等环境制约外，代建人采取投机行为有着更深层的原因。委托代理理论对于代理人的投机行为已经有了比较成熟的解释，认为代理人之所以采取投机，是因为代理人拥有委托人不易观察的私人信息。这里借用它对招投标阶段的代建人投机行为产生的原因进行深入解析。

1. 招投标中的代建人机会主义

一般认为在多个投标人的竞争态势下，代建人出于对中标的渴望，应该会尽量与政府合作，自觉约束自己的行为，遵守投标规则，真实展示自身信息。然而现实情况恰恰相反。

首先，招投标过程是一项临时性的竞争。对于代建人来说，要么拿下代建权，获得全部利益；要么竞争失败，一无所获。这种巨大的落差会诱导代建人采取短期投机行为，不惜一切代价拿下标的再说。其次，投标结束，博弈完成，代建人在投标阶段所采取的投机行为被追究的可能性很小。即使采取诸如投标保证金等制约方式，相对于取得代建权后可能带来的巨大潜在利益，也很难阻止代建人采取投机行为。

因此，当代建人意识到自己可能在投标竞争中处于不利地位时，采用各种投机行为改变博弈格局的做法，对于谋取利益最大化的代建人来说，反而是"理性"的。

2. 招投标中的信息不对称

我们讨论的招标过程，是一个政府对代建人的选择过程，其核心评判标准是这些投标者的资质、业绩、报价等因素。虽然政府似乎掌握主动权，但恰恰在对这些核心评判信息的掌握方面处于劣势。

从客观方面讲：政府比较了解自己的建造需求，但对投标者的信息，如代建人的能力、素质、技术、装备、管理、服务等了解较少。①

从主观方面讲：为找到合适的代建人，政府在招标文件、现场踏勘、答疑等过程中，会尽量将己方真实的信息显示出来，这样便于投标方识别；但是，对于投标方来说，尤其是实力较差的代建人，不会把自己真实的信息显示出来，起码主观上会刻意隐瞒对自己不利的信息。实际上，即使比较优秀的投标者，主观上也有修改自己信息的意图，这样才能在竞标中处于更有利的地位。这就加重了代建人选择环节的信息不对称问题。

这种信息不对称性也成为部分投标人采取机会主义行为，通过非正当手段获得代建权的重要诱因。

3. 招投标中政府的有限理性

招投标环节的有限理性主要指政府对投标者的信息正确与否辨识能力差，难以做出完全理性的最佳决策。实际上，政府将大型工程委托给代建人管理的一个根本问题，就在于政府专业化能力不足，希望通过专业的分工，来解决建设管理难题。在选择代建人的招投标过程中，很难要求政府对工程建设的各种专业的信息都有准确的认知。而且，其了解投标人的主要渠道也较为简单，仅仅是标书等几个环节。而政府制定的招标文件往往不够完善，从而给投标人有机可乘。再加上每个工程项目都有各自特点，每次招标的内容不同，评标定标办法很难形成统一的标准，使得政府更难把握招标的运行。因此，政府的能力限制使选出最佳代建人具有难度。

另外，需要指出的是，理论上政府在招标环节做出决定时，是基于代建人当时的信息基础，政府并不能预知和保证，当未来工程建设发生变化或遇到问题时，选择的代建人是否合适。

4.2.3 逆向选择难题下的公开招投标失效

通常把在不对称信息条件下委托人与代理人之间订立合同之前，代理人就事先掌握了一些委托人所不知道的私人信息，或者是隐瞒掉对己不利的信息，并利用这一信息优势在契约签订中使自己获益的行为，称作逆向选择。在应用逆向选择解释经济现象的时候，人们强调只要有信息不对称存在，委托人对于代理人的选择就很难达到最优，甚至会出现最差的结果。

---

① 龚健冲，杨雪玲．施工招投标领域的信息不对称研究［J］．经济研究导刊，2008（18）：282－284.

很多地方将公开招投标等同于代建制，显然低估了相关问题的复杂性。目前代建人选择环节的这种"劣胜优汰"现象比比皆是，正是逆向选择在实践中的表现。① 下面对两种主要的公开招投标方式进行剖析，看在代建人的投机行为下，政府如何难以避免逆向选择现象产生。

由国家发展和改革委员会、财政部、建设部、交通部、铁道部、水利部、信息产业部、民用航空总局、广播电影电视总局九部委联合编制，于2008年5月1日起实施的《中华人民共和国标准施工招标文件》第三章"评标办法"中，对我国工程项目的评标规定了"经评审的最低投标价法"和"综合评估法"两种评标方法，供招标人根据招标项目具体特点和实际需要选择适用。两种评标方法都各有其优点，但是无论采用经评审的最低投标价法还是综合评估法，评标人都无法做出完全理性的选择。

1. 经评审的最低投标价法失效

经评审的最低投标价法因理论上有利于最大限度地节约项目投资，且具有单因素评标的优点正得到越来越多的应用。

从理论上来讲，投标人之所以能够提出最低报价，或因其实力雄厚，管理先进，确实能够以较其他投标者低得多的成本管理建设该工程；或是该投标人并无明显的优势，报价低仅在于他提供的服务质量不高，导致报价低于其他企业的个别成本；或者就是希望先低价中标，获得代理权后再从工程建设中获取超额利润。要知道，经评审的最低投标价法运转有效的一个前提是：专家对代建人的运营成本等信息有相当程度的了解。但各代建人的成本为其商业秘密。因此，专家在评审中，很难保证有充分理由肯定某代建人报价是否低于其成本价。一旦招标人选择后者中标，实力强、技术好、重视工程质量的代建人由于成本较高、报价高被淘汰出局，则出现逆向选择风险。

2. 综合评估法失效

虽然综合评估法理论上比最低投标价法更科学，考虑因素更全面，但综合评估法评估标准弹性较大，衡量的尺度不具体，各人的理解可能会相去甚远，造成评标意见悬殊过大，会使评标决策左右为难，不能令人信服；综合评估法受人为因素影响大，如评委或业主素质不高，易形成"人情标"、"关系标"、"权力标"，从而使招标失去意义；投标人作弊的风险加大，易造成事实上的废标。由此可见，综合评估法仍然无法保证公平，也有可能把

---

① 赵秀云．非对称信息下建筑工程项目招投标模式研究［D］．成都：西南交通大学，2007．

实力强的代建人淘汰出局，造成逆向选择风险。

通过对两种方法的分析知道，它们都无法完美解决招投标过程的逆向选择问题。在实践中，甚至有些管理人员提出，就应该施行无评审的最低投标价法，即纯粹低价者得，这样才最简单有效。当然这种思路显然是错误的，这样只能导致逆向选择现象更严重。但这也从另外一个角度反衬出在中国目前的治理能力下，在招投标环节解决逆向选择问题的难度。

3. 招投标环节逆向选择的危害

如果不进行有效的制度优化，招投标环节的逆向选择将使代建制陷入困局。

（1）一方面，招标者不但会因为评标过程不公正、评标方法不科学而找不到性价比好的代建人，还会增加生产、经营成本，更可能使资质较差的代建人充斥市场，而资质高的代建人因“曲高和寡”在市场上难以立足；另一方面，资信较好、能力较高的代建商，往往不愿意与不合格或名声不好的代建商进行竞争，以免失去他们的“面子”，最终可能导致“优商”被“劣商”驱逐出市场。长此以往，整个代建市场也会发生混乱。

（2）工程质量难以保证。不公正、不科学的评标方法往往不能选出性价比较好的代建人。资质较差的代建人则能通过报低于成本价的价格或者提供假的资质证明中标。工程交由资质差的代建人经营势必会产生许多问题，为了获得高额利润，代建人有可能会偷工减料，工程质量将难以保证，也损害了政府乃至公众的利益。

总之，随着我国市场经济体制的建立和完善，实行建设工程招投标已经是普遍采用的一种形式。但如果没有其他配套措施，正如以上分析所知：光靠公开招投标单项措施，是无法完全避免逆向选择难题的。这使代建管理在最初的环节就有遭遇失败的可能。

4.3 代建合同签订后的代建人道德风险

当经过招投标选定之后，一旦代建合同签订完成，代建人与政府业主的委托代理关系就变成了一对一。不管已选择的代建人资质多么优秀，它都有利用对代建权的临时垄断地位和信息优势去采取损害委托人利益的行为的可能。

4.3.1 代建合同执行阶段的投机行为——以转包为例

1. 合同执行中代建人的投机行为

在代建合同生效以后，代建合同就进入合同履行阶段，合同各方根据合同的规定，履行自身的合同义务。但是，在合同履行阶段，有时是为了掩盖自己的过失，有时是为了弥补自己因为事前未预知的风险所造成的损失，有时就是为了谋取额外高额利润，代建人往往会采取以下投机行为：

（1）虚报价量。就是代建人为了获得更高的利润，主动串通施工企业故意多报工程量，以获得更多的工程款。有时候甚至是对项目重复报价，已经记过费的项目又以新的名目再次报价。

（2）不正当的合同变更。在实施合同的过程中，代建人自己或串通施工企业，故意虚构事实，然后以合同情况发生了变化，为使建设工程顺利实施为由，诱使委托人在不能辨明事实的情况下，对原有合同文件及协议进行修改和解释，同时调整相应合同工期和价格，从而达致代建人获得更大额外利益的目的。

（3）转包。有的代建人中标后，不是自己对项目进行建设和管理，而是将工程转包或分包给其他代建人，靠收取管理费而获得利润。转包行为会使很多资质较差且缺乏政府投资工程管理经验的代建人进入施工现场，为政府投资工程的质量安全埋下极大的隐患。

由于大型工程建设投资大、工期长以及过程复杂，导致代建人有许多可乘之机，其投机手法难以尽述，但其最终表现却是一致的：就是代建人没有担负起管理下游各种承包商的责任，反而利用自身的专业优势，欺诈和损害政府业主利益。这归根结底是一种丧德失责的行为。

2. 典型投机行为展示——转包现象

本书选择近年来在政府投资工程领域表现较为突出和恶劣的转包现象为例，来展示代建人在合同签订后罔顾职责、肆意投机的具体手段。

代建制下代建人的核心价值就是工程管理，其中一个重要职责就是确保各种承包商的资质以及完成工程的质量。而实践中，一些代建人一旦中标，并不想担负管理的成本，而是采取以包代管的方式去展开建设：一种情况是直接将代建权转包给其他小的工程管理公司，另一种情况是对下游承包商的转包行为不予监管和追究。不管哪种情况，都意味着代建人没有尽到自身的核心管理义务。因此，研究转包行为对于揭示代建人的投机动机及手段具有典型范本意义。

（1）转包行为的界定。对于转包行为的界定，当前在我国的诸多法律法规以及部门规章中都有涉及。建设部早在1992年颁布实施的《工程总承包企业资质管理暂行规定》中，就明令禁止倒手转包行为，并将倒手转包界定为：承包商在获得工程项目的建设管理权后，不是自己对承包的工程项目进行建设管理，而是又将工程承包给其他单位，并向该单位收取一定的费用，从中获利的行为。其实，该规定里提到的"倒手转包"就是指工程项目建设中的转包现象。1998年我国颁布了《建筑法》，再次明令禁止转包行为，并将转包的方式分为将全部工程转包和将工程分解后分别转包两种。1999年颁布的《合同法》再次明令禁止《建筑法》中禁止的两种转包行为。但是，无论是《建筑法》还是《合同法》，都没有对转包行为做出明确的界定。2000年，国务院颁布实施的《建设工程质量管理条例》是我国第一部明确地界定转包行为的法律法规。该条例规定："本条例所称转包，是指承包单位承包建设工程后，不履行合同约定的责任和义务，将其承包的全部建设工程转给他人或者将其承包的全部工程肢解以后以分包的名义分别转给他人承包的行为。"

根据国家的相关法规，笔者将转包界定为建筑工程的（总）承包人违反法律法规的规定，将其承包的工程变更合同主体或虽不变更合同主体，但以包代管，不参加现场管理的行为。对于代建人来说，在转包问题上，其有两种投机可能：一是将代建权也直接转包出去，给那些没有获得代建权的代建人，有时候甚至直接给建筑商。二是有违自己的监管责任，对其管理的承包商的分包行为不予阻止和更正，从而获得承包商提供的不正当利益。但无论哪种情况，其结果都是一样的：代建人没有履行自己的合同义务，工程最后被转包到那些不具有资质的、不合格的承建商手中，使委托人利益受到损害。

（2）转包的动因。有些代建人中标并承包工程后，由于标价出得太低，认为通过自主施工不划算，便通过转包行为来化解自身的经营风险；有的是因施工现场协调难度大，额外的隐性费用较多，自主经营得不偿失而转包；有的则是工程标量小，机械设备调遣距离远，费用开支过大，不转包出去不划算。

除了这些还算"正当"的经济考量，大部分的转包动因在于：既然承包权已经到手，与其花费大量时间和资金成本沉淀在这个工程中，不如将承包权变现，然后将精力放在其他的工程项目投标中，这才是最划算的。所以在中国现在的环境中，建设权已经形成一个隐形市场，被层层加价转卖。那么为什么明知工程的利润已经被层层转包所吞噬，这些下游的承建商还要购买承包权呢？实际上，这时候承建商看重的已经不是正式合同上规定的代建费或建设费用了，他们看重的是只要拿到承包权，就有机会通过变更合同、拖延工期、虚报账目等各种投机手段去获得利润。

所以，转包问题并不是简单的一个资质问题上的不合规范，而是只要有转包发生，建筑商等的各种投机行为必然会出现，因为不投机就不能弥补购买承包权的成本。可以说，转包是代建合同签订后道德风险的最集中体现。

现实也给了很好的证明：重大的工程事故，基本都有转包问题存在。杭州地铁塌陷事故及凤凰堤溪沱江大桥发生坍塌事故两大事故背后都存在转包现象，其中杭州地铁承建方竟然转手了四次。一些施工单位为了追求利润而承包工程，然后再将工程转包出去，却完全没有顾及业主的利益（如案例4.2）。

【案例4.2】代建工程转包实例

蕲春县审计局在对政府投资建设的城区李时珍大道升级改造工程决算审计中，发现该工程项目中标单位杭州萧宏建筑集团有限公司和黄冈市楚通路桥工程建设有限公司涉嫌重大肢解工程、转包分包以从中获取非法收益问题，并将案件及时移送县公安局经济警察大队立案侦察。

该县李时珍大道改造项目包括道路刷黑、附属排水及弱电系统。工程业主单位为李时珍大道改造工程指挥部。经公开招标，分别由杭州萧宏建设集团有限公司和黄冈市楚通路桥工程建设有限公司中标；工程监理单位为黄石市颐阳公路工程咨询监理有限公司。该工程前期承建方为蕲春县国建投资公司，后转至县交通局承建。

审计发现杭州萧宏建筑集团有限公司把一标段改建工程转包给黄冈市楚通路桥黄州分公司，黄冈市楚通路桥黄州分公司又转包给蕲春通兴路桥公司施工，蕲春通兴路桥公司继而又把附属排水工程分别分包给方志敏、袁顺鹏等个体施工，并以3%至8%的比率逐级向下属分包单位和个人收取管理费，还在承包合同中明确约定，承包方自负盈亏，按工程结算总额的5%实行固定一次性上缴管理费。在二标工程项目审计中发现，黄冈楚通路桥工程建设有限公司把工程转包给蕲春通兴路桥公司，蕲春通兴路桥公司又把附属排水工程进行分包。

此工程属于代建制范畴，可是基层地方根本没有重视代建制的作用，只是走形式指定蕲春县国建投资公司和县交通局先后负责，在整个工程建设中，完全看不到代建单位尽自己的义务，任由下游建筑商任意转包。当然，该排水工程后来在工程质量方面也出现很多问题。

（3）转包的危害。在政府投资工程的实践中，代建人的转包行为具有很大的危害性。这主要体现在以下几个方面：①损害政府业主的利益。一些代建人，具备政府投资工程要求的资质条件，便参与投标、竞标，但在中标并与政府业主订立代建合同后，却将政府投资工程压价然后转包给他人，并从中获得不正当的收益。代建人擅自将政府投资工程转包给他人而且往往是资质条件较差的承包商，违背了政府业主的意志，损害了政府业主的利益。②影响工程质量。非法转包事实上是一种“层层扒皮、雁过拔毛”的恶劣行为，这种行为大大削减了实际用于政府投资工程建设的费用，导致最后的代建人在施工过程中因费用不足而偷工减料；更有甚者，一些政府投资工程在层层转包后落入根本不具备相关资质的“地下”包工队之手，造成政府投资工程质量低下，造成严重的质量隐患。③破坏了合同关系的稳定性和严肃性。转包会导致政府投资工程管理上的混乱，不能保证政府投资工程的质量及安全，常常会出现工期延长、工程成本增加、政府业主的利益受损的现象。在代建合同订立的过程中，政府业主一般都是经过了慎重选择的，通过招投标与资质较好的代建人订立合同。代建人将其所承包的政府投资工程再转包给他人，属于擅自变更合同，违背了政府业主的意志，损害了政府业主的利益，这是法律所不允许的。①

4.3.2　委托代理理论视角下对合同执行中代建人投机行为的原因解析

根据信息经济学下委托代理理论的解释，投机行为的原因主要有以下几个方面：

1. 代建人在合同执行阶段的机会主义

简单来讲，代建人的机会主义是指：代建人利用合同签订后形成的事实垄断地位，以损害委托人的利益为代价，实现自身的利益最大化。

从理论上来讲，如果代建人有不良行为，政府可以重新换一个。但由于大型工程的复杂性，工程中间换代建人的成本极高，而且程序非常复杂，因

---

① 薛清梅．谈建筑工程中的违法分包及非法转包［J］．天津职业院校联合学报，2009（3）：146－148．

此代建人也就形成事实垄断。作为理性经济人，代建人将会充分利用这一优势，来实现利益最大化，而不管其行为是否损害委托人利益。

当然，作为理性经济人，代建人也会对自己的机会主义行为可能招致的惩罚进行核算，只有当投机带来的收益要明显大于受罚的损失时，代建人的机会主义才会实施。而目前中国建筑市场混乱、相关法制不健全、政府治理能力低下等环境因素使代建人违规成本极低，这也是代建人机会主义的现实诱因。

最后，目前代建人大部分都是新成立的，或者由其他建筑类企业转化而来，发展都不尽成熟。它们通过短期行为快速发展的意图较为强烈，因此导致代建市场机会主义盛行。

2. 政府的有限理性与代建人的信息优势

政府的有限理性与招投标阶段类似，就不再赘述。一旦进入工程建设阶段，代建人相对于政府的信息优势却是愈发明显。

代建人在工程建设阶段的信息优势是专业分工所决定的。当与政府业主签订合同后，理想状态下，按照协议执行所规定的各项任务是代建人的约定义务。然而，由于政府部门通常不会参与项目的具体管理过程，对于代建人是否能够有效地执行合同条款，政府部门很难知道或者必须花费很大的监督成本才能知道。这就为代建人通过与建筑商共谋等各种投机手段获得合同规定之外的不当利益提供了可能性，这也是诱发代建人机会主义行为的主要根源。

在代建制中，代建人还有另外一个优势，那就是它可以将自己的责任转移给下游承建商。当诸如工期延误等复杂情况出现时，很难去辨别是代建人的管理失误造成的，还是建筑商的偷懒等行为导致的，即政府对于代建人服务的好坏难以辨别。

3. 合同的不完备性

合同不可能包括合同履行过程中所有可能发生的各种突发性、偶然性事件以及应采取的措施。而大型工程建设高度复杂，加重了代建合同的不完备性。首先，大型工程建设包括各门类的分工协作，包括设计、勘察、施工等承包商的协作，也包括与政府相关部门的沟通，如国土、消防、安全等；每一项工作下又有很多子任务，如施工又包括土方、架构、装修等。这么复杂的大系统的管理繁冗而微妙，由于人的有限理性，难以用明确、清晰的合同语言将政府与代建人之间的权利义务界定清楚。其次，大型工程的建设周期一般都比较长，外部环境变化大，不确定因素多，双方都不可能对未来发生的事情有准确的预见，因此也无法在合同中预先制定好所有突发事件的具体解决条款。最后，代建人的履约成效比较难以判断，具有一定的主观性。当最后对工程的质量进行检查和验收时，工程较为隐蔽地方的质量检验非常困难，例如桩基工程，由于缺乏特别好的全面检测手段，只能采取间接判断法，这就很难保证检测的正确性。

政府投资工程并不是一个简单的过程，相反，这是一个综合复杂的交互过程，在政府投资工程的筹备、建设、交付和营运等各个阶段都会面临各种各样的风险。就其全过程来说，从工程前期的决策及公开招标，到工程设计方案的选择及计划的编制，再到工程建设阶段的指挥及调度，直至工程完工后的交付，如表4.1所示，每个环节都存在着潜在的风险，使得合同不可能对所有的环境变化都规定到。

政府投资工程多为巨大型工程，合同不完备性尤为突出。代建人在合同不完备的情况下，就会利用合同的漏洞，采取机会主义行为，谋取更大利益。

表4.1　代建工程的潜在风险

代建工程可能发生的意外		意外情况
分类	细目	
外部环境因素	政治因素	政局动荡，政府政策法规、条令的变化
	社会因素	工程所在地法制不健全，当地历史、宗教、民俗及对工程的态度对于工程有不利影响
		工程所在地劳务素质低、交通状况差、资源贫乏
	经济因素	通货膨胀、利率波动、外汇波动、经济形势变动
工程因素	自然因素	不利的自然条件、不可抗力、环境保护
	技术因素	设计存在缺陷、错误和遗漏等
		可行性研究中基础数据不完整、不可靠，分析模型不合理，预测结果不准确等
		政府权力部门、政府委托人的干预，以及使用人的功能变化、规划调整、环境保护要求、公众的要求等引起的设计变更
		代建单位设计管理失误导致的设计变更
		施工工艺落后、技术方案不合理、安全措施不当
		新、特技术的使用

续表 4.1

代建工程可能发生的意外		意外情况
分类	细目	
工程因素	决策因素	项目前期投资决策
		对代建单位的选择
		项目实施阶段对设计单位、监理单位、承包商的选择
	组织因素	委托人组织结构模式、管理职能分工存在缺陷，干涉代建单位的方案、管理；使用单位越权干涉
		代建单位组织结构模式、管理职能分工存在缺陷，管理人员能力不足
		设计单位、监理单位、承包商水平低
	合同因素	合同存在缺陷，导致合同争议
		委托人有意设置对代建单位的不公平条款
		代建单位有意设置对承包商的不公平条款
		工程前期准备阶段征地、拆迁工作引起的风险
		由于设计缺陷引起的工程变更和索赔
		委托人、使用人或公众的变化要求引起的工程变更和索赔
		自然、交通、生产配套等条件引起的工程变更和索赔
		代建单位管理人员决策指挥失误、合同意识差导致的工程索赔
		政府部门效率低下，资金到位不及时
		代建单位拖欠工程款，或有套取资金行为
		设计单位未按期提供图纸，监理单位监管不力
		施工承包商履约不力或不履约，偷工减料
		设备供应商材料质量不合格，设备到位不及时

资料来源：根据彭天明《基于委托—代理理论的政府投资项目代建制风险研究》整理，有部分更改。

4.3.3 道德风险难题下的代建合同约束失效

代建改革的一个重要制度设计就是：以合同方式来划分政府投资工程的委托人、代建人及使用者等各方当事人的权、责、利，对项目目标实行严格控制和有效约束。在此理念下，各地也实施了一些举措，主要集中在标准文本的推广上。如表4.2所示，各地在开展代建改革工作中，为了避免代建合同不标准、不科学所可能引发的纠纷和损失，都采取了引入国外成熟的工程服务合同标准文本来增加代建合同的预见能力和科学性。一些地方如北京，还专门颁布规定，希望通过推行标准合同文本的方式来避免合同交易谈判陷阱、简化手续和降低交易成本。①

表4.2　各地的代建合同管理规定

地区	法规	具体规定
北京	《北京市政府投资建设项目代建制管理办法（试行）》	1. 政府投资代建项目实行合同管理，代建单位确定后，市发改委、使用单位、代建单位三方签订相关项目委托代建合同。 2. 市发改委与建设实施代建单位、使用单位三方签订书面《项目代建合同》，建设实施代建单位按照合同约定在建设实施阶段代行使用单位职责。 3. 政府投资代建制项目建成后，必须按国家有关规定和《项目代建合同》约定进行严格的竣工验收，办理政府投资财务决算审批手续
上海	《上海市市政工程建设管理推行代建制试行规定》	1. 建设工程项目立项后，由工程管理公司承担自前期准备至工程竣工期间的项目管理工作，项目法人应当与工程管理公司签订建设工程项目管理委托合同。委托合同文本可以参照国际咨询工程师联合会（FIDIC）业主/咨询工程师标准服务协议和国家建设监理合同示范文本的有关条款。 2. 项目法人与工程设计、施工等有关单位签订的合同文本中应当有明确工程管理公司管理职权的条款，并作为合同执行方在合同文本上签字。 3. 委托合同签订后，工程管理公司应当将委托合同文本送市市政局登记备案
深圳	《深圳市政府投资项目管理条例》	建设工程的勘察设计、施工和监理应当依法订立合同

① 北京市发展和改革委员会．北京市政府投资建设项目委托代建合同（示范文本）．2004.

续表 4.2

地区	法规	具体规定
重庆	《重庆市政府公益性项目建设管理代理制暂行办法》	1. 项目单位与中标代理机构依法签订建设管理代理合同，并报市发展计划行政主管部门、市建设行政部门和市财政部门等有关行政部门备案。 2. 公益项目建设完工后，按国家和本市有关规定及项目代理合同的约定，进行工程财务决算和竣工验收。 3. 建设项目的投资控制、质量控制、工期控制未达到合同约定的，代理机构按照法律、法规的规定以及合同的约定承担责任

资料来源：根据相关规定整理。

人们当然希望在合同中尽量把代建人的任务和义务规定清楚，以此为凭据来约束代建人甚至承包商。但是代建制运行实践已经说明，仅靠代建合同制度很难规避代建人的各种投机行为。这种困境主要表现在：

1. 难以替换违约的代建人

合同总是不完备的，代建合同尤其如此，因为代建合同比一般合同更为复杂，可能出现的意外情况更多（表 4.1）。但即使代建合同是完备的，也很难有效地规避代建人的投机行为。代建人深知，即使他们违反代建合同的条款，政府业主也只能通过规劝或轻微处罚等方式来促使他们按合同办事，却很难让别的代建人来替换他们。政府业主之所以难以替换掉违约的代建人，这是因为：一方面，代建人违反代建合同时，政府投资工程必然已经开始施工，政府业主已经投入了大批资金，如果替换代建人就意味着前期的投入付诸东流；另一方面，如果政府业主要选择新的代建人，那么就要重新进行招投标，这不仅会增加政府投资工程的投入，还会延长工期。而且，一般说来，违反代建合同的代建人也是通过公开招投标选出的，在实力、资信等方面一般是业内较强的，重新招投标选出的代建人有可能在各方面还不如现有的代建人。因此，在代建合同的实施阶段，政府业主与代建人实际上已经形成了一对一的垄断，代建人因为不担心政府业主把自己替换掉，就会为追求利益最大化而进行投机，从而导致代建合同管理失效。

2. 责任难以认定

在政府投资工程出现问题时，势必要对责任加以认定，即需要辨别是代建公司的责任，抑或是确实遇到了不可抗力的风险或意外。但有些工程问题的出现和代建人的行为之间的因果联系并不清晰，责任着实难以认定。例如，工程的工期延长并不一定是因为代建人拖延，也可能是由拆迁等政府业主的问题导致的，这就超出了代建人所能控制的范围。出现问题时，代建人势必会寻找一些客观理由如出现意外情况来推脱自身的责任或索取更高的费用。然而政府业主作为非专业人士，很难确定代建人的理由是否属实，责任就无法认定。这样就给了代建人不正当变更合同的空间。

3. 按合同行事与代建人自由裁量权之间的矛盾

政府将政府投资工程委托给代建人，代建人就要在工程的建设管理过程中不断地进行自由裁量。例如，政府投资工程的现场变更问题一直是代建制实施中的难点，为了方便对工程中遇到的问题进行及时的处理及反馈，代建人需要一定的自主权。如果缺乏这种自主权，代建人在工程中遇到意外事件时就需要请示政府业主。大型工程施工过程中必然会遇到很多问题，如果事事请示必然会拖延工期。然而，如果赋予代建人的自由裁量权过高，政府业主就很难控制项目的进行。代建人可能会利用手中的权力进行不正当的合同变更，以致拖延工期、增加工程成本等，最终损害政府业主的利益。这是个典型的两难问题。

总之，仅依靠代建合同的文本约束，是无法穷尽所有可能发生的变化。而且严格地照章办事，事事过问，也不利于工程的建设。虽然加强代建合同管理有利于对代建人的约束，但从理论上来讲是不可能完全杜绝代建人道德风险的。代建合同管理需要其他约束制度配合才能有效。

4.4　委托代理理论框架下对代建制的治理思路——代建人激励

在经济学来讲，非对称信息现象是广泛存在的，只要有委托代理关系，就有代理问题出现的可能。其关键是如何采用适当的管理措施去使委托代理双方利益尽量达成一致。前文已讨论，由于信息不对称及绩效识别困难，致使对代建人监管的成本极高，因此经济学家认为还应辅以优秀的激励约束机制去解决代理问题，即所谓的激励相容约束（图4.4）。

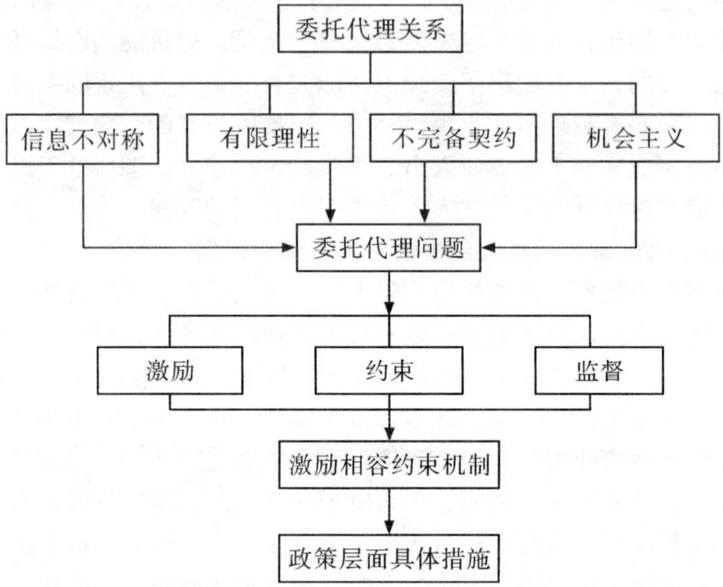

图 4.4　激励相容约束机制

4.4.1　代理问题治理对策——激励相容约束机制的梳理

1. 激励相容约束机制的内涵

哈维茨（Hurwiez）创立的机制设计理论中的激励相容是指：在市场经济中，每个理性经济人都会有自利的一面，其个人行为会按自利的规则行为行动。如果能有一种制度安排，使行为人追求个人利益的行为正好与企业实现集体价值最大化的目标相吻合，这一制度安排就是激励相容。

首先，激励相容约束机制想强调的是，激励和约束是一体两面的关系。对于代建人的利益而言，激励本身就是一种约束，激励越大则约束越大。两者在政策层面是很难区分开的。一项政策出台，都是兼具两者功能。例如在合同订立之初，政府和代建公司各拿出一笔钱作为保证金，如代建人优质完成工作，全部奖励给代建人；如出现违约现象，则全部没收，这种举措就既是一种激励，也是一种约束。再如对代建人实施绩效考评排名，当将这些绩效考评结果用在代建人的选择时，拒绝那些绩效考评结果不好的代建人进入新的项目，就是一种约束；对那些绩效考评结果好的在招标时给予评分加权，就是一种激励。

其次，激励相容约束机制想强调的是，激励和约束两者应该平衡。因为代理人的行为逻辑是尽量实现自身效用最大化，一个机制若过于偏向约束，使代建人的收益与风险或付出不成正比，则会产生机会主义；当然，一个机制若过于偏向激励，那么委托人的利益就会蒙受不必要的损失，与本意就相违背了。因此激励相容约束机制想达到的是两者利益的均衡。

总而言之，激励也好，约束也好，其目标都在于调动代建人的积极性。激励相容约束机制的目标就是将委托人与代理人的利益进行有效“捆绑”，以激励代理人采取最有利于委托人的行为，实现委托人效用最大化。在以下的讨论中为简便起见，激励相容约束机制就简称为“激励机制”。

2. 与代建制相关的主要激励机制介绍

从委托契约管理角度出发，根据激励的途径来分，激励机制可分为最重要的两大类：内部市场激励机制与外部市场激励机制。

（1）内部市场激励机制及其局限性。内部市场激励机制，也可简称为内部激励机制，是指通过合同关系的直接约定来对代理人进行激励，并且对代理人行为密切监督，以降低代理人投机行为发生的概率。但这里由于监督的高成本、代理人被过度约束导致效率损失等问题存在，约束效果很可能适得其反。

内部激励主要强调的是契约内的激励，又可分为多种激励机制，例如显性激励与隐形激励。其中，为激励代理人与委托人合作，最普遍、最直接采用的方法就是显性激励。显性激励是指代理人预期在未来的一段时间内，可以得到的实质性补偿的总和，包括合同中规定的工资、奖金等货币收入及其他实物收入，例如代建制中的代建费。

内部市场激励机制由于代理人绩效难以判断、监督的高成本、代理人被过度约束导致效率损失等问题存在，激励约束效果很可能适得其反。具体到显性激励机制，也并不总是发挥作用的。显性激励机制并不能使当事人自愿发挥自己的全部内在潜力，其存在以下缺陷：第一，由于工作绩效与显性激励并不是呈正相关的，因此实施显性激励并不意味着工作绩效一定可以得到提升；第二，显性激励机制本身也存在着无法根除的矛盾，即当事人对提高显性激励的要求大于工作绩效的提高；第三，工作绩效的大小是很难准确度量的，其与劳动投入之间也不存在固定的联系，在信息不对称的情况下，代理人很有可能会夸大工作绩效以求获得更高的显性激励；第四，由于代理人可以预见到显性激励的收益，容易导致代理人为了获得显性激励的增加而采取不正当的行为，最终也将损害委托人的利益。这些缺陷的存在使得显性激励不能使当事人自愿发挥自己的全部内在潜力。

虽然显性激励机制有着一定的缺陷，但其作用直接、操作方便、奖惩鲜明的优势突出，因此它仍是治理委托代理问题最广泛应用的方法。

(2) 外部市场激励机制及其局限性。外部市场激励机制，简单来讲就是通过市场主体之间的竞争，互相监管约束。因为对于一个市场内的竞争者来说，同行之间的信息不对称性要远远小于他们与委托人之间的。代理人为获得长期代理权，会倾向于向委托人展示真实信息，以免其他竞争者占先。因此建立一个公平竞争的代理人市场对降低代理人投机倾向有重要意义。

外部市场激励机制中的声誉激励机制是最被管理学者推崇的。当代理人的工作业绩难以衡量时，显性激励机制就难以实施，此时，长期的委托代理关系就体现出了极大的比较优势。在多重博弈的过程中，代理人将不只着眼于当前利益。为了谋取长远的利益，代理人就会积极建立自己的声誉，这样在一定时期内就可以实现委托人与代理人的合作均衡博弈。声誉激励机制在公司治理中应用颇有成效，相关研究显示，在竞争性的经理人市场上，经理人的市场价值往往取决于他们在市场上形成的声誉，也就是他们过去的工作业绩。从长期来看，他们必须对自己的行为负全责，即使在没有显性激励的情况下，他们也会积极主动地做好自己的工作，只有这样做他们的声誉才能不断得到改进，进而他们将来的收益也会得到大幅的提高。声誉激励机制具有激励作用持久、激励成本低、能够使代理人实现有效的自激励等特点。作为弥补契约内部治理不足的重要外部激励手段，声誉激励机制在实践中得到广泛应用。

外部市场激励机制同样也并非完美，其实现途径复杂，效果难以直接判断，而且其运行对市场竞争环境的依赖性较高，对委托人的管理技巧也有较高要求。具体到声誉激励机制，其发挥作用也不是无条件的。要想利用声誉激励机制有效地解决委托代理问题，需要满足以下条件：第一，通过机会主义行为来谋取不正当利益对于代建人来说是"不值得"的；第二，要有完备的监督机制，一旦代理人采取机会主义行为就会被发现，且发现代理人的机会主义行为后要对其进行严厉的惩罚；第三，委托代理关系必须是长期的，委托人有可能与代理人进行多次的博弈，且代理人要对未来有足够的预期；第四，声誉的形成应有质量的保证，即声誉应能真实地反映代理人的工作绩效。

总之，每种激励机制都有其优势与劣势。在实践过程中，最为重要的是根据具体的委托代理关系，在尊重市场的基础上，多重、均衡地运用各种激励约束措施，以有效引导代理人履行受托责任，减少代理成本。

4.4.2 我国已实施的主要代建人激励措施

1. 激励机制在代建制中的应用

本章前面已讨论了仅靠代建制改革最基本的两项管理措施——公开招投标和代建合同管理制度，在面对复杂的政府投资工程建设时，并不能特别有效地避免逆向选择和道德风险问题，因此需要更多的措施去弥补制度的漏洞。

对于招投标和代建合同履行过程中代建人的各种投机行为，各地政府已有所警醒。虽然各地政府可能没有严格的理论指引，但是有样学样，通过借鉴国外经验，相继出台了一系列举措试图控制代建人的各种投机行为。这些措施也基本符合我们上面讨论的两种激励机制，如表4.3所示。

表4.3 激励机制在代建制中的应用

比较	内部激励机制		外部激励机制	
	报酬激励机制	风险激励机制	声誉激励机制	市场选择激励机制
作用和目标	通过合理的报酬对代建人的当期行为进行激励，使代建人的付出获得相应的收益	减少风险造成的损失以及项目的成本	在多重博弈中，通过声誉激励机制来约束代建人的短期行为	通过市场对代建人进行综合评估，即由市场选择
应用措施	代建管理费、剩余索取权	风险分担契约，工程担保、工程保险	绩效考评与分级制度	准入制度、资质管理
优势	最主要、最直接的激励机制，外在激励效果最为明显	将代建人承担的风险转化为相应的管理费用	深层次的激励、成本低、作用持久	充分竞争市场下，对代建人最有力的外部约束

资料来源：笔者收集整理。

内部激励机制方面的措施包括：①代建费激励，即通过合理设定代建费用来直接激励代建人提高管理水平。其成败在于能否将报酬与代建人业绩准确挂钩。②风险分担激励，即推行工程保险与担保制度，可以为代理人适当地转移风险，也可以避免代建人因风险发生而遭受损失，由此对代建人产生激励效应。风险管理的意义还在于引入市场第三方来降低信息不对称性。

外部激励机制方面的措施包括：①声誉激励机制，即推行对代建人的绩效考评与分级制度，通过对代建人履约的状况进行考评，分出等级，以促进代建人按约行事。②市场选择激励，即通过在准入环节实行资质管理，确保代建公司具有一定的履约能力。代建人的资质标准应该建立于真实的市场竞争结果之上。需要指出的是，市场准入制度与代建人的绩效考评制度互为基础，只有将绩效考评结果作为市场准入的重要指标，才能使代建人真正重视其声誉。

总之，在代建制改革进入调整期时，政府进行了一系列的努力，尝试通过制度创新去解决代建人的投机问题，并在制度的建设上有了初步的积累。

2. 国内代建人激励措施成效不佳

但令人遗憾的是，起码到目前为止，以上这些举措的效果并不理想，正如我们在第二章代建制困局部分所描述的那样，代建人的各种投机冲动没有得到太多抑制，而且还出现了一些新的投机模式。

目前国内激励机制运转不畅，代建人投机变异的主要表现如下：显性激励不足，代建人更沉迷于对代建权的追逐，而不太在意代建费的多寡，以至于恶性压价竞争的痼疾仍在，逆向选择问题不能得到有效解决；代建人自身承担风险意识不足，更习惯于利用政府已投入大量资金的不利状况，逼迫政府为风险兜底；代建人对长期声誉不重视或漠视，要么利用政府管理漏洞欺诈投机，要么买通政府管理机构直接获得声誉优评，就是不愿对自身的市场声誉进行长期投资，道德风险问题屡禁不止。代建人激励措施在具体实践中遇到什么样的困境，我们在本章之后详细讨论。

那么是什么导致代建人在多方激励机制下仍选择短期投机行为？这些理论和国外经验都支持的激励措施为什么在我国失效？这是代建制改革深入进行的核心问题，必须给予回答。我们将在下章详细展开讨论。

第5章　代理问题治理：激励约束机制失效与原因初探

发达国家的政府投资工程建设领域也曾存在诸多投机现象，但对各类工程服务公司采取了一系列激励约束措施后，整个领域显得健康有序。我国从国家到地方层面虽然相继推出了一些政策去规范代建市场，如资质管理、强制保函以及后评价机制等，但令人失望的是，代建领域的投机乱象并没有被遏止，反而出现了一些新的投机行为模式。一句话，代建制的激励约束机制失效了。是这些机制设计不合理，抑或中国的代建市场情况特殊？

本章对内外部激励约束措施在实施中所遭遇的问题进行梳理，对其失效的原因从政府管理能力与行政大环境的角度给予初步回答。其中，前两节就内部激励约束措施，分别论述了报酬激励约束失效——代建费偏低问题和风险激励约束失效——分担不合理问题；接着两节就外部激励约束措施，分别论述了声誉激励约束失效——虚置空转问题和市场选择激励约束失效——准入制度混乱；最后一节就激励约束机制总体失效的现象及其行政环境制约因素进行论述。

5.1　报酬激励约束失效——代建费偏低问题

代建费用是对代建人报酬激励制度的核心，目的是使代建人在直接的酬劳激励下提高努力程度，同时使政府投资工程的建设投资能够控制在预期的范围内，并保证质量和进度符合要求。然而，由于政府对从市场采购工程服务的价值内涵认识不足，代建费作为一种显性激励方式，在我国目前的环境中，非但不起到激励作用，反而成了逆向选择和道德风险的诱因。

5.1.1　代建费用构成及收取方式

1. 从代建人角度看代建费构成

代建费也称代建管理费用，顾名思义，是业主用来支付代建人承担工程投资、质量、工期和安全等方面管理工作的报酬。但对具体的代建合同中费用怎样构成、如何确定费用多少，则要看合同双方根据工程实际状况的约定了。

从代建人角度，代建费一般来讲分为两部分：一是管理成本，二是利润。管理成本指的是代建人为实现政府投资工程的各项目标而投入的各种费用，包括社会福利、人员工资等相关的人力资源成本，以及管理费、可报销费用和设施设备费用等行政开支成本，这与其他管理服务类公司大致相同。另一部分则是利润。对于代建人来说，如果工作按约完成，则会按合同得到自己预期的利润（既可以是完全固定额，又可以是一个浮动比率下的额度）；如果达不到业主要求，则不能拿到全额代建费，具体要看合同事先约定的罚则。作为市场经济主体，利润是代建人追求的主要目标，而且由于并不是必然获得，以此可以激励代建公司提高管理水平，实现政府投资工程目标。当然，利润如何约定也是代建人与政府在合同签订阶段的重要博弈点。

2. 从委托人角度看代建费定价方法

从政府委托人角度来讲，事先不能准确预知代建人的真实成本，所以很难以所谓的真实成本 + 合理利润（酬金）的方式定价。因此，目前政府投资工程领域较为经常使用的方式为工程造价百分比法（固定激励）与投资节余分成（动态激励）。

（1）工程造价百分比法（固定激励）。这种方式中的代建费是用项目投资总概算的一定百分比来表达，因为概算信息在合同签订前已确定，所以属于固定激励。这种方法的优点是方便易行，操作简单，而且在政府投资工程领域与建设单位管理费非常类似，因此与政府的投资以及财政体制可以很好地对接。对于委托人来说，如何合理确定百分比是这种方法的核心管理问题。由于计费简单，标的明确，这种方法虽然很难说得上合理，但从改革之初至今，仍是代建工程中应用最广的定价方式。

（2）投资节余分成（动态激励）。这种方法是等工程竣工验收后，并经财务决算审核批准后，如决算投资与合同预算投资相比有节余，代建人可按事先协商好的一定比例对投资节余分成；反之，如果最后实际投资超过预算，则需按协议中代建人应承担的比例对其进行处罚，直至扣完其全部的担保金为止。当然在实践过程中，节约成本并不是奖励的唯一依据，还需综合考查工程的可用性、工期准时性和质量达标性等多方面因素。投资节余分成方式的优点是由于引入了动态激励机制，可以激励代建人提高管理水平，努力争取节余分成，从而达到政府控制投资的目标。如果合理地对节余进行分配，如代建人分得节余四成，使用人和投资方各分得三成，理论上对各方都是一个激励。当然，对于委托人来说，还需防范代建人过于追求节余分成而牺牲了工程质量，这是这种方法的核心管理问题。

总之，作为博弈双方，政府出于控制投资等目的，自然希望代建费越低越好；代建人则希望代建费越高越好，这意味着利润会越高。对于正常市场里的两个经济体来说，这是再正常不过的合理诉求。在普通的工程市场中，是靠市场调节机制来调剂双方利益，最后形成合意，达致合约；在政府投资工程领域，由于双方主体对游戏规则的统一认识不足，会存在代建费约定困境。

5.1.2 我国代建费用整体偏低的现状

政府代建工程代建费取费不仅是确定代建人的合理报酬的问题，还是政府投资工程激励机制的核心内容。代建费取费不仅关系到委托人和代建人双方的利益，还关系到代建市场的培育与发展，甚至还关系到政府投资工程代建制改革的成败。但是，目前我国的代建费取费标准及方式等存在诸多问题，使得显性激励陷入困境。

1. 工程造价百分比法下代建费用偏低

政府投资工程代建制是一种新型的工程项目管理模式，但是，在其推行过程中，国家并没有出台相关的文件明确规定其取费标准。当前，各地主要参考两个文件来确定当地的代建费取费标准，即2004年由建设部颁发的《建设工程项目管理试行办法》和同年财政部颁发的《关于切实加强政府投资项目代建制财政财务管理有关问题的指导意见》。前者规定，代建费取费标准应在公开招投标阶段，由业主与代建人商议决定，并写入代建合同；后者则规定，代建费取费标准应由同级的财政部门参照建设管理费来制定。这两个文件所确定的原则至今在绝大部分地区代建工作中执行。各地基本对全过程代建费的确定都是参考建设单位管理费标准进行的，即代建费一般占政府投资工程总投资的0.5%～1.5%，而实施阶段的代建费是按照建设单位管理费标准的70%确定的。当然也有个别地方（如广东、福建及海南等地）在政府投资工程中，根据实际情况将代建费提高到建设单位管理费标准的2～3倍（为政府投资工程总投资的1%～4%），但这种现象并不普遍。案例5.1是海南省三亚市代建费用的计算公式。

【案例5.1】海南省三亚市代建费用计算公式

1. 建设实施阶段代建单位管理费为批准项目建安工程投资概算低于1亿元的项目，代建费用按“建安工程投资概算值×2.0%”的公式计取；批准项目建安工程投资概算高于1亿元而低于3亿元的项目，代建费用按"200万元+（建安工程投资概算值-1亿元）×1.5%"的公式计取；批准项目建安工程投资概算高于3亿元的项目，代建费用按"500万元+(建安工程投资概算值-3亿元)×1.2%"的公式计取。

2. 前期工作阶段代建单位管理费按"批准项目建安工程投资概算值×0.5%"的公式计取。代建费用一经确定，原则上不再因政府投资工程的投资规模的变动而变动，也不再因物价、人工、利率、汇率、税率等因素的变动而调整。但由政府或项目业主方面的原因造成项目投资超过原定范围正负10%以上时，代建费用可参原计费方法作相应调整。①

需要指出的是，财政部所颁布的建设单位管理费标准，是为了控制建设单位将建设费用过多用于行政成本而专门出台的控制措施。其中规定建设单位管理费不含企业管理费、计划利润及税费，不含原单位的工资、基本医疗保险、基本养老保险及失业保险等。而代建人是专业化的独立法人，从项目筹划到竣工验收全过程管理，有着巨大的经营成本。因此以建设管理费作为代建费取费的参考标准是非常不合适的。财政部所颁布的建设单位管理费的标准本身就比较低，一般在政府投资工程总投资额的2%以下，而各地对政策的执行又都偏于严格，所以大部分的代建费实际上仅在项目投资1%左右。例如，上海某自来水建设公司自成立以来共承担政府投资代建工程16项，工程总投资额达21.6亿元，但其得到的总的代建费仅为1072.37万元，平均取费率仅为0.49%。②

而且从横向来看，与监理、设计和规划等工程服务公司相比，很多地方代建费也显得较低。例如，在同等条件下，代建制的工作范围和责任要比监理大得多，但费用却不比监理高，甚至还要低很多。实际上，工程建设期间业主大量的责任都转移给了代建人，但代建人所享有的回报却不对等，这种不平衡已经严重影响了代建人的健康发展。

政府投资工程的代建费过低，会直接导致代建人缺乏充足的资金和动力为政府投资代建工程配备足够的管理人员及工程所需的各种设备，这不但会

① 三亚市政府投资建设项目代建制管理办法［EB/OL］. http://fg.sanya.gov.cn/html/200912/t20091218_330_3.shtml.

② 贾宏俊，王洪强，吴新华．代建制服务取费研究［J］. 山东科技大学学报：自然科学版，2007（2）：93-95.

降低政府投资工程的管理效率及效果，还会使代建人为了获得利润，疲于奔命，不利于代建人管理能力的提高，不利于代建人吸引并留住高素质的工程管理人才，更不利于代建人核心竞争力的增强，对代建制的发展产生了极大的负面影响；同时，也破坏了我国在政府投资工程中实施代建制的初衷：提高政府投资工程的管理水平及效率。①

总之，业界虽有呼唤提高代建费以保证工程管理的声音，但目前工程造价百分比法下的代建费偏低、激励不足的现象仍非常突出。

2. 投资节余分成法的推行困局

工程造价百分比法下费用偏低导致的对代建公司激励不足问题，在业界已被提出很久。为了增强激励效果，学界多有应采取投资节余分成法来激励代建公司的声音，一些地方在一些政府投资工程上进行了实验。从表5.1可以看出，虽然有些地方授予代建人投资节余分享权，但投资节余均以决算批准后，代建人全面实现合同目标，仍有资金节余为条件，然后再以一定的比例分成，某些地方还设置了上限。整体来说，投资节余分成法在中国现实环境下效果甚微，其阻碍有三个方面。

表5.1 各地代建费取费标准

地区	代建费取费标准	
	基本代建管理费部分	投资节余分成部分
北京	按国家和北京市财政部门规定，前期代建为建管费的30%；建设实施代建为建管费的70%	不低于30%的政府投资节余作为奖励
深圳	按《基本建设财务管理规定》计取，一次性支付	通过合同谈判确定或招标确定
重庆	按重庆市财政局会同发改委印发《政府公益性项目建设管理代理费总额控制数费率暂行规定》执行，不作浮动，与代建范围、内容相匹配，实行分段计取	按《政府公益性项目建设管理代理费总额控制数费率暂行规定》执行，实行分段累进的计取原则，最高为节余金额的10%

资料来源：笔者根据北京、深圳、重庆三地代建管理规定整理。

① 代春泉，吴守荣．政府公共投资项目代建制管理模式的思考［J］．山东科技大学学报：自然科学版，2006（增刊）：284－287．

首先，投资节余分成法需要防范代建人过度追求投资节余而出现投机行为。政府部门普遍担心代建人为了享有较大的投资节余，会不当地节约投资，造成质量损失、工期压缩等现象，这对于政府重大工程来说，会造成不可挽回的恶果。再加上对代建人的这些隐秘行为很难监控，所以政府现阶段普遍的态度是宁要工程造价百分比法的明确，也不要投资节余分成法所产生的风险。

其次，在目前政府的投资管理体制和财政管理体制下，投资节余分成法是实现不了的。由于公共资产的不可分割性，理论上其投资剩余是不能随意转移的，所以就出现了代建管理部门与代建公司签订了节余奖励条款，但最后财政部门却拒绝执行的情况。有些地方提出由代建公司、投资部门和使用部门4:3:3来分享投资节余的设想，基于同样的财政体制原因，流于空谈。因此各方对这一方法兴味索然。

最后，我国政府投资工程领域目前较为强调对概算的控制，但为了上项目，顺利通过投资审核，很多项目存在故意压低概算的现象。再加上建设工程本身的复杂性，代建人能把投资控制在概算范围内就实属不易了，"享受"到节余分成的机会则非常渺茫。即使代建人节余了投资，但由于使用人并不能享受投资节余的分成，而且项目的建设资金使用人在项目前期通过艰苦的努力才从政府投资部门争取来的，他们通常会用各种借口把"政府投资的用于项目建设本身的资金"用在项目建设上，这样就使得节余分成变成了空头支票，难以发挥应有的作用。

综上所述，目前投资节余分成法多是流于形式，即使有些地方开始推行，但其结果也与预想相去甚远。

3. 代建费激励不足下的代建人投机倾向

本节讨论的代建费偏低问题与上章讨论的招投标环节的逆向选择问题并不相同。招投标环节的逆向选择问题是由于政府对代建人的信息不能准确识别，某种意义上是无意为之。而我国目前的代建费用整体偏低问题，确是政府有倾向的行为所导致的。

综合来说，目前投资节余分成法流于形式，而固定比例法的代建费用又长期偏低，导致对代建人的激励不足。由于代建费是代建人法理上主要的收益来源，当部分管理者将压低代建费用当作投资控制的成果来展示时，我们不禁要想，如果代建费低到成本不保，代建人还会尽力去实现委托人的效用最大化吗？答案很明显，"理性"的代建人必定会采取投机行为以弥补损失。代建费用过低自然会加大代建人的经济压力与负担，实践中，他们通过放松服务标准与规范性，或者采用向施工单位、监理单位摊派等方式以解决代建费用偏低的问题。

更重要的是经过多次博弈后，代建公司根据政府的偏好，目前已经放弃在代建费上去争取利润，基本对代建费高还是低已经漠不关心了，直接把心思和精力放在后期的投机去了。而且代建费过低，也为代建公司事后向政府提要求、推责任提供了很好的借口。有些地方甚至出现招投标完成后，为迎合领导的愿望，代建费在正式签订合同时还能再压低。这样代建费作为重要的显性激励约束机制完全失效，而且加重了代建人通过事后采取败德行为补偿利润的机会主义倾向。

实际上专业服务的费用偏低，在工程领域是有前车之鉴的。工程建设监理制引入我国已经20多年了，但由于监理费用过低，对监理行业的独立性、从业人员的专业性都造成了极为不利的影响。如今代建公司负责的业务要比监理多，而费用顶多相当，这势必会制约代建人引进高素质人才，也不利于代建人工程项目管理水平的提高，更会对代建市场的长期发展产生负面影响。

5.1.3　代建费激励不足的政府管理根源

诚然，无论哪种价格约定方式都不是完美的，都有其局限之处，但这正是考验定约者契约管理能力的地方。政府在代建制中既是投资者又是管理者，代建费约定困局正反映了政府对市场契约管理能力的不足。

1. 政府委托人对代建工程服务的价值认识不足

代建制改革至今，政府内部仍对代建服务的真正价值认识不足。

首先，委托代理关系之所以存在，就是因为政府和承包商之间存在着信息不对称，为解决这种信息不对称，政府业主将政府投资工程的建设管理委托给代建公司。代建公司是属于智力密集型的服务企业，对其从业人员的素质的要求极高，不仅要懂工程技术，还要懂项目管理，不仅要负责政府投资工程的现场施工管理还要有良好沟通能力。总将代建公司与建筑公司等同，觉得代建公司的工作看不见摸不着，而建筑公司的施工却实在得多的观念，是非常落伍的。拿建筑管理费的标准来套代建费是完全忽视了代建公司的智力价值。如果政府不能正视代建服务的价值，不提高代建管理费，代建公司就会因缺乏资金，而无法吸引到高水平的人才参加政府投资工程的管理，这最终也会损害政府投资工程的建设和投资效益。[①]

其次，代建公司具有承担业主风险的价值。一旦出现建设内容变更、工期延长、投资增加或工程质量不合格等问题时，最先被追责的是代建公司。目前存在的"代建取费低、代建责任大、代建风险大"的现象是对代建公司风险价值漠视所致。

最后，代建公司具有管理创新价值。如果施以适当的激励，代建公司在政府投资工程的建设过程中就有动力去采用新工艺或新方法，这不仅可能使政府投资工程的品质得到提升，还有可能使工程提前完工。管理就是将资源整合产生新效益的艺术。所以认为代建公司只是个监工，监管建筑企业不出错就行的观点，是完全忽视了代建公司的管理价值。

实际上，如果认识到代建公司的真正价值，政府就不会对代建费过于纠结了。因为代建费如何大幅提升，其金额通常较施工合同仍小很多，对代建费过于精确估价，反而会增大双方的额外负担。发达国家的经验是与其过分压低工程服务价格，不如放精力在代理人的方案、管理预案等信息的评价上。在对工程服务公司的激励上多花的钱，往往可以获得巨大的回报。

2. 政府管理经验不成熟

政府在面对复杂的商业契约签订时，缺乏必要的管理能力和耐心，不习惯于用复杂、精细以及动态的条约条款，来保证自己的利益或规避风险，而更习惯于简单化条款。当事后遇到争执情况时，又往往利用自己的行政强势去解决问题。

实际上在工程服务领域，国外有大量的成熟经验可供借鉴。例如由于对综合评标法等方法运用没有信心，很多地方仍主要采取低价中标法，造成恶性竞争，代建费长期偏低。面对这个困局，实际上政府业主可依据政府投资工程的专业类型及复杂程度来确定代建市场的竞争范围，从而抑制恶性竞争的发生。政府制定的代建取费的标准可以作为竞争的上限，同时可以把代建取费标准的0.85～0.95倍（体育设施及医疗项目可取高限）作为竞争的下限。虽不能说完全解决问题，但总会改善如今代建费完全偏离价值的情况。

再例如，政府因为担心投资节余分成法会导致代建人牺牲品质去获得利润的问题，而不愿推广。但是实际上，只要采取合适的措施，代建人的投机倾向会在很大程度被抑制。例如可以采取累减计取的方式，即对代建人节余

① 杜绍玲．企业代建模式下非经营性公共项目代建人激励研究［D］．天津：天津理工大学，2009.

的资金进行分级，各级所取的比例不同，并呈递减的趋势。这样既能调动代建人的工作积极性，又可以防止代建人因盲目降低政府投资工程的成本而牺牲其他的工程目标。

总之，政府与市场打交道时，不应总以行政思维代替市场思维，不应总希望简单地靠自己的行政强势地位解决问题，而应该多应用灵活的市场契约管理技巧解决问题。这样才不会陷入进退失据的窘境。

3. 政府错误的投资控制理念

代建制改革最初由国家发改委在全国推出，主要是从投资控制角度出发的。所以在代建制改革中，经常看到相关部门把代建费降低当作控制政府投资得力的政绩来展示。这可能是代建费长期普遍偏低的一个潜在原因。而具有讽刺意味的是，目前政府投资工程的概算、预算却虚高不下。以节省下的代建费用和虚高的政府投资工程花费相比，颇有点“得了芝麻而丢了西瓜”的意味，也标志着通过代建公司的专业管理为政府投资工程节省投资的改革目标完全落空。

5.1.4 小结

总之，代建费用是代建合同的核心部分，代建取费关系到代建主体的切身利益，是直接有效的对代建公司的激励约束方式。委托代理理论对代建费这样显性激励失效的原因给出的回答是：由于信息不对称，政府业主不能有效了解代建人的努力程度，因此无法将代建费用与其工作成绩有效挂钩，造成代建费用激励失效。然后通过本节的分析发现，现实情况有另外一面。政府作为投资人，理念陈旧、对代建人的价值低估、缺乏灵活管理的手段等原因所造成的代建人价值不能体现。政府既不愿给代建人必要的显性激励，又要求代建人能够为业主节省投资与工期，是不理解或者不习惯市场基本运行法则的表现；而且不给予代建人应有的酬劳，将为其后合同执行中的道德风险出现埋下危机。

5.2 风险激励约束失效——分担不合理问题

在政府投资工程建设的全过程中贯穿着各种各样的风险。从国外政府投资工程的管理实践来看，合理的风险分担机制不仅能有效地调动代建人的积极性，提高政府投资工程的管理水平，规避一些潜在的代建风险，还能使委托人与代建人双方在面临未知风险时，都没有太多的后顾之忧。尤其当风险发生时，由于事先对风险损失的补偿有安排，代建企业不必采取投机行为去弥补损失，从而减少道德风险发生的机会。目前，我国代建制中的风险分担主要是靠工程担保制度来实现。

5.2.1 风险分担机制及工程担保制度

1. 风险分担机制介绍

政府投资工程的风险分担机制，是指政府业主与代建人在签订代建合同的过程中，根据权、责、利相匹配的原则，对双方应承担的风险进行合理划分，并在代建合同中予以确定的过程。

在政府投资工程中，政府业主由于自身认识水平的局限以及其他方面的因素，倾向于把风险尽可能多地推到代建人身上，并认为较少地承担风险可以使他们从中获益。但是，当政府业主试图把风险推给代建人时，作为理性经济人的代建人势必会采取一些措施（如提高工程报价等）来补偿因承担过多的风险而可能造成的潜在损失，这样政府业主的利益就无法得到保证。因此，在政府业主与代建人之间进行合理的风险分担非常重要。在西方政府投资工程的实践中，主要采用的风险分担机制有工程担保制度、奖惩约束机制、回避制度、免责条款等。而当前在我国的政府投资工程中使用较多的是工程担保制度。

2. 工程担保制度介绍

工程担保制度是政府投资工程代建制项目进行风险转移的一项重要措施。《中华人民共和国担保法》中指出：本法规定的担保方式为保证、抵押、质押、留置和定金。虽然这五种担保方式均属于对债的担保，但它们的特点、性质、运用范围等各不相同。根据政府投资项目的特点，在诸多担保方式中，保证担保是政府投资工程最为常用的担保方式。

工程担保是一种工程保障机制，在这种机制下，担保公司、银行等机构作为担保人，应工程代理人（或被担保人）的请求向工程的委托人做出书面承诺，保证在工程代理人无法完成合约中规定的应由工程代理人承担的义务时，担保人将在一定期限及金额内代替工程代理人履行合约或承担工程代理人应承担的义务。目前较为常用的工程担保方式主要有履约担保、预付款担保、投标担保、维修担保等。①

① 彭天明．基于委托—代理理论的政府投资项目代建制风险研究［D］．重庆：重庆大学，2008．

3. 工程担保制度在政府投资工程代建制中的作用

第一，提高政府业主甄别信息的能力。在政府投资工程招投标活动中，政府业主不了解代建人真实的资质情况，因而处于信息劣势地位；代建人对自己的资质了如指掌，处于信息优势地位。政府业主作为招标人，必须设计各种机制来分辨各个代建人方方面面的信息，比较代建人综合实力的强弱，找出真正有实力的代建人。而只有在这样一种机制下，即所有代建人都向政府业主呈报自身的真实信息，才能确保政府业主能够辨别优劣，使真正有实力的代建人脱颖而出。而工程担保机制的市场需求的产生，就在于政府业主和具有实力优势的代建人的选择取向汇聚在了同一点。在市场机制的作用下，通过担保公司对代建人进行严格的资质预审，就可以提高政府业主甄别信息的能力。

第二，工程担保制度中的惩戒机制可以减少代建人发生道德风险和逆选择行为的倾向。政府投资项目代建制中的工程担保制度是依据谁产生了风险谁就承担责任的原则，巧妙地将（人为）风险行为者与（人为）风险承受者统一了起来，而担保人在其中发挥了转向阀的作用，将工程的风险责任又转还给了风险行为者。所以，在政府投资项目代建制中，对于作为被担保者的代建人来说，购买工程担保就是其承担风险的起点。在工程担保下，工程风险的真正承受者仍然是代建人而并不是担保人，这是因为代建人在购买工程担保时往往被要求对被担保金额进行反担保。代建人明白一旦自己发生了违约，其所造成的工程风险实际上仍然是由代建人自己来承担，不仅会受到经济损失，还会降低自身的声誉，影响以后参加公开招投标；甚至还会导致没有机构愿意为其进行工程担保，在工程担保已经法定化的情况下，代建人的下场就只能是退出代建市场。在代建人能够正确预期政府投资工程人为风险责任的情况下，他们也会认识到只有减少自身的违约行为才能从根本上降低甚至消除工程违约风险。所以对于政府业主而言，工程担保制度是一种真正能够转移人为风险的制度。工程担保制度就是人为风险的一种反馈装置，其作用就在于抑制了风险的产生，使违约风险仅发生在小概率的区界内，从而达到一种动态均衡的状态。

第三，工程担保制度使代建人的信息披露在政府市场规制的诱使下变得公开且真实。工程担保机制与传统的完全依靠市场主体的力量自行解决信息不对称的方法有所不同，它是借助政府制定的各项规则，具有强制性的特点。为了获得所需的保函，代建人必须把自身各方面的信息提供给担保人，否则担保人是不会为代建人担保的，这样代建人就没有参加政府投资工程公开招投标的资格。实际上，担保人对向其申请担保的代建人是有诸多要求的，许多代建人一般不对外公布的资料如资产负债表、承接工程履约情况、当前往来银行提供的银行信用、现有的保险证书，甚至是公司业务的发展计划、长期规划等资料都要提供。代建人为获得担保人的担保别无选择，只能及时且真实地向担保人提供相关的信息；代建人的真实信息被公开，就必然会降低代建人采取逆向选择及道德风险行为的概率。代建人要从担保人那里取得担保保函，有赖于自身的信誉及综合实力；代建人所获得的保函保额的高低，也表露了其信誉及实力的优劣。政府业主就可以从中掌握代建人更多的资料和比较真实的信息，而不再需要亲自去搜集代建人各方面的信息，进而也减少了政府业主用于信息搜集的成本。①

5.2.2 我国工程担保制度实施中的风险分担不合理之现状

1. 各地实施工程担保的情况的比较

我国的工程担保制度已经实施多年，但与西方发达国家相比，我国的工程担保不仅品种少，覆盖率低，业务量小，而且交易双方的积极性也不高，工程担保市场的发育还非常不健全。目前我国所开展的政府投资工程担保业务突出地表现出两个特点：一是主要集中在经济比较发达、工程规模较大并被列为推行政府投资工程担保制度的试点城市，如北京、深圳、天津、大连、宁波、厦门等；二是主要集中在一些大型的政府投资工程项目上，如国家大剧院工程、三峡工程、杭州湾大桥工程、首都博物馆工程等；三是主要集中在少数的几个工程担保品种上，如履约担保、建设工程投标担保、维修担保等。

我们以北京为例，在代建制实行之前，工程担保制度已开始实施。1998年10月，北京市发布了《关于进一步加强工程招标投标管理的若干规定》，该规定提出"逐步推行发包付款保函制和承包履约保函制"，并将工程担保纳入招标管理的推行做法。2004年，北京市发展和改革委员会起草了《北京市政府投资建设项目委托代建合同（示范文本）》，该范本明确地记载了政府业主与代建人之间的权力配置以及风险分担情况，并规定代建人应按项目的大小按一定的百分比向委托人提交银行履约保函。

表5.2也对我国北京等地的履约保函、政府业主和代建人的权力分配和风险分担状况做了详细对比。

---

① 张玲．工程建设项目风险管理与工程保险担保制度［D］．贵州：贵州大学，2007.

表 5.2　各地风险分担实施情况对比

地区	履约保函		合同主体	权力分配	风险分担状况
	依据	规定			
北京	《北京市政府投资建设项目代建制管理办法（试行）》	《项目代建合同》生效前，建设实施代建单位应提供工程概算投资10%～30%的银行履约保函金额。具体保函金额，根据项目行业特点，在项目招标文件中确定	委托人	1. 有权对代建项目进行稽查，对违规行为予以纠正。 2. 有权对因技术、水文、地质等原因造成的设计变更进行核准。 3. 有权要求代建人赔偿因擅自变更建设内容、扩大建设规模、提高建设标准，致使工期延长、投资增加或工程质量不合格所造成的损失。 4. 有权要求代建人更换不称职的项目部工作人员	1. 承担自身的违约责任。 2. 承担不适当干预造成的损失。 3. 分担不可抗力风险
			代建人	1. 项目建设的组织、管理及协调权：（1）根据初步设计的批复及有关规定选择专业工作单位，并与其签订合同；（2）管理各类承包合同，并按规定向承包人支付承包费；（3）对项目建设资金的使用进行管理；（4）与有关单位商定处理保修、返修内容和费用；（5）进行项目各参与方的协调工作。 2. 有权拒绝委托人和使用人提出的本合同约定之外的要求。 3. 有权取得代建报酬，并有权按专用合同条款约定从项目投资节余额中提取奖酬金	1. 全面履行合同，承担实现项目合同目标的风险，主要有：(1) 控制投资风险；(2) 工程质量风险；(3) 工期风险。（仅不可抗力、法规政策调整、技术变更、水文地质变化、使用功能改变或施工条件变更发生，并经委托人同意的变更引起的超支、延误可免责。） 2. 分担不可抗力造成的风险

续表5.2

<table>
<tr><th rowspan="2">地区</th><th colspan="2">履约保函</th><th rowspan="2">合同主体</th><th rowspan="2">权力分配</th><th rowspan="2">风险分担状况</th></tr>
<tr><th>依据</th><th>规定</th></tr>
<tr><td rowspan="2">浙江</td><td rowspan="2">《浙江省政府投资项目实施代建制暂行规定》</td><td rowspan="2">代建项目实行履约担保制度，具体履约保证金额，根据项目行业特点，在项目招标文件中确定</td><td>委托人</td><td>1. 项目稽查权。
2. 对因技术、水文、地质原因造成的设计变更核准权。
3. 索赔权（代建人擅自变更等原因而造成项目的合同目标无法实现时）。
4. 代建人不称职人员更换要求权</td><td>1. 自身违约、他方索赔风险。
2. 符合条件的变更造成的损失承担。
3. 分担不可抗力造成的风险</td></tr>
<tr><td>代建人</td><td>1. 核心权力——项目建设的组织、管理、协调权：（1）专业单位选择权、专业合同签订及管理与支付权；（2）建设资金管理权；（3）各方关系协调权。
2. 拒绝权（委托方提出的合同约定之外的要求）。
3. 索赔权。
4. 获取报酬权（可分享投资节余）</td><td>1. 全面履行合同，承担实现项目合同目标的风险，主要有：（1）控制投资风险；（2）工程质量风险；（3）工期风险。（仅经委托人同意的变更引起的超支、延误可免责。其变更程序为：设计单位填写变更单，监理、施工联签，代建人上报，委托人核准。）
2. 分担不可抗力风险与政策风险</td></tr>
</table>

续表 5.2

<table>
<tr><th rowspan="2">地区</th><th colspan="2">履约保函</th><th rowspan="2">合同主体</th><th rowspan="2">权力分配</th><th rowspan="2">风险分担状况</th></tr>
<tr><th>依据</th><th>规定</th></tr>
<tr><td rowspan="2">赣州</td><td rowspan="2">《赣州市政府投资建设项目委托代建合同书示范文本（试行）》</td><td rowspan="2">1. 项目总投资1000万元以上、5000万元以下的项目，担保金额为总投资的10%～15%，且不低于200万元；
2. 项目总投资5000万元以上、1亿元以下的项目，担保金额为总投资的7%～10%，且不低于500万元。
3. 项目总投资1亿元及以上的项目，担保金额为总投资的5%～7%，且不低于700万元</td><td>委托人</td><td>1. 有权对代建项目进行稽查，对违规行为予以纠正。
2. 有权对工程规模、设计标准、规划设计、工艺设计和设计使用功能等要求进行认定，有权对因技术、水文、地质等原因造成的设计变更进行核准或报批。
3. 有权要求代建人赔偿因擅自变更建设内容，扩大建设规模、提高建设标准，致使工期延长、投资增加或工程质量不合格所造成的损失。
4. 有权要求代建人更换不称职的项目部工作人员；未经委托人同意，代建人不得调换项目经理、技术负责人等主要骨干人员</td><td>1. 承担自身的违约责任。
2. 委托人有权就因其他方原因造成的损失提出索赔；如果该索赔要求未能成立，则索赔提出方应补偿由该索赔给他方造成的各项费用支出和损失。
3. 分担不可抗力造成的风险</td></tr>
<tr><td>代建人</td><td>1. 代建人有权拒绝委托人和使用人提出的本合同约定之外的要求。
2. 代建人有权取得代建报酬，并有权按专用合同条款约定从项目投资节余额中提取奖酬金</td><td>1. 承担违约造成的风险。
2. 代建人有权就因其他方原因造成的损失提出索赔；如果该索赔要求未能成立，则索赔提出方应补偿由该索赔给他方造成的各项费用支出和损失。
3. 分担不可抗力造成的风险</td></tr>
</table>

资料来源：根据相关文件整理。

2. 风险分担机制不成熟之现状

在经历过对担保制度不重视、对工程风险漠视的阶段后，政府目前比较强调担保制度在政府投资工程中的作用；但是却陷入了另一个极端：过于强调政府的风险安全，而将大部分风险压在代建人身上，以至于双方风险分担不合理，责权利不对等。最终的结果是不但没起到激励作用，反而引发代建公司采取投机行为弥补损失。

（1）风险分担过程不合理。政府投资工程的风险分担应该是由政府业主和代建人通过多次协商达成。当前我国政府投资工程的风险分担通常要经历两个阶段（图5.1）。第一个阶段是风险初次分配阶段。在这一阶段，政府业主（或政府业主授权的其他机构）首先会全面识别并评估政府投资工程所面临的各项风险因素，然后会根据自身的情况对各项风险进行分配，并在招标文件中通过特定的方法将初次的风险分担方案告知给潜在的投标人。第二个阶段是风险详细分配阶段。在这一阶段，代建人会针对政府业主的初次风险分配方案进行风险识别，并向政府业主报价，政府业主选出中标人后，双方再对政府投资工程的风险详细分担情况进行协商，并写入代建合同。

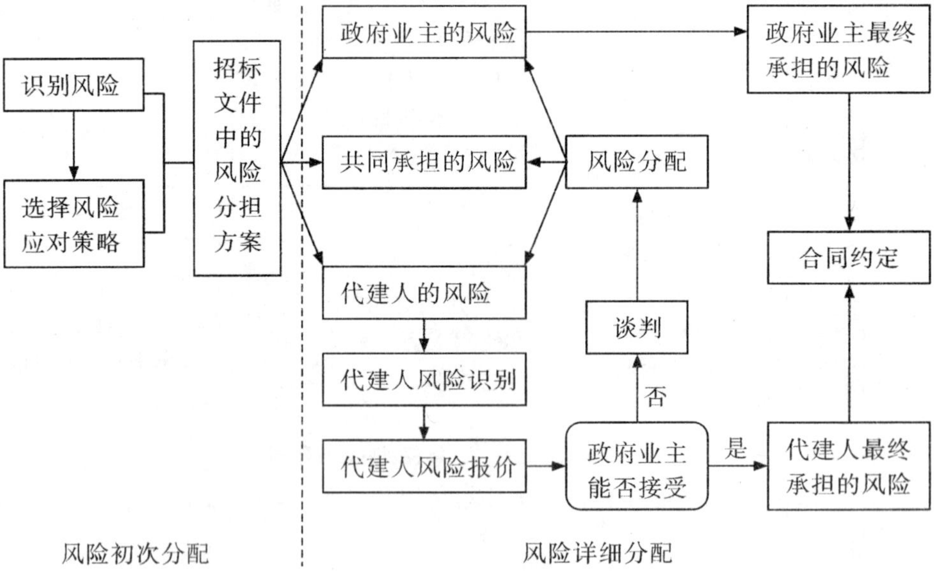

图5.1　我国政府投资工程的风险分担过程

虽然从表面上看，我国的风险分担方案也是经政府业主与代建人进行多次沟通与协商的结果，但实际上在这种风险分担过程下，政府业主相对于代建人是存在优势的。这是因为政府业主往往会在公开招标的文件中对双方的风险进行初次分配，尽管这个风险分担方案并不是不能改变的，政府业主还需要与代建人就风险分担进行协商，但在现实中，往往政府业主制定的风险分配方案会左右双方协商的风险分担的结果。政府业主出于自身利益的考虑，在招标文件中势必会倾向于将一些本应由自己承担的风险推给代建人。代建人在风险详细分配阶段也很难对风险初次分配方案做出有利于自己的变更。在这种不合理的风险分担过程下，风险分担变为风险指定，或者说风险转移了。

（2）代建人承担风险过多。从目前各地执行的情况来看，工程担保并没有起到分担风险、激励代建人的作用，反而变成了代建公司的负担。在传统模式下的政府投资项目建设中，一般由承包人提交中标金额的10%作为履约保函或现金担保即可。但代建制实施后，代建人需承担的履约保函的数额明显上涨了。从表5.2中可以看出，在代建合同签订前代建人需向政府业主提交相当于政府投资工程总投资的10%～30%不等的银行履约担保，承包商还需向业主或代建人提交中标金额10%的履约保函。这就是说，代建制模式下的履约保函金额至少是传统模式下的两倍，这无形中增加了代建人和承包商的负担。

同时，从代建人风险分担的角度而言，表5.2中，北京、浙江及赣州三地的代建合同明确规定政府投资项目的投资目标、质量与工期都由代建人全面控制，但当工程的实际进行情况与预期不符时，除了政府业主准许的代建人可以免责的情况外，都要求由代建人来赔偿全部的损失，并且没有上限；此外，对于不可抗力造成的风险，各地也都没有完全免除代建人的责任，往往规定由委托人和代建人通过协商来解决，因此代建人仍然有着很重的风险负担。同时，对投资控制过于刚性的约束也不合理，对于政府投资工程来说，其投资的最高限额一般是工程前期政府所做的概算，但这实际上是存在很大问题的，如果在政府投资工程的建设过程中，政府业主不批准概算的调整，则因工程前期的策划失误而引起的后果就将由代建人来承担，而这样的风险分配显然是不合理的。

风险分担的不合理导致的结果必然是执行困难。目前，在我国政府投资工程风险分担的各项措施中，履约保函是应用最多的。但从各地区代建制推行的情况来看，履约保函的实行普遍存在着困难，主要原因还是履约保函比例过高，大多数省份都要求代建人提供的履约担保需不低于项目总投资，这无疑抬高了代建人的进入门槛，也加重了代建人的负担。按照代建合同的约定，投资方和使用方的责任和风险都转移给了代建人，无论是投资、质量抑或是工期未能达到要求，都有可能从代建人的履约保函中扣除赔偿金；在履约保函金额不足的情况下，就会从代建费中进行相应的扣减；而代建费依然不足的时候，就要由代建人用自有资金来承担。一旦项目真的出了问题，如此巨大的风险是代建人难以承担的。

5.2.3 风险机制运转不成熟的政府管理根源

风险分担机制在西方已经顺利运转100多年，历史已经证明它在防范建筑风险、规范建筑市场、降低建筑业的社会成本等方面都发挥着十分重要且不可替代的作用。但是，风险分担机制在我国尤其是在政府投资项目中运转尚不成熟。究其原因，除了有我国尚未形成成熟的担保人市场、缺乏工程保证担保中介机构和检测机构等客观环境因素的影响外，最根本的原因还在于政府管理不力。具体说来主要体现在以下几个方面。

1. 政府对科学的风险分担机制认识不足

20世纪70年代末，Casey、Nadel等学者在自己的研究中较早地介绍了风险分担的指导原则，这些原则经过实践的验证，目前已经得到了广泛的认可。他们认为：第一，除非业主方以合理的代价将风险转移给另一方或由另一方承担，否则所有的风险都应该由业主方来承担。如果业主依此原则转让了风险，则应该考虑接受风险的一方是否能够正确地评估风险并合理地将风险控制到最小。第二，若工程风险被强加给了一方，且该方对该风险进行了恰当的处理，那么另一方应回报该方。第三，风险应该分配给处于最有能力控制该风险的一方。第四，为确保实际的风险分担方法和预期的风险分担方法保持一致，要采取适当的措施。虽然Casey、Nadel等学者的观点是针对一般工程的风险分担原则，但在政府投资工程中依然有效。

政府投资工程通常都是一些具有公共性的项目，这些项目的建设周期往往比较长，其投资规模也比较大，因此项目管理过程中存在的风险因素也颇多，一旦出现问题会造成很大的社会影响。政府投资工程的目标也是多元的，其目标不仅涉及项目的投资、质量、工期、安全等，还有环境生态及社会等目标。在这些众多的目标中，项目目标一般是通过代建人的努力来达成的。在当前各地的实践中，项目控制权的转移往往是伴随着合同机制进行的，通过合同规定在合同主体间对项目风险进行分配。

从表5.2对各地风险分担情况的总结可以看出，当前在我国政府投资工程中，明显表现出政府业主与代建人之间的权责失衡：首先，从代建人的角度来看，各地几乎都直接要求由代建人来承担控制投资、工期、质量、安全等的风险，而这些风险基本上占据了政府投资工程全部风险的绝大部分。如果代建人不能实现合同规定的目标，必然会受到极为严重的处罚，特别是在不能将投资控制在限额范围内时。其次，还可以看出各地对政府投资工程的变更以及工程概算的调整都有诸多严格的限制，其程序亦非常繁琐。最后，目前各地赋予代建人的权力尚不够明确，北京、浙江和赣州三地中仅北京对代建人的权力的描述较为清晰。

因此，从各试点的情况来看，政府业主实际上是在向代建人转移风险，而不是去合理地分担风险。这势必会造成风险分担机制对代建人的激励的有效性不足。

政府投资工程中的风险转移是以市场机制为载体，以合同手段为纽带的，这要求政府业主在对风险进行转移与分配的过程中，应对代建人承担的风险进行补偿。对代建人进行补偿既体现了风险与利益相对应的分担原则，也可以促使代建人不断提高自身对风险的管理控制能力，进而主动地去承担政府投资工程中的各项风险。反过来，如果政府业主只知一味地向代建人转移风险，代建人为了追求自身利益最大化，必然会采取投机行为来补偿自己因承担过重风险而造成的损失，这样最终还会导致政府业主的利益受损。

2. 政府利用市场主体管理风险的能力不足

政府投资工程的风险分担的方式是多种多样的，就西方发达国家的经验来讲，工程担保和工程保险制度都是最常用的。目前我国许多地方都制定了地方性的法规来强制实行工程担保。然而正如上文所述，当前我国政府投资工程的担保制度不仅没有起到风险分担的作用，反而加重了代建人的负担。

工程保险是指在工程建设过程中因遭受自然灾害或意外事故的损失而给予补偿的保险。在政府投资工程中实行工程保险具有以下优点：第一，可以适当地为政府业主和代建人转移风险，当遇到自然灾害或发生意外事故对政府投资工程造成损失时，保险人会依照保险合同赔偿投保人（包括政府业主和代建人），这就直接增强了政府投资工程抗风险的能力。第二，可以帮助政府业主选择真正有实力的代建人，防止逆向选择现象的发生。政府业主可以在招标文件中要求代建人购买工程保险，否则便不能取得代建合同。保险公司必然会在实力、声誉等方面对有投保意向的代建人进行严格的审查，如果代建人没有较好的业绩和信誉就难以获得保险合同，这样也就不易取得代建合同。第三，保险公司会监督和约束代建人，从而防止道德风险的发生。代建人在与保险公司签订了工程保险后，如果政府投资工程发生事故，保险公司就要赔偿相应的损失。因此，保险公司会根据合同约定，对取得了工程保险合同的代建人的管理活动进行监督和指导，以防止发生道德风险。

工程保险作为一种比工程担保更为市场化的风险分担方式，在操作中可以弥补工程担保的不足。但是，目前我国的工程保险制度仍处于试验阶段。虽然实行代建制时间较长的深圳、上海、北京等地已经开始在政府投资工程中推行工程设计保险制度，深圳市还尝试在政府投资工程中推行强制保险制度，然而至今效果如何还无从观察，工程保险制度在政府代建工程中的应用还有很长一段路要走。

3. 政府对风险分担制度建设的意愿不足

从我国当前的实践来看，政府投资工程发生实际索赔赔付的几率其实是很低的，但这并不意味着政府投资工程就没有风险。政府业主之所以漠视风险分担机制的作用，其原因主要在于大型公用设施的投资主体一般是国家，这样工程项目建设的利益、风险便无法与具体工作人员的利益直接挂钩，形成的风险损失最终还是由国家承担。

另一个非常重要的原因在于，当前政府投资工程所面临的风险除了不可抗力之外，大多数是由政府自身的因素造成的。例如，在深圳市宝安大道工程建设过程中，发生了90次工程变更，其中由代建单位以及包括施工单位造成的变更都较少，而由于地方政府原因造成的工程变更却高达33%。既然政府的行为对政府投资工程造成了巨大的风险，这些风险造成的损失就理应由政府来承担。政府实际上也清楚这种情形：真正明晰的风险分担机制建立起来，反而对自己不利。基于此，政府并不是太热衷于风险分担机制的建设。在当前风险分担机制不完善的情况下，政府业主逃避了许多应由自己承担的损失。一旦完善的风险分担机制建成，政府业主就无法再凭借自身的行政强势地位把风险转嫁到代建人身上。

没有意愿，行动上就必然会滞后。政府对风险分担机制的漠视直接导致了我国风险分担的法律体系的不完善。我国的风险管理在工程建设领域始终是一个薄弱环节，尽管《建筑法》、《担保法》、《保险法》等法律相继出台，各个试点也进行了试验，但国家性的工程保证担保法规迟迟没有出台，而针对政府投资工程的工程担保法更是无从谈起。

5.3　声誉激励约束失效——虚置空转问题

鉴于声誉在代建人选择中的重要作用，以及由此会影响代建人的长远利益，在代建项目过程中不断建立自己的良好声誉就成为各代建人的重要目标。根据代建人的这一心理，政府部门可以通过绩效考评并根据考评结果对代建人进行评级来实现对代建人的激励和约束。

5.3.1　代建人绩效考评与分级制度介绍

1. 声誉激励机制的界定

代建人的声誉是指政府业主等政府投资工程的利益相关者基于代建人的状况、行为表现等一系列特征，形成的对代建人品性的价值判断。

声誉激励机制是通过对代建人所实施管理活动的绩效进行客观的审核、认知、测量和评定，并基于评估结果建立一套分级系统，以此向市场展示代建人的声誉，并作为政府对代建人奖惩的切实依据。

在一个竞争的市场内，声誉对代建人至关重要，因为未来参与新的工程建设时，这些评估结果好坏将是代建人被选择与否的重要参考指标。政府投资工程的声誉激励机制的主要措施包括对代建人的绩效考评制度和分级制度，当然两者在实践中一般是合二为一的。

2. 建立代建人绩效考评与分级制度的必要性

声誉激励机制由于其激励作用时间长、成本低的优势，被认为是解决代建人监管困难问题的良策。考察发达国家政府投资工程建设市场，大多建立了规范系统的工程服务承包商评估与评级制度。尤其对于中国这样代建制刚刚试行的地方，一个科学客观的代建人绩效考评体系的建立有着重要的意义。

对代建人进行绩效考评，不仅可以对代建人的实力、资信等情况做出科学、公正的评价，为政府业主选择真正有实力的代建人提供依据，而且可以对市场中的各个代建人进行比较，并验证代建制实施的效果，进而实现规范代建市场的终极目标。

3. 代建人绩效考评的基本程序

对政府投资工程代建人进行绩效考评的方法有很多，因而进行绩效考评的具体程序也各有不同。但总的来说，一般的政府投资工程代建人绩效考评都包括三个基本程序（图 5.2）：前期准备阶段、实施考评阶段和撰写报告阶段。

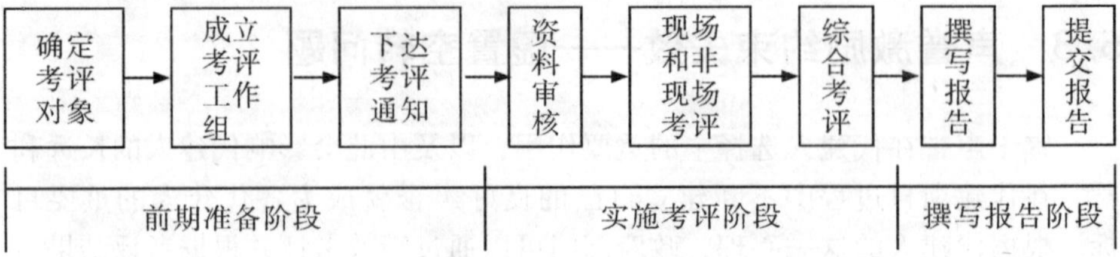

图5.2 政府投资工程代建人考评的基本程序

在前期准备阶段，财政及其他相关主管部门首先根据绩效考评工作的重点和预算管理的要求确定考评对象，然后成立负责制定和实施考评方案的考评工作组，最后向代建人下达考评通知书，通知代建人考评的时间和有关要求等。在实施考评阶段，绩效考评机构首先应对代建人提交的各项资料进行审核，然后再通过现场或非现场考评的方式进行具体评价，并提出考评的意见。最后，绩效考评机构在具体评价的基础上，对代建人的绩效情况做综合考评。对代建人的绩效做出综合考评后就进入撰写报告阶段。绩效考评机构撰写考评报告，并在规定的时间内将考评报告交给考评工作组，考评工作组审核后，再将绩效考评结果反馈给代建人。

4. 代建人绩效考评的指标

绩效考评指标的设置是代建人绩效考评中极为重要的一环，应在综合考虑代建人和政府投资工程管理特点以及绩效考评指标设置基本原则的基础上进行优化并选择。

同时，由于代建人绩效考评指标主要是从绩效考评内容里筛选出来的，所以代建人绩效考评指标的确定还应以绩效考评内容为依据。政府投资项目代建人的管理绩效体现在多个方面，主要有质量、投资、进度、安全、环境等方面的控制以及资金使用和管理、履行基本建设程序、风险管理、项目组织与协调、工程招标与发包、项目变更的控制情况等。其中，项目管理绩效是最为重要的组成部分。

绩效考评指标根据性质不同，可以分为两大类：数量指标和行为指标。代建人绩效考评的数量指标是能反映控制结果的指标，主要有代建人对政府投资工程的进度、投资、安全、质量、环境等方面的控制；其行为指标则主要涉及代建人管理行为的有效性和合法性两个方面，是代建人遵守法律法规和职业道德规范方面的表现，如履行基本建设程序、资金使用和管理、工程招标与发包等。

5.3.2 代建人绩效考评与分级制度的虚置空转现状

在国外，公开招投标只不过是一次性博弈，政府业主并不可能仅通过公开招投标就完全了解承包商的真实情况，也不能保证承包商中标后一定会依约而行；声誉激励机制才是保证政府投资工程顺利运转的长期性政策措施。其中，以廉洁高效出名的香港政府投资工程建设的一个重要制度保证就是承建商绩效评级制度。

在香港的政府投资工程中，所有承建商都是经过政府特许的。没有获得特许的承建商是不能进行政府投资工程建设的。香港承建商的认可名册制度就是香港承建商绩效评级制度的集中体现。香港承建商的认可名册制度主要分为两个方面。一是环境运输及工务局对公共工程承建商的管理。环境运输及工务局的公共工程承建商共有两份认可名册，分别为认可公共工程承建商名册（认可承建商名册）和认可公共工程物料供应商及专门承造商名册（供应商及专门承造商名册）。任何公司或者机构，如果想要申请纳入认可公共工程承建商名册及认可公共工程物料供应商及专门承造商名册的工程类别，以便承办政府合约工程，可向环境运输及工务局提出申请，并注明有意加入的工程类别。二是房屋委员会对承建商的资格管理。1989 年，房屋委员会在环境运输及工务局名册中规模较大的丙类承建商的基础上，逐步形成了专门承办房屋委员会工程的承建商名册，并于 1990 年 4 月正式公布。同时还制定了《管理承建商名册规范》，规管各项与承建商加入名册有关的事宜，制定专门的名册。管理承建商资格的组织机构有房屋委员会属下的建筑小组委员会、房屋署属下的承建商名册管理委员会和承建商表现检讨委员会。

我国财政部在对政府投资工程代建制有关问题的指导意见中提出，“代建管理费要与代建单位的代建内容、代建绩效挂钩”，“要制定专门的办法加强对项目代建单位建设管理工作的考核，实行奖优罚劣”。对代建单位提供的服务产品进行考核验收，就是对其进行绩效考评。这可看作我国各地代建改革中进行绩效考评的起始。此后，各地也在代建制的管理办法中，对代建人的绩效考评做了相关的规定（表 5.3）。但是到目前为止，我国的政府投资工程绩效考评制度还极不成熟。主要表现为：一是没有合适的绩效考评机构，如北京市规定委托人有权对代建人进行绩效考评，但作为北京市政府投资工程委托人的北京市发改委却并没有专门的绩效考评机构；二是没有全国范围内统一的指标体系，从表 5.3 中可以看出，各地对代建人的绩效考评均有规定，但却不尽相同；三是缺乏法律的强制性要求，虽然各地都在代建制管理办法中提出要对代建人进行绩效考评，但都没有强制性的规定，而且各地的规定各不相同。

表5.3　各地代建人绩效考评的规定

地区	法规	具体规定
北京	《北京市政府投资建设项目代建制管理办法（试行）》、《北京市政府投资建设项目委托代建合同（示范文本）》	1. 代建工作完成后，委托人有权对代建人进行客观公正的绩效考评。 2. 前期工作代理单位未能恪尽职守，导致由于前期工作质量缺陷而造成工程损失的，应按照《前期工作委托合同》的约定，承担相应的赔偿责任。同时，该前期工作代理单位三年内不得参与本市政府投资建设项目前期工作。 3. 在政府投资工程招标预审阶段，代建人需向政府业主提交单位业绩及主要负责人的业绩证明材料
上海	《上海市市政工程建设管理推行代建制试行规定》	项目法人通过市场竞争方式选择工程管理公司时，在符合《上海市工程建设项目管理公司资质管理暂行规定》的资质条件范围内，还应当对代建公司进行全面评估，择优选择
深圳	《深圳市政府投资工程预选承包商名录管理规定（试行）》	1. 政府投资工程的建设单位应当从名录中选择投标人或承包人。 2. 根据资质等级和承接业务范围的不同，工程总承包商名录分为Ⅰ、Ⅱ、Ⅲ组。企业可以根据自身情况申请加入名录中较其资质等级低一组的组别，并按照其所在组别的业务范围承接工程。 3. 申请加入名录的承包商必须符合一定的条件，深圳市政府投资工程预选承包商资格审查委员会应当对符合条件的申请人进行综合评分，择优录取
重庆	《政府公益性项目建设管理代理制暂行办法》	具备相应资质要求的企业，由其申请并经市建设行政部门会同发展改革、财政部门审定。严重违约的代理机构，除承担违约责任外，5年内不得承担公益项目的建设管理代理

资料来源：笔者根据各地代建制文件自行整理。

从严格意义上来讲，我国当前还没有一个地方建立了真正的代建人绩效考评机制。当然，将代建人纳入承建商的管理之中，不用另起炉灶倒也可以。问题的关键在于真正的承包商名录制度只有深圳建立起来了，但是其运行状况也令人堪忧。从各方面的资料中几乎都没有看到应用绩效考评结果对代建人进行奖励或惩罚的实例，绩效考评制度在很多地方都只停留在建议实行的阶段，离一个成熟客观的声誉激励机制建立还有很大差距。

5.3.3 代建人绩效考评体系难以建立实施的政府管理根源

1. 政府构建代建人绩效考评制度的动力不足

取得法律的支持是政府投资工程代建人绩效考评取得实效的必要条件，也就是说，代建人绩效考评要发挥作用就必须使绩效考评机制制度化、程序化和规范化。但是，我国财政支出的绩效考评工作起步比较晚，尚没有建立相应的法律制度来保证财政支出的效益。在没有形成财政支出讲求效率与效益的情况下，政府投资工程作为财政支出的重要组成部分，要对其进行绩效考评显然是困难重重。

同时，政府投资工程代建人绩效考评的方法、流程、质量的控制以及考评结果的应用等是一个实践过程，如果没有配套的财政支出绩效考评体系，对政府投资工程代建人的绩效考评就缺少基础配套。

2. 政府构建科学的代建人绩效考评体系的能力不足

要建立并完善代建人的绩效考评机制，首先必须设置一套通用的评价指标。但是在政府投资工程中，代建人的职责是极其复杂的，要想找到能覆盖代建人所有绩效的指标是非常困难的。而且，虽然代建制已经在我国实施多年，但各地实施代建制的模式和效果都不尽相同，这使得各地绩效考评的结果缺乏可比性。

与绩效考评指标的设置相同，建立合理的标准值也困难重重。一方面是由于标准值是根据大量同类基础数据的平均值确定的，但是当前缺乏基础数据库，标准的制定就存在极大的困难；另一方面是由于各地经济发展水平和区域自然条件都各不相同，使得代建人的绩效也存在较大差异。鉴于评价标准的选取是决定评价结果的关键因素，所以必须用科学的方法去消除区域特征，以便得出合理的标准值，但这在操作中也是十分困难的。

此外，虽然国内许多学者在理论上探讨了政府投资工程代建人绩效考评的方法和程序，但在实践中我国大多数地方都仍未对代建人进行过绩效考评，各地都缺乏对代建人进行绩效考评的经验，政府相关部门也没有充分认识到对代建人进行绩效考评的好处，专门对代建人进行绩效考评的组织及人员更是少之又少。在这样的情况下，很难设置出科学合理的绩效考评指标和标准值。如果指标设计得不科学，不但起不到应有的效果，甚至还会起到相反的作用。

3. 政府对绩效考评结果应用的方法有误

通过对政府投资工程代建人绩效考评结果的运用，既可以保证政府投资工程质量，为以后的代建人选择的准入机制提供依据，也可以保证政府投资工程代建人绩效考评的持续、深入发展。但在实际操作中，代建人绩效考评结果的应用难度极大。这一方面是因为目前我国选择代建人的方式主要是公开招投标，决定代建人是否中标的主客观因素都很多，绩效考评结果常常只被作为参考，并不起决定性作用；另一方面是因为绩效考评结果的应用部门和考评部门常常不是同一个单位，如对建筑商的评价是建设局的任务，而很多时候对准入有发言权的是投资部门即发改委。这样不仅可能造成考评部门的考评结果不科学或不适用于应用部门，还直接导致应用部门对考评结果的不重视。再加上绩效考评极为复杂，委托人为了节约交易成本，必然没有进行绩效考评的动力，没有动力就不会进行绩效考评，这样绩效考评结果的运用就无从谈起。

5.4 市场选择激励约束失效——准入制度混乱问题

在代建制改革初期，由政府直接指定代建人往往是各地通常采用的方法。在代建市场不成熟的情况下采取权宜之策，虽然可以理解，但代建人选择过程不透明所造成的寻租现象丛生的弊病十分突出；随着代建制改革的推进，各地现阶段都是多种方式并存，如政府直接指定、邀请招投标和公开招投标等。从理论上来讲，选择方式有所改进，但是在缺乏统一客观的资质管理体系下，代建人的选择仍难以避免黑箱操作、内部圈定的不良行为。为了确保进入市场的代建人具有一定的履约能力，确保政府投资工程的质量，建立完善的代建市场准入机制，对代建人实行科学的资质管理是必不可少的。

5.4.1 市场选择机制及资质管理介绍

1. 市场选择机制的分析

政府投资工程的代建制改革，使得政府投资工程的投资职能与管理职能相分离，虽然有许多优势，但也产生了一类新的问题：代建人的选择。代建人的选择实质是对代建人的能力进行搜寻和识别的过程。然而，由于信息不对称的存在，在代建人选择的过程中很容易出现逆向选择现象。要避免逆向选择的发生，就要引入市场选择机制。市场选择机制利用市场竞争的信息披露功能，降低了信息不对称造成的危害，有利于代建人选择过程中“优胜劣汰”的实现。市场选择机制落实在代建制中就是代建人准入制度。

代建人准入制度就是不再靠行政指令或任命选择代建人，而是在市场中选择优秀的代建人。政府投资工程属于智力密集型的服务，代建人只有具备良好的资质，才能减少政府投资工程招投标中的逆向选择，才能最终保证政府投资工程的质量和安全。所以，政府投资工程代建人的市场准入制度是代建人选择的基本前提。

这里要强调的是，按照理论来讲，市场准入是依据资质管理来实现的，而资质管理也应该是以绩效考评制度为依托的，声誉激励机制与市场选择激励机制只有互相协作，其有效性才能得到保证。如图 5.3 所示，市场准入机制是一个靠多次博弈才能发挥最好效用的机制。

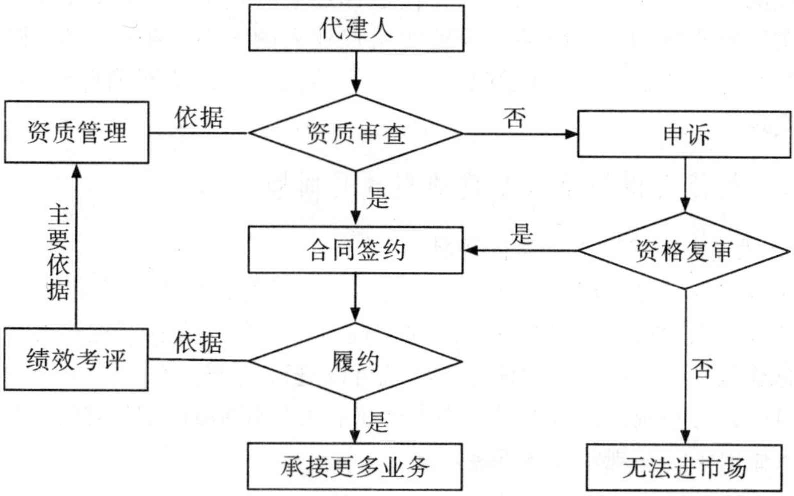

图 5.3　代建制市场准入制度与绩效考评制度的互动

2. 市场准入制度的主要依托——资质管理

所谓资质管理是指对代建人在一段时间内，经代建市场认可的，由代建人内部的各因素相互作用而决定的实施政府投资工程建设的能力或资格的管理。代建人的资质管理实际上为政府业主和代建人提供了一个渠道，通过这个渠道，政府业主就可以较为容易地在代建市场上，从众多的代建人中选择出真正实力强大的代建人。

代建人的资质管理实际上是代建人技术水平、业务能力、经营规模、管理经验、社会信誉等指标的综合管理。根据代建人所涉及的领域不同，可以将代建人的资质分为多个序列。

3. 资质管理的作用

对代建人进行资质管理最大的作用就在于可以使政府业主较为容易地获得代建人的真实情况，从而选择出真正有实力的代建人，防止逆向选择的发生。在公开招投标阶段，政府业主要想选出真正有实力的代建人，就必须了解各个投标人的管理能力、服务质量、技术水平、信誉等情况，但由于信息的不对称性，政府业主无法了解到各个投标人的真实情况。这样，在公开招投标中，政府业主便有可能选出报价较低但资质较差的代建人，形成逆向选择。如图 5.3 所示，在实行资质管理的情况下，会把代建人以前的绩效考评结果作为准入机制的依据，资质较差的代建人就无法通过资质审核，从而被淘汰出市场，大大减少了逆向选择现象的发生。所以在政府投资工程中实行资质管理，可以使政府业主对代建人的实力、报价、信誉等诸多方面进行综合考虑，选出更好甚至是最优的代建人，从而确保政府投资目标的实现。

5.4.2 代建人市场准入制度的现状及问题

1. 代建人市场准入制度的现状

我国现阶段对代建人市场准入的要求还比较低，只要具备工程咨询、工程设计、工程勘察、工程招标、工程监理、造价咨询或者房地产开发一级、工程总承包一级等资质中的任意一项就可以进入代建市场。

目前，有些城市在试点过程中出台了有关代建制的管理办法，对代建市场准入做出了一些规定（表 5.4）。

表 5.4 各地代建人资质要求

地区	代建企业准入资格
深圳	无相关管理规定，不同项目具体要求不完全相同。一般要满足 3 个基本条件：具有一定资金实力，具有相关管理经验和能力，法人实体

续表 5.4

地区	代建企业准入资格
上海	要求符合《上海市市政工程建设管理推行代建制试行规定》的相关条文规定，项目法人通过市场竞争方式选择的工程管理公司，必须是具有上海市建设和管理委员会颁发的项目管理资质证书或被列为推行代建制试点的市政工程建设管理单位。此外，还应当从以下方面进行全面评估，择优选择：①工程管理公司的管理业绩、企业信誉；②出任项目管理的项目经理、项目管理班子人员的资历和能力；③建设大纲的合理性和可行性；④投资、工期、质量、安全等管理目标；⑤管理目标与工程管理公司经济责任的关联度。另外还要求具有征地拆迁、招投标、施工监理、造价咨询、发包代理、工程咨询等资质证书。暂不具备的，经有关部门批准后，可与有资质证书的相关单位实现合作，并以工程管理公司的名义对建设工程项目实施管理
北京	根据项目自身的具体情况来决定，再由招标代理机构在公开招标时在招标书中加以明确。如公路项目代建企业的资质： （1）具有独立法人资格、自负盈亏的经济实体。 （2）具有和项目投资相适应的承担风险的能力：①甲级代建企业注册资本金额不低于2000万元，可代建资金不超过注册资本金10倍的公路建设项目；②乙级代建企业注册资本金额不低于1000万元，可代建资金不超过注册资本金10倍的公路建设项目。 （3）符合交通部《公路建设项目法人资格标准（试行）》要求，具有同类工程建设管理经验和技术水平，满足工程管理需要
重庆	（1）具有综合甲级工程设计资质，或综合甲级监理资质，或本专业施工总承包一级以上资质，或综合甲级工程咨询资质； （2）具有相应的资产； （3）具有与建设管理相适应的组织机构和项目管理体系； （4）具有与工程建设规模和技术要求相适应的技术、造价、财务和管理方面的专业人员，并具有从事同类工程建设管理经验

资料来源：根据各地代建制相关文件整理。

2. 代建人准入制度存在的突出问题

从表5.4中看出，各地比较重视代建人的资质要求，都专门做出了相应的规定。但是也要指出的是，各地的规定都还比较粗略，只能算是划了一个门槛，缺乏更完备的实施细节。而且在确定具体的资质标准时，出现了很多不合理的设置，导致目前准入制度不仅不利于市场选择，还形成了市场割裂；不仅没有起到有效甄别信息的作用，还诱使代建人大量弄虚作假。目前各地代建人资质规定的不合理之处主要包括：

（1）地域保护设置多。当前，我国各地的政府投资工程大多是在当地的代建人中进行选择，代建市场的地域分割非常严重。很多地方的代建人准入条款规定代建人只能承担本地的政府投资工程，或者在政府投资工程公开招投标中直接规定只有本地的代建人才能参加公开招投标。

（2）行业保护设置多。我国政府投资工程代建人选择过程中的行业保护设置也非常多。许多诸如公路、铁路等特殊的政府投资工程对代建人也提出了一些特殊的技术要求。如北京就要求公路项目的代建人要具有公路专业职称的负责人。这些要求看似合理，但大多数设置实际上是不必要的，不但不能保证选出更为专业的代建人，反而造成了代建人选择的行业壁垒。

（3）对大型企业及国营企业倾斜过多。考察各地对代建人准入的要求，一般都对代建人的资金实力、工程管理经验有诸多要求。对于一般的中小企业来说，这些要求是很难达到的。这样，这些资质要求就在事实上形成了对大型企业及国营企业的倾斜。一般各地都只有几家大型企业及国营企业，由于只有这些企业符合当地的准入规定，这些企业便理所当然地成为政府投资工程的代建人。虽然这些企业实力确实较为强大，但由于承担了过多的政府投资工程，这些企业会把无法完成的工程转包给其他代建人，这样政府投资工程的质量就更加无法得到保证。

（4）缺乏有效的声誉措施的配合。在各地的代建人市场准入的规定中，一般都对代建人的资金、技术水平等方面的资质提出较多的要求，却很少把代建人的声誉作为参考依据。其实，对于代建人来说，声誉应该比资金、技术更为重要。因为资金较少、技术水平较差的代建人可以通过挂靠等方式获得政府投资工程的建设管理权，但是声誉在短期内很难建立起来，代建人无法造假，从而有助于选择出真正有实力的代建人。

5.4.3 代建人市场准入机制不完善的政府管理根源

1. 政府对代建人市场准入制度的理解错误

很多政府都将市场准入机制错误地理解为一种新的审批制，过度强调政府对代建人的管制，重视准入，而不重视对市场检验的作用，这已经成为目前代建市场诸多问题的根源。准入制度应该是立足于市场竞争基础之上的，判断代建人是否合格最重要的依据是其过往在市场中的表现。而目前很多地方上的资质管理具体规定里，充斥着大量的从政府部门角度出发的规则。非常有意思的是，与建立绩效考评制度动力不足相反，各地政府倒是对代建人准入制度的建立积极性颇高，但往往打着提高代建人素质的旗号，任意设置各类条款和框框，其真实动因还在于希望在代建人的选择问题上有绝对操控权。

政府之所以对市场准入机制有这样的错误理解，有些是出于无意的，是国内的长期行政习惯造成的。政府一直就习惯于对市场主体严格控制，也一直有“重审批、轻管理”的老传统，可以把这类问题归于转型期的特色。但是有些则是有意的。政府部门或负责官员为了帮助一些与自己有关联的代建人承揽工程，就会在准入条款中“夹带私货”，即为其关联企业量身打造一些条款。例如有些案例中，资质条件具体到代建人需要多少名专业的工程师，甚至对工程师的职称都有要求，看似是规定严格细致，实则是为了将其他竞争者排除在外。

而且在政府的错误理解下，市场准入政策目前的实施结果和传统政府投资工程建设模式中的政府直接指定承包商的效果差不多，无非是程序复杂些，操作手法隐蔽些，其公平合理性仍不能保证。不客气地讲，目前国内代建人准入及资质管理制度有演变成政府按照自己意愿左右市场的工具的倾向。

总之，理念的偏差不管是有意还是无意，都对市场准入机制的实施造成巨大的危害，最后甚至沦为某些官僚谋取利益输送的工具。

2. 政府采取的资质管理办法粗糙而不规范

主要表现在：一是没有设立专业的机构，也没有配备专职的人员对代建人的资质情况进行审批和监管，通常只是相关主管部门在有需要时临时指派人员对代建人的资质进行管理，这就直接造成有关资质管理的规定得不到及时的贯彻落实，从而影响了相关工作的开展；二是全国统一的代建市场管理体制尚未形成，在对企业资质及个人执业资格的管理方面，相关主管部门各自为政，“多头管理、重复发证”问题极为突出；三是政府投资工程的各个监管部门之间没有建立良好的联动监管机制。所谓良性的联动监管机制就是要实现政府各部门之间、同级的建设主管部门之间、上下级的建设主管部门之间，在政府投资工程的投资和建设、公开招投标、市场违法违规查处、市场与现场等方面的动态联合监管。但当前我国还没有建立起这样的联动监管机制。在这样的情况下，要想建立完善的市场准入机制是非常困难的。

3. 政府没有建立市场准入机制的配套机制

市场准入的资质要求应该以对代建人的绩效考评为依据，但当前我国并没有建立起一套科学完备的政府投资工程代建人资质考评机制。从我国各地对代建人进行资质管理的现状来看，绝大部分地区对代建人的资质管理仅停留在简单的制度规定上，同时大多数地区都没有建立完善的对代建人的考核指标体系。即使有个别地区对代建人的资质进行了考核，其考核的内容也不具系统性，更不能动态地反映代建人的资质情况。

同时，政府也缺乏与市场准入机制配套的法律建设。一是我国与市场准入机制配套的法律法规极为缺乏，不能满足监管及执法过程中的需要。例如，对于当前较为突出的质量安全等问题，我国现行的法律法规还没有对其进行界定，也没有相应的处罚条款，通常只有在政府投资工程发生重大的安全事故时，政府才会对工程的代建人进行处罚。二是我国对于代建人市场准入制度的规定，没有和诚信体系、工程保险、担保制度等方面的法律法规进行良好的衔接。

任何一项机制都不可能独立运行，都需要相关的配套机制。相关配套机制的缺乏使我国代建人市场准入机制的建立和完善难上加难。

5.5 激励约束机制总体失效的行政环境制约

由于代建制涉及政府与市场的对接，对政府管理理念与技巧有着更高的要求，而目前我国行政环境仍显滞后，政府的管理不当已使代建制整体运行与设计初衷发生偏差。前面几节已对内外部激励政策实施中遇到的具体政府管理问题进行了梳理，本节希望回答代建制运行在当前受到行政环境哪些方面的制约，以至于当前激励约束机制整体失效。本节将代建制放在我国行政环境的大背景下，来探讨先进的理念在环境中的适应性问题。

5.5.1 政府职能转换不到位导致对代建人干预过度

虽然政府职能转换是多年来我国行政体制改革的重点，但毋庸讳言，至今行政权力超强势，过度干预市场个体具体运作的状况仍普遍存在。表现在代建制上就是相关部门以直接介入代替适距监管，过度挤压代建人开展建设管理工作所必需的权力空间，致使代建公司管理权限不足，不能有效约束下游各类承包商（图5.4）。

按照代建制最初的设想，代建人被政府授权后，就是实际上的建设期项目法人。代建人依据政府批准的工程投资总额、设施标准和建设规模，全权管理建设中的施工、设计、材料设备供应，还有施工单位的招标，并负责建设质量、进度控制、协调组织和资金拨付等，一句话，全权管理建设过程。

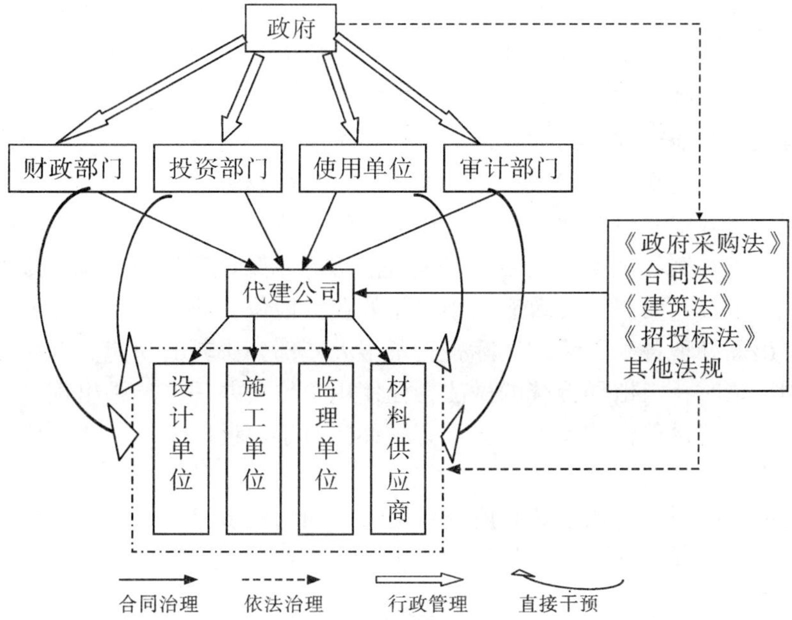

图 5.4　政府管理部门过度干预代建人示意

而政府只是按照契约规定对代建公司进行必要的监督，而不过多直接插手具体建设事务。那么代建制中政府部门与代建公司的权力架构应该如图 5.5 所示。

政府各相关职能部门都不去直接管理下游的设计单位、施工单位等，即使需要对其进行监督也主要是依据相关法规进行，而不应干预具体的建设工作。但是如图 5.5 所示，政府各部门对代建公司的管理本应该是法治化的，但在实践中往往以直接干预代替了合理监督。

1. 政府对代建人权力过度干预的表现

首先是政府投资部门和使用单位对代建人的干预。在代建制各地模式中，负责选定代建单位的一般都是投资主管部门，因此对代建人的影响力大；使用单位由于关系到最后的交付使用，在工程的具体建设方面对代建人影响力也较大。在实践中，这两个部门经常跨过界限，对代建人的业务领域横加干涉。投资主管部门往往是将设计、监理等公司的选择权都揽于手中，这导致代建人不能有效控制建设工程各阶段的工作，类似前期设计与后期施工不能衔接的情况就会经常发生。而使用单位也经常超越权限，对建设过程横加干涉。例如，不顾代建人的专业建议，而按照自己的意愿随意更改设计、施工方案等，有的甚至越权指定施工单位和材料供应商。这严重干扰了代建人对政府投资工程的管理，也影响了代建人的工作积极性和主动性，导致工程不能顺利实施。

其次，其他行政部门对代建人也存在过度干预现象。代建人在建设过程中遇到的压力还来自项目报批、报建等环节与行政监管部门的交往中。由于国家相关法规中并没有授予代建人相应的法律地位，因此，实际操作中会遇到许多困难。例如规委、建委、卫生、消防、环保等部门根本就不认可代建人的业主地位，而只认可政府使用单位的业主地位，导致代建人还要依靠使用单位出面办理各项手续，实际丧失了很大一部分协调的功能。例如办理土地使用申请时，土地局传统的做法会让使用单位去办理，于是出现了一个项目存在两个建设单位的情形，甚至有的部门对于建设单位一栏填写代建人名称表示不理解。

在如此的限制挤压下，政府与代建人之间的权责错配，与代建制的设计严重背离，代建人在实际工作中已根本不具备独立自主管理、发挥专业所长的条件了。

2. 政府过度干预下代建人管理权不足及平庸化

首先，代建人缺乏必要的管理权限。由于政府部门根本没放下手中重要的权力，以至于代建人管理权限不足，无法对下游各类承包商形成有效监管。例如在工程建设中最经常出现的变更问题，因为建设现场很多情况会与最初设计不一致，这时需要对建筑的方法以及量等进行变更。在目前的机制安排下，要先由施工、设计然后到监理，层层提出，经政府相关部门批准后，交由代建人监督落实。本来代建人的一个重要作用就是利用其专业优势来辨别这些工程变更是否必要，但在目前的机制安排下，代建人反而对工程具体事务不具有相应的发言权。实际上，在对各类承包商的选择、惩戒等各项权限上，代建人也不具有决定权力，甚至连工程款支付这样的权限也仍牢牢控制在政府相关部门手中。

其次，代建人出现平庸化、空心化趋势。在这种权力架构下，代建人的专业技能无用武之地，久而久之，代建人就沦为空心化。其专业优势除了争取代建权外，就可有可无了。在前文论述中提到，目前代建制企业普遍不成熟是声誉激励机制失败的一个重要原因；如果再深究一步，代建人的自主权过小才是整个行业一直不能健康发展的原因所在。现实中，只要代建人在招投标时采取各种方法满足招标设定的人员、资质等各项要求，等获得代建权后，反而可以降低用人标准，与各方虚与委蛇就行了。总体来讲，目前国内代建人的性质有些异化，更大程度上变成了专门为代建权争夺而设立的关系资源单位，而不是专业管理单位。

代建制设计之初，有促进政府职能转变、政府退出市场的本意；但现实是政府部门迟迟不愿放权于市场，职能转化不足，导致至今没有明确法律地位的代建人管理权限不足，普遍出现劣质化。总之，政府与代建人之间责权安排不合理，是上文内外部诸多激励措施失效的重要原因。

5.5.2　政府内部管理机制混乱导致代建人无所适从

我国长期存在的条块分割、分工不明、交叉管理、无人负责等行政管理弊端，对于代建制的良性运行也产生了极大的阻碍作用，也致使代建人面临政府的权力迷宫而无所适从。

机构设置合理、权责分担明晰是一个管理体制运行有效的基础。发达国家在政府投资工程管理工作中机构设置都非常明确，或设立单一部门，或按照一定权限分别设置几个专门机构管理，以避免职责不清带来的混乱。目前在我国，国家层面并没有负责实施代建制管理的专门机构；在各地的实践中，相关机构设置和运行规则具有随意性和临时性。第二章已经对四地的权力架构进行了简单介绍。

通过考察各地模式可知，目前代建制所涉及的政府管理架构以及运行机制相当混乱。各部门之间的分工不明、多头管理、无人负责正是其真实写照。我们以代建人选择、代建人的监管和工程款项支付这三个重要工作环节出现的问题为例，对代建制目前所面临的运行机制混乱局面进行说明。

1. 代建人选择权的设置混乱

一般来说，代建人的选择权主要是在政府投资管理部门手中。先抛开这一设置是否合适不说，各地的实际情况要复杂得多。综合各地情况，在代建人选择环节有发言权的部门包括发改委（投资管理部门）、财政局、机关事务管理局、各业主单位等。目前为了加强招投标管理，一些地方还新成立了专门的各类招投标管理中心，某些地方存在两家以上的招投标管理中心。再加上政府权力的条块分割现象仍非常突出，一些部门仍会利用强势地位控制代建人的选择权。例如有些工程的资金来源于某部门的自身财政预算，在这种情况下，这些部门（如公安、教育等部门）一般不会轻易出让对工程的控制权。虽然这些个案实行的是代建制，但是通过各种操作，代建人的选择权基本仍控制在其手中。

而且这种对代建权的争夺及混乱局面一直延伸到诸如设计公司、施工企业等的选择问题上。总之，最后谁负责代建人的选择并没有一个清晰的规则和理由，而是各部门角力的结果。程序的不清晰和不规范，必然导致负面结果。各地在这个环节的执行非常混乱，不通过公开招投标，直接将代建权指定出去的案例仍然不少。轰动一时的央视大火背后，就有央视利用自己的特殊地位回避代建程序的原因。

2. 代建工程的监管权力的分散和混乱

对代建工程具有监管权的单位也非常庞杂，各种监管权力交叉混乱。综合各地规定，对代建工程的监督主要包括投资主管部门稽查、建设管理部门稽查、财政审查和审计监管。除此之外，消防、环保、国土、规划、水电等部门根据本部门的相关规定也会对代建人和施工单位进行监管。虽然对代建人的监管是合理合法的，但监管权力如此分散、分割，结果是监督程序繁琐，监督事项重复，监管效率低下。这对于政府来说是资源浪费，内耗巨大；对于代建人来说是疲于应付，负担繁重。

3. 代建工程资金支付程序混乱

资金支付在工程建设中也是一个非常重要的管理问题。由于大型工程投资庞大，既要保证工程建设所必需的材料款、工人工资等资金充足，又不可能不顾资金成本一次性支付工程款项，还需要保证资金支付的正确流向。因此，大型工程的资金支付也是一个系统精密的管理过程。

按照代建制的设计，应该是由财政部门直接按照预先计划直接分期拨付给代建人，代建人再按照建设需要去统筹支付给各类承包商。2004 年财政部在颁布的《关于切实加强政府投资项目代建制财政财务管理有关问题的指导意见》中，对于代建工程的资金拨付程序做出过规范，原则上规定工程资金直接拨付给代建人，这也是为了防止政府部门的过多干预。但是其中并没有详细的罚则等机制保证，实践中，很少有案例按此规定实行。再加上我国自身的财政制度也较为混乱，存在各种专项资金，各地又有非常多的"土规定"，所以最终设计公司、建筑商等拿到的工程款项和报酬都还是要经过政府部门之手。即使是由代建人支付给下游承包商，往往也需要投资部门、使用单位的联合签名，代建人实际只是中间的程序，完全没有用经济杠杆去管理各类承包商的能力。

最后的结果就是代建人陷入政府的程序迷宫内，为了正常的工程款项的获得而奔波于各部门之间。即使正常的工程费用保证，代建人都要大费周章，遑论获得超额的投资分成激励。甚至代建人拖欠下游承包商款项，下游承包商又拖欠工人工资的极端情况也时有发生，造成很恶劣的社会影响。

总之，我国政府内部的多头管理、权责不清的行政管理问题直接影响着代建制的实施，而且代建人面临着如此相互冲突的管理机制时，需要花费大量的资源和精力去疏通和协调与各政府部门之间的关系，以至于工程管理工作反而被摆到从属位置了。

5.5.3　政府对代建人的监管无力

我们前文提到，规范代建人需从激励、约束与监管三方面入手。虽然对代建人事无巨细的监管是不可行的，也不提倡的，但是如完全放任，惩罚偏软，那么再怎么去激励和约束，代建人都会因为违规成本低而选择投机行为。但是，重视事前审批而不重视事中监管，重视形式程序而不重视实质结果，惩罚手段偏软，监督结果缺乏公正权威性等，在我国政府对市场主体的监督工作中属于老生常谈的问题了。具体到代建制，政府对代建人的监管无力问题也非常突出。

1. 缺乏核心监管机构，无人尽责

与对监管权力的大力争夺正好相反，当工程出现问题时，各部门对谁应承担监管责任却是互相推诿、无人认领。目前，监管权力散落在各部门的手中，所造成的管理混乱前文已叙，这里不再赘述。更重要的是当工程出了问题时，却很难找出一个真正负责的机构，或者说可以被追责的具体机构。例如北京市、浙江省、贵州省等地是投资部门负责选择代建人的，当代建人出现投机行为时，投资部门理应负有监管不力的责任，但发改委却认为自己只是投资人的角色，选定完代建人也就尽到责任了，代建人在建设中出现投机行为，监管责任应该由建设局、财政局等部门来负。目前大部分地方都没有规定核心的监管部门，而是由发改委、财政、审计、建设等部门按各自职责分别监管，貌似面面俱到，但实际结果是没有一个部门最后对代建工程的好坏负起责任。没有被追责之虞，也就没有哪个部门有真正的动力去对代建人的行为进行切实监管。“多头监管，无人负责”是目前代建人监管工作的首要弊端。

2. 监管措施形同虚设，对违规行为惩处不力

如果仅从规章制度来看，各地对代建人的违规行为不可谓不重视，也都出台了相应的惩罚措施。从表5.5中可以看出，不管采用哪种代建模式，各地都强调对代建人存在的违规行为应该严厉惩处；惩处的范围也非常广泛，包括质量监控、前期设计、工程变更管理等方方面面。我们抛开这些规定是否合理的问题，只是从实际执行状况来看，这些惩处条例形同虚设。首先，这些罚则过于空泛，没有保证机制。谁来惩罚？罚则标准是什么？代建人拒绝执行如何处理？在缺乏申诉、仲裁等机制配合的情况下，这些惩处措施要么难以执行，要么强行实施，不能服人。其次，由于中国处于转型时期，大量的代建人以及建筑承包商属于国有公司，和政府有着千丝万缕的关系。这种现象在公路、电力等建设项目上表现得更为突出，这些行业的代建人往往就是本行业的关联企业，监管者与被监管者属于同一个系统，其监管效果就可想而知了。最后，在缺乏外部约束的情况下，建筑领域的监管部门没有对代建人严格追责的动力。公众参与不足、人大监管不到位等，使政府投资工程建设领域的监督惩处机制成了内部游戏，不具有刚性。考察代建制实施后的情况，很少出现建设过程中对代建人违规行为进行及时处理的案例，往往要到工程建成之后，出现明显的质量等问题后，才有可能倒查到代建人。另外，目前政府投资工程腐败案被查处，往往靠的是检察机关抓住当事人的具体行贿受贿事实才揭发出违规行为；与此"相映成趣"的是，腐败涉及的工程在这时仍能够通过各部门的验收。被各方评为优秀工程的项目后来被抓出大量腐败违法人员的现象经常见诸报端，这个现象非常好地反证了目前建筑领域的内部监督流于形式，惩处无力。

表 5.5　各地对代建人的惩处规定

地区	法规	关于代建人违规的惩处规定
北京	《北京市政府投资建设项目代建制管理办法(试行)》	1. 前期工作代理单位和建设实施代建单位应当严格依法进行勘察、设计、施工、监理、主要设备材料采购招标工作，未经批准擅自邀请招标或不招标的，由市有关行政监督部门依法进行处罚，市发改委可暂停合同执行或暂停资金拨付。 2. 前期工作代理单位未能恪尽职守，导致由于前期工作质量缺陷而造成工程损失的，应按照《前期工作委托合同》的约定，承担相应的赔偿责任。同时，该前期工作代理单位 3 年内不得参与本市政府投资建设项目前期工作。 3. 建设实施代建单位未能完全履行《项目代建合同》，擅自变更建设内容、扩大建设规模、提高建设标准，致使工期延长、投资增加或工程质量不合格，所造成的损失或投资增加额一律从建设实施代建单位的银行履约保函中补偿；履约保函金额不足的，相应扣减项目代建管理费；项目代建管理费不足的，由建设实施代建单位用自有资金支付。同时，该建设实施代建单位 3 年内不得参与本市政府投资建设项目代建单位投标。

续表 5.5

地区	法规	关于代建人违规的惩处规定
北京		4. 在政府投资代建项目的稽查、评审、审计、监察过程中，发现前期工作代理单位或建设实施代建单位存在违纪违规行为，市发改委可中止有关合同的执行。由此造成的损失由前期工作代理单位或建设实施代建单位赔偿
上海	《上海市市政工程建设管理推行代建制试行规定》	工程管理公司接受项目法人委托后，应当按照竞标方案的承诺，派出相应的建设工程项目管理的人员，确保工程按期完成，并按项目法人质量终身负责制承担相应的法律责任。 工程管理公司因自身过失造成投资方经济损失的，应当承担赔偿责任
深圳	《深圳市政府投资工程管理条例》	建设单位有下列行为之一的，责令限期整改，并依法追究建设单位负责人和直接责任人的行政责任，情节严重的，撤消其行政职务，禁止其3年内负责政府投资项目的管理工作；构成犯罪的，依法追究其刑事责任： 1. 未经批准擅自开工的； 2. 未经批准擅自提高建设标准，扩大投资规模的； 3. 未依法组织招标的； 4. 转移、侵占或者挪用建设资金的； 5. 未经竣工验收或验收不合格即交付使用的； 6. 其他严重违反本条例和其他法律、法规规定的行为
重庆	《重庆市政府公益性项目建设管理代理制暂行办法》	1. 代理机构对建设项目因设计不当造成的超出概算，承担合同约定的连带责任。 2. 建设项目的投资控制、质量控制、工期控制未达到合同约定的，代理机构按照法律、法规的规定以及合同的约定承担责任。 3. 代理机构负责人及其项目部负责人对建设项目实行终身负责制。 4. 严重违约的代理机构，除承担违约责任外，5年内不得承担公益项目的建设管理代理

资料来源：根据相关规定整理。

总之，由于政府职能转变不足，代建监管权力设置混乱，对违规行为惩罚不力，导致设计的各项激励约束机制基本失效。政府管理的不力自然导致代建人的肆意妄为。

第6章　官僚“理性”：政府对代建人激励失效的深层动因

上文的分析指出，政府在代建制中存在诸多管理失当之处，如政府理念偏差、干预过度、监管不力等。这固然可以部分回答激励机制失效的原因，但是我们仍有必要去探究是什么导致相关部门迟迟不愿放弃手中权力，使代建人在专业范围内具有独立性，又是什么导致政府对代建人的违规行为不能坚决惩处。

从政府管理的角度来讲，对代建人的约束、激励和监管都要靠政府相关部门来进行。而这些任务必须由具体的人也即是官僚来执行。在代建制中，政府官僚同时充当投资者、使用者、管理者、评判者与监管者等多个角色。如果其行为模式发生偏差，对代建人的影响是不言而喻的。

从委托代理角度来讲，我们前文展开的讨论是建立在一个基本前提假设上的：政府的委托目标代表着公民利益，单一自洽。这样委托人可通过适当的激励和约束机制去控制代建人的行为，达致激励约束相容。但现实是，由于公众利益、政府、政府部门及官僚的利益诉求复杂而且不一致，会存在表面的委托目标和真实潜在的利益诉求发生背离的现象，这导致整个委托代理关系复杂化，一般的激励约束机制极易失效，并且会恶化和助长代建人的投机行为。

换句话说，即使我们建立起一整套抑制代理人投机行为的制度，如果不能遏制政府及官僚的不当利益诉求，也无法保证代建制顺利运转。代建制的一个初衷就是将政府投资工程服务外包给市场，减少政府在其间的利益纠葛，从而达到减少腐败的目的。但现实是，相关领域的寻租、利益输送等腐败现象愈演愈烈。人们对这种腐败治理失败的不满，甚至发展到质疑代建制改革是否必要。代建制是否成为政府投资工程腐败的新渊薮，还是对官僚的不当利益约束失败而导致代建制改革成效不佳？对这些疑问有必要进行回答。

本章将结合中国现实的行政环境，在理性经济人视角下，集中讨论代建制中官僚为实现利益最大化都所采取的寻租、合谋、利益部门化等策略，并探讨这些策略对代建制中激励约束措施的扭曲，以及对代建管理所造成的负面影响。

6.1 政府委托人的“理性”分析

6.1.1 理性经济人视角下政府的利益结构

1. 政府自利性的产生

传统政治学家，如洛克、孟德斯鸠、卢梭等从社会契约论的角度来看政府的产生，认为人民通过讨论形成公意，然后通过这一公意签订一定的社会契约，产生了管理社会的工具——政府。政府应当是以维护公共利益为自己的最终目标的。因此，政府是公共权力的执行者，发展和维护公共利益是其存在的根本价值。从本质上去看政府，其实它是国家公共利益或者公共意志的集中体现，是一个为社会公众的公共利益服务的组织。政府作为公共利益的代表，应该履行的首要职能是公共职能，也就是通过制定公共政策、有效开展公共管理，为社会公众提供公共产品和服务，实现公共利益。

公共选择学派的观点有异于传统政治学派的观点。他们在理性经济人假设的基础上，分析了政治人和经济人的本质属性，认为其本性都是追求个人效用的最大化。政治人对个人效用最大化的追求可能会与其对公共利益的追求所混淆。因为在追求个人效用时，政府部门及其官员往往会以维护公共利益作为掩饰，为其自利性披上合法的外衣。所以不论在哪个国家或者是哪种性质的国家，在理性经济人的假设下，其政府在本质上都有其自利性的一面。

总之，政府自利是政府这个特殊的组织所有的特殊利益，它是客观存在的，也是局部狭隘的。

2. 政府、政府部门与官僚的不同利益诉求

宏观来看，政府自利所追求的利益包括经济利益、政治利益与精神利益三个方面。经济利益主要体现在政府对具体物品、投资资金、工作环境等公共稀缺资源的占有，以获取其所需要的经济利益；政府在满足政治需要时追求的权力、地位、职务升迁、人际关系等政治资源则是政府自利时的政治利益诉求；精神利益是指政府致力于追求良好的政府形象、良好的公信力、提高人民拥护度等。

具体来看，政府自利是具有结构性和层次性的。从主体上简单划分的

话，主要包括三类主体：（一级）政府、政府职能部门、政府官僚个人。从一定程度上来说，不论是政府、政府部门还是官僚个人，他们在社会政治、生活中的角色是多元化的，并不是单一的；作为国家意志体现者的他们是具体的、真实存在的，同时有着各种利益诉求，追求着各种利益。（一级）政府是由各个独立的政府部门组成，每个政府部门又有自己的政府工作人员。在理性经济人的假设下，作为普通的独立的"人"，每个政府官僚可能追求自身利益的最大化；作为政府部门中的一员，他们追求所属部门利益的最大化；作为现实（一级）政府这个大组织整体中的成员，他们追求（一级）政府利益的最大化；作为抽象意义上的政府即公共利益维护者中的一员，他们追求社会公共利益最大化。因此，（一级）政府自利、政府部门自利和政府官僚个人自利这三个不同层次上的利益追求具体表现如下：

（1）（一级）政府自利。（一级）政府自利是指作为国家进行阶级统治与社会管理的工具，政府整体侧重于政府本身的利益。它包括政府所要追求的所有的利益形态，既包括对公共利益的实现，也包括政府利益和阶级利益的实现。"理性"政府在整体上追求的就是公共利益的最大化。从地域上看，政府整体自利包括中央政府自利和地方政府自利。

（2）政府部门自利。政府部门追求利益的方式有两种：一种是政府部门努力扩张自身的规模、扩大部门拥有的权力和范围、提高预算、增加经济能力、扩大公共物品的支出等扩张行为；另一种是政府部门利用部门的职权，通过各种手段进行权钱交易，或者是对某一领域形成垄断局面，谋求超额利润的寻租行为。①

（3）政府官僚个人自利。不论是整体政府，还是某个政府部门，都是由一个个的职员组成。职员作为一个个的"人"，具有经济人的本质属性。所以，官僚个人在行使手中的行政权力时，不论在公共政策的制定过程中还是政策的执行过程中，都会或多或少地掺杂进个人自身利益的价值取向和偏好。其利益追求主要有工资、灰色收入、奖金、福利、工作的稳定性、职位的升迁、个人绩效、名誉地位等。

6.1.2　多层委托代理链条下的公共利益实现难题

如图6.1所示，用来满足人民大众的需要的政府投资项目作为固定资产投资项目，属于政府提供的公共物品和服务，具有较强的外部性。全体公民

① 董少林．公共选择理论视角下地方政府利益研究［D］．上海：复旦大学，2009：23.

和国家是政府投资项目的原始出资人和所有人。由于公民的特殊性，他们无法全部都参与到项目的建设和管理之中。所以他们就将手中的权力集中到人民代表大会，通过它将权力授予政府，委托政府代替他们行使政府投资项目的投资权和监督管理权。因此作为投资人的政府，其地位是虚置的，具体的职能需要通过政府机构或部门来执行。接着政府机构或部门又委托代建人负责项目的代建管理工作，而代建人还需要同设计单位、承包商等建立委托代理关系，从而形成了一条多级委托代理链条：公众—各级政府—政府具体部门—代建人—项目执行层。这五级主体，通过四层委托代理关系，构成一个联动的整体。其基础和目标是合作，共同协作完成政府投资工程建设任务。但是要保持整个链条协同运作，并非易事。

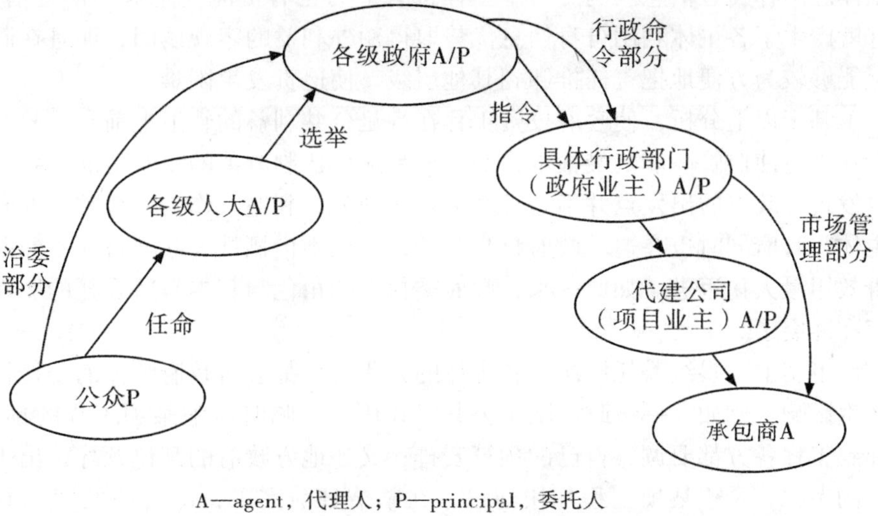

A—agent，代理人；P—principal，委托人

图6.1　政府投资工程的委托代理体系

资料来源：修改自尹贻林，阎孝砚（2006）。

首先，集体行动成本及“搭便车”问题导致公众利益实现困难。在第一层委托代理关系中，也就是公众—各级政府这一层中，公众不具有人格化，其作为委托人的身份是不确定的。不确定的委托人将权力授予政府，导致政府只需要行使权力即可，而无需对上一级负责，因为无法确定对谁负责。作为政府投资项目，其投资者和所有者为全体公民，就必须采用集体行动的方式行使权力。但是由于全体公民的数量巨大，导致集体行动的成本也非常高。另外，全体公民是由一个个的“理性经济人”组成，都有用最少的付出获得利益最大化的倾向，就容易产生"搭便车"的问题。在这两种行为的作用下，全体公民就无法真正地去履行作为投资人和所有人的职权，政府自利的行为就难以去规范。加之政府的特殊地位，使得其很容易对信息资源进行垄断，导致公众与政府之间的信息严重不对称，就进一步加重了监督的缺失与不足，加大了政府的机会主义意向，使公共利益难以实现。

其次，机会主义下政府自利与公共利益背离。政府自利的扩张必然会影响到政府行为的公正性与有效性。各级政府、具体行政部门以及官僚的利益考量不尽一致，而且他们作为"经济人"，更关心自身效用的最大化，符合公共利益的诸如保证质量、尽量节约公共资金等目标，就很难实现了。

最后，链条里的各主体都具有委托者和代理者双重角色，这就意味着各主体之间存在着信息鸿沟。每个主体都有能力也有可能去隐瞒一部分信息，这就产生了各主体利用自身信息优势取得额外利益的客观诱因；而且在制度上能够较为方便地把责任推卸到其他层级，使追责发生困难。

基于以上分析，使政府投资工程在满足公共利益的轨道上前行是政府对代建人行使监管职能的最根本目的。但是从代建制改革的现实情况中我们可以发现，政府的出发点并不是完全为了实现公共利益。作为一个独立的利益主体，政府同时也在追求政府自身利益，甚至不惜牺牲公共利益，不断向自身效用最大化迈进。如此一来，政府委托人的角色与其本身所委托的职责就存在冲突了。

事实上，多级委托层次上各主体的异化行为都会对政府整体的委托目标产生影响。例如，一级政府限于公共财政压力，临时压缩某项工程的预算，导致工程各方都要调整自己的预算安排；又如地方政府的某位领导，出于政绩的考虑，希望某项工程加快建设，在某节日前完工，即所谓的"献礼工程"，则会使整个工程各项进度都要变动，导致一些工程质量问题。需要清醒认识的是：政府委托人发生角色异化比代建人利用信息优势去投机对政府投资工程领域造成的危害更大。

6.1.3 政府投资工程建设领域的官僚利益扩张冲动

在政府投资工程代建项目中，政府只是作为一个抽象物来行使全体公民授予的公共权力，其地位是虚置的，具体的职能需要通过政府部门及其工作人员来执行。尼斯坎南的官僚预算最大化理论中提到，官僚像市场中的消费者与生产者一样，具有理性而且自利的本质属性，倾向于追求自身效用的最大化。虽然尼斯坎南[1]提出的“官僚倾向通过预算最大化来实现效用最大化”的论点与中国国情不尽相符，但“官僚在做出决策时往往是出于自身利益的考虑，而不是首先满足公众利益”的基本判断，却得到诸多理论和经验的支持。

实际上，政府投资工程建设领域在各国都被作为官僚追寻私利而罔顾公益的典型来批判。我国在政府投资工程的投资决策阶段，官僚自利性表现就非常突出。理论上政府投资工程的建设目标就是促进公众利益，这也是政府以至官僚职责的一部分。但是在我国，公众的声音没有有效的渠道去表达，无法形成气候，因此难以对具体的工程建设的决策、实施和使用过程产生真实影响，政府相关部门及其官员做出决定时也就无需考虑民众的需要。在这种国情下，“理性”政府官员的自利性愈加凸显。在巨大的利益诱惑和监督不严的环境下，政府投资工程领域成为官僚追逐权力、租金和声望、绩效的上佳场所：有的为了政绩，打着民生工程的旗号，上马超大型工程；有的为了私利，而实行利益输送、更改投资计划，花样百出，很多豆腐渣工程、钓鱼工程都是在决策阶段已埋下了隐患。这样自利的后果往往是政府官僚用个人偏好去歪曲社会公民需求，将官僚个人的效用最大化去代替社会公众的效用最大化。

那么处在相同的大环境下，代建制所涉官僚的自利性也很难遏制。如果说在“该建什么、不该建什么”的问题上，公众基于一般常识还能够发表一下自己的见解，那么到了工程建设阶段，公众面临庞大而复杂的工程、专业的技术和名词，想发表意见都不知从何开口。例如近年我国的地铁建设在各地掀起高潮，每公里地铁的造价也节节升高，如北京 16 号线爆出 12.4 亿元/公里的天价，比很多发达国家的造价都高得多。但是当面临舆论的质疑时，有关部门只需用类似“我们的地铁是按世界最先进的标准建造的”这样的借口，就搪塞了过去。虽然民众对这个回答不能满意，但好像也没有太多的办法去证伪它。因此大型政府投资工程建设就像一个黑洞一样，让人无法探究其中的“玄妙”。在这种信息不对称的保护下，政府官僚在其中肆无忌惮地追求自我利益的最大化就不足为奇了。

与委托代理理论所侧重的“代理人利用信息优势欺诈政府委托人”有所不同，笔者认为我国目前代建制中很多问题的根源更多来自政府官僚自利

---

① 威廉姆·尼斯坎南．官僚制与公共经济学［M］．王浦劬，等译．北京：中国青年出版社，2004：195－202．

性的不受约束。换句话说，官僚违背公义，主动选择投机行为，对代建制所造成的危害可能比在代理人的欺瞒下所蒙受的损失要大得多。基于此，本章将详尽地探讨代建制中所涉各类官僚在"理性"作祟下，主动寻求利益最大化的问题，并一步分析其对政府代建管理体制所造成的扭曲及危害。

在代建制改革中，政府代建管理部门及其官僚在机会主义下，有可能通过以下三种方式获得利益最大化：①利用手中既有权力主动设租，获得超额利益，即权变钱。②与委托链条内其他层次主体形成合谋，特别是以损害最终委托者利益为代价，与其他主体谋得更大的利润，降低整体机会主义成本，减少受惩罚的机会。③官僚将自己的利益诉求以部门的名义来表达，即所谓的利益部门化。然后通过部门在体制内去争取主导政府投资工程建设控制权，以此来获得额外收益。这里官僚和其部门的利益是高度一致的。通过这三种途径，政府官僚可以将其利益达致最大，但整个代建委托链条的稳定性也丧失殆尽。

6.2 代建制下政府官僚利益最大化策略之一——寻租

简单来讲，政府投资工程建设中的寻租行为是一个过程的两个方面：官僚的设租与代建人的寻租，其本质是一种权钱交易过程，寻租是钱到权，设租是权到钱。为了叙述方便，很多时候我们将这两个方面都笼统称为寻租。

6.2.1 代建制中官僚主动寻租的诱因

制度的设计对于抑制寻租活动来说至关重要。不合理的制度因素会诱使行政力量创租，形成巨额利润，在此吸引下，不同个体采用非市场方式进行寻租，导致收入的重新分配，整个过程并没有增加社会的总收益。如我国经济学者贺卫、王浣尘（1999）认为协调失灵产生了寻租社会，而租金来源于政府的无意创租、政府被动创租和政府主动创租这三种创租方式中。[①] 雷平、王孝德（1999）认为权力寻租从本质上来说是行政对市场的干预——"看不见的脚"踩住了市场经济的自由竞争规律这只"看不见的手"，要抑制权力寻租、彻底治理腐败，就要实行制度上的创新，减少租源等。[②] 于健

① 贺卫，王浣尘．市场经济与转型期经济中的寻租比较［J］．经济科学，1999（6）．

② 雷平，王孝德．权力寻租："看不见的脚"踩住了"看不见的手"［J］．重庆社会科学，1999（2）．

慧（2006）认为寻租性腐败是客观存在的。在分析了权力寻租危害的基础上，文章重点提出了寻租的解决之道：制度治理和权利管理。①

在经济学教授麦克切斯内（1987）看来，政府寻租有两种表现形式：权力的创租和权力的抽租。权力创租是指政府官僚人为地利用手中的行政权力进行干预，使其他机构（如代建人）在其诱使下向其进贡，互相交换利益筹码的行为。权力抽租则是政府官僚故意在某些场合下，以某项政策作为威胁其他机构（如代建人）的利益的条件，使这些受威胁的机构不得不以“交租金”的方式寻求安全的处境。② 这两种方式都是政府官僚利用手中的行政权力主动设租，干预正常的市场规律来获得自身利益最大化的表现。在代建制下，利用手中既有的权力去设租，或者说被代建人寻租可能是政府及官僚利益最大化最直接便利的选择。

在中国的现实环境中，寻租行为中官僚的主动性更高有着以下几个原因：违规成本低，权力得不到约束，产权约束下官僚无剩余索取权。

官僚寻租并不是稀罕事。然而在我国现实的国情下，政府投资工程领域成为官僚主动寻租行为频发的温床，主要有着以下几个原因：

（1）直接原因就是寻租活动可以带来巨大的经济利益。政府投资工程包括代建项目历来都是投资高、期限长。在投资上，少则几十万元，多则几百亿元，数目可观。政府主体作为代建项目的投资者和全过程的监管者，对资金的流向可以说是了如指掌。在这么巨大的经济利益诱惑前，作为理性经济人，一旦出于自利性的考虑，动一动手脚，就可能有不菲的收获。

（2）行政权力约束力不强甚至是无约束。在我国的行政体制中，行政力量较强，市场经济发展的不完全也导致政府管制和干预市场的程度较高。行政权力的约束机制不健全或者缺乏导致政府及其官僚作为经济人，就可能利用手中的行政权力，干预决策制定和实施，介入公共资源的配置，主动与权力的需求者互相勾结，谋私利，寻租金。

（3）违规成本低于寻租行为得到的“租金”。我国正处于制度变革时期，政府在全力发展时，管理就会出现松懈的状态，权力的拥有者和使用者在使用权力时就有较大的弹性空间。而权力的弹性可以大大减少寻租的成本和风险，加之法治的不健全，政府官僚在进行寻租活动时，通过成本—收益

---

① 于健慧．权力寻租性腐败的危害及其治理［J］．行政论坛，2006（2）．

② Fred S Machesney. Rent Extraction and Rent Creation in the Economic Theory of Regulation［J］. Journal of Legal Studies，1987，16（1）：101－118.

的权衡就会发现违规成本低于"租金"，这种便宜当然能捞则捞。

以上几点都使得官僚寻租的机会主义成本降低，这就大大增加了官僚寻租的兴趣和主动性。

6.2.2 代建制下的寻租行为

在政府投资工程这块大蛋糕的诱惑下，政府官僚作为理性而又自利的经济人，主动寻租的冲动愈发强烈。在代建制过程中，政府部门或官僚作为委托人，对代建工程的各个环节都可以行使行政监督权，权力依旧集中。出于自利性，他们就容易利用手中的权力进行非法活动。我们这里重点以几个特别容易产生寻租现象的环节——代建人选择、项目概算、代建费确定和项目验收——来对其中的寻租行为进行解读。

1. 代建人选择环节的寻租行为

一定程度上来说，政府部门或官僚寻租产生的条件是存在限制市场进入或市场竞争的制度或政策。如上章所叙，在目前各地方的代建制实践中，公开招投标选择代建人是有准入制配套的。有限制性存在，就有了寻租的空间。

代建人选择这一环节主要包括按资质评定代建人和通过招投标选择具体的代建人。在这一环节中主要体现出来的委托代理关系就是，政府部门作为委托人，在市场化的条件下，选择符合要求的代理人，也就是代建人。但就我国代建制改革的现状来看，在代建人选择上有不少问题，如准入制度设置不明确、资质管理不严、标准不一等。对于具有选择权的政府部门或官僚个人来说，在相关法律法规不健全的情况下，权力之间没有有效的制衡，自由裁量权就变得很宽泛和灵活。

在代建制改革中，许多具有评定资格的代建人仅仅是从原来的建设单位、工程咨询机构、建设监理公司、工程承包公司等转型过来的，其经济实力、人员队伍素质、内部治理结构、技术水平和管理水平等各方面不能完全达到代建人应有的水平。在对其选择上，政府在信息上往往具有优势。这样一来，官僚寻租的成本就很低，而监督成本高导致监督力度不够，政府官僚可以用很少的付出甚至不付出就可以获取租金和自身利益的最大化。

在具体的操作过程中，政府官僚主要可以依照自身的需要，自设评定标准，暗箱操作；或者将原本是隶属于政府部门的或熟识的建设单位、工程咨询机构、建设监理公司、工程承包公司重新挂名，转型成代建人，实质上并没有改变公司的性质。在代建制招投标过程中的寻租机会很多。如在招标方式上，非竞争性的邀标和协商议标，特别是直接发包等方式就有机可乘。政府部门或官僚个人可能通过手中的权力直接规定采用何种招标方式，而不是通过正常的竞争性招标方式选择代建人。投标单位在报价时，就可以高报价格，将送给部门或官僚个人的租金也包括在内；取得代建权后，就将这一部分报价转移到他们手中。另外，要想获得高额利润，就可以对相关领域或行业（建筑市场）进行行政垄断，干预市场竞争规律。政府部门或官僚在经济人理性的驱动下，就有可能通过这种方式来取得租金。

2. 项目概算环节的寻租行为

依据我国的相关规定，对于政府投资占主导地位的非营利性政府投资工程一般都是由政府通过财政拨款的方式进行直接投资。本书将讨论的政府投资工程限定为非营利性政府投资工程，这也与目前代建制改革中各项相关的政策法规相符合。

某种程度来讲，政府投资工程建设里也有个财政约束问题。建设工程在施工立项前都会委托造价部门为工程的总体建设费用进行预算，以便更好地让资金流入项目，完善业主对项目风险的控制，也就是进行项目概算。

就项目概算本身来讲，它是一项专业性较强的工作。然而从我国目前的状况来看，项目概算存在以下几个问题：一是项目概算审批决策体系不科学；二是项目建设标准及项目招投标造价的指标体系不完善；三是存在信息不对称，政府投资主管部门通常处于信息劣势地位；四是代建制改革不成熟，对政府投资工程项目概算约束力不强；五是政府投资工程概算审批缺乏有效的监督机制；等等。这些不确定性导致项目概算往往存在偏差，也使得一些部门或官僚在审批概算时有设租的空间和可能性。

首先，对于代建人来说，项目概算和代建费用直接挂钩，在自身利润和风险评估的双重考虑下，代建人一般会有高估预算的需求。这使得政府官僚主动寻租的可能性大大增加。官僚在项目概算环节，通过高估冒算，使投资高于实际预算值，从而为发包、承包过程中的索贿、行贿提供了资金来源，在工程开工前，就使大量资金流入个人腰包。

同时，由于组织内部自身的无限扩张性，政府部门倾向于通过各种手段不断扩张部门规模，并千方百计地巩固和扩大部门的决策、监督、资金拨付等行政权力。这就是作为"经济人"的政府部门对部门自利要求的考虑。在投资预算上主要表现为政府对部门预算和项目概算的追求。政府投资部门作为项目的投资者，出于利益最大化的考虑，就有动机去追求预算的最大化，特别是在项目的计划阶段和决策阶段，行政权力更容易干涉其中。尽管其他相关政府部门也拥有监督权，但在我国现行行政体制下，各部门交叉分散管理的方式使得监督成本过高，在无人愿意承担风险和责任的情况下，监督成为空谈。

3. 代建费确定环节的寻租行为

我国现阶段代建取费普遍参照建设单位管理费标准，全国没有统一的取费标准，各地代建费提取五花八门。如《北京市政府投资建设项目代建制管理办法（试行）》中有关代建费的规定表示：在正式批准项目的年度投资计划后，要根据项目具体进展情况，按实施进度拨款。前期代理单位管理费与建设实施代建单位管理费最高可按管理费总额的3:7比例确定。[①] 在重庆模式中除了采用规定的管理费用标准外，预算内投资有节余的，按节余资金部分的30%作为对建设实施代建单位的奖励。[②] 代建费用取费标准不一，但普遍呈现出取费标准较低的现象，这与代建单位的权力和责任产生冲突。代建单位就有可能寻求别的方式来弥补自己的损失。

在项目施工过程中，具体代建费用的取得还需要通过政府部门的审批和核实。而审批层次过多是我国现行行政体制的特点。政府相关部门或官僚个人在自利性的驱动下，存在着主动设租的动力：既满足了代建人的建设和资金使用的要求，还可以满足自身利益的获得。

4. 验收环节的寻租行为

项目建成后，在投入使用之前，项目必须由业主或使用单位验收检查，这就少不了作为业主和使用单位的政府相关部门的参与。行政权力的参与，加大了权力寻租、权钱交易等可能性。在这一过程中，没有明确的责任主体，存在多方验收人员，加之工程验收工作具有一定的专业性以及验收任务的复杂性，导致验收成本增加。另外，还存在验收工程资料的片面性等一系列问题，导致竣工验收的结论的好坏并不具备说服力，反而存在一定的弹性空间。代建人和承包商通常急于完成项目的建设，希望尽早通过验收，从而得到自己的经济利益。

对于相关部门及其人员来说，代建项目往往工期长，工程量巨大，加上验收工作的专业性比较强，逐一去验收是不可能的，成本往往会很高，项目验收很多情况下只是在形式上做文章。加之官僚作为政府公共权力的代表，往往希望在业绩上也能有所贡献，这就促使他们希望加快代建项目的完成进

① 北京发展和改革委员会．北京市政府投资建设项目代建制管理办法（试行）．2004.

② 重庆市人民政府．重庆市政府公益性项目建设管理代理制暂行办法．2003.

度，尽快地使用项目，从而增加部门或个人的绩效。在这一过程中，政府官僚还可以利用手中的权力获取额外的经济利益，而无需付出过多的成本，满足其对自身利益最大化的需求。

案例6.1总结了政府投资工程建设中寻租行为高发的几个环节。

【案例6.1】政府投资工程建设中寻租行为高发的环节

据宿迁纪委对工程建设领域的腐败案件总结：建设领域有关部门掌管着一定的行政审批权和资源配置权，具备权钱交易的条件。如果长期对领导干部权力缺乏严密有效的监督，很容易发生腐败现象。少数关键岗位人员，特别是一些重点单位负责管理人、财、物及项目资金的中层岗位负责人，长时间在同一岗位，缺乏有效的监督制约。一些单位的日常财务审计、政务公开等监督措施流于形式，对存在的问题视而不见，有的甚至帮助掩盖，致使一些小的问题日积月累，终至产生严重的后果。监管不能到边到底，存在缺位或死角，有的腐败行为直接游离于监管的视野之外，致使上面“不易管”，群众又“管不到”，给少数人违纪违法提供了便利环境。

发案环节比较广泛。通过剖析大量案例，我们发现，腐败行为已渗透到工程建设的全过程和主要环节，一个工程建设项目从立项审批、规划管理、土地出让、招标投标到建设施工、质量管理、物资采购、资金拨付到最后竣工验收，每一个环节都有可能发生违法违纪案件，其中在土地出让、规划管理、招标投标、资金拨付这几个环节，违法违纪案件比较集中。[①]

6.2.3　寻租行为对代建制的负面影响

1. 官僚寻租行为对代建制改革的阻碍

代建人在实际运作中的自主权过小，是代建制失败的重要因素。对此的浅层解读是政府旧有的管理思想和管理模式没有转变，职能还没有及时转变。但是如果深究一步的话，为什么不及时转变，有什么阻力吗？那么通过本章的分析，从官僚自利角度去解读的话，可能就比较清晰了——政府职能转换不到位的本质原因是官僚不愿意放弃权力。因为如果真正按代建制设计的初衷的话，代建人实际应该拥有全面的管理权，包括对设计、监理单位还

① 王建国．全市工程建设领域典型案例剖析情况通报［EB/OL］．http：//epaper.sqdaily.com/sqrb/html/2011－01/31/content_213939.htm.

有各类建筑承包商的选择权、惩罚权，以及对工程的现场变更、工程款支付等一系列业主权力。有了独立的权力，才能要求代建人承担工程问题的责任。但是这样的话，政府官僚的权力就大大减少，上面讨论的诸多寻租空间就消失了，随之其利益就会极大受损。因此就不难理解代建制改革至今总是走样，说是代建人来协调管理各类承包商，但是最后无论是选择权力还是评价权力，都在政府手中，无论是代表政府投资的委托人还是工程使用单位，全部插一脚在里面。其最根本的原因就是权力如果真正交与代建人，官僚就丧失了获得租金的基础。

这种各个环节的寻租实际就是各种行政权力对代建制合理权责配置的扭曲，也因此才有人担心代建制无非是另一个监理制，最后变成了一个仰政府业主单位鼻息的累赘环节。

2. 官僚寻租行为加重了代建人投机的倾向

前文主要是以代理人的机会主义为逻辑起点，只是讨论了代理人的各种投机行为。而本章的讨论指出官僚委托人同样存在机会主义，而且其行为最终会导致代建人投机倾向更严重，对工程建设的危害更大。

政府官僚个人的主动设租行为使得代建人必须在合同规定的利益之外寻求额外收益。甚至有时候是不得不向官僚"进贡"，以此来获得其应得的利益。代建人一旦行贿之后，在成本与收益上锱铢必较，行贿的投入一定要从利润上捞回来，偷工减料、粗制滥造等行为难免发生。① 本来代建制在工程领域的推行，是为了遏制各类承建商的投机行为，现在代建人也成了投机的主体。

3. 寻租行为导致政府投资工程领域腐败丛生

政府投资工程历来都是权钱交易、官员腐败的重灾区。多年来，我国职务犯罪最多的就是集中在工程建设领域。在一些重大工程密集上马的地区，涉案人数和金额成倍增长，令人触目惊心。这其中就不乏非营利性政府投资工程项目中出现的腐败现象。代建制改革在政府投资工程领域的推行，其中一个重要的任务就是引入市场竞争机制，有效遏制工程腐败等问题，是科学合理的；但是在实际的改革过程中却走了样，出现了不少由于政府权力寻租而产生的工程腐败问题。有一句话形象地概括了这一现象，叫做"大楼建起来，官员倒下去"。

---

① 宋伟．行贿犯罪档案查询：剑指工程与政府采购腐败［EB/OL］. http://cpc.people.com.cn/GB/64093/82429/83083/17182363.html.

例如，在一个代建项目中，120万元的基础建设项目施工工程，主要负责官员竟然受贿了20万元；在另外一起案件中，官员段某从一个100万元的工程项目中“狮子大开口”索贿38万元。[①] 这六分之一甚至三分之一的工程款都拿去行贿了，这些工程的建设质量可想而知。这并不是个例，政府部门及其官员与代建人进行权钱交易的情况不是个别现象，近年呈蔓延之势。

代建制成为权力竞争的舞台，权钱交易和腐败现象没有得到遏制反而更加猖獗，如何堵塞代建制中的各类寻租空间，成为进一步改革的难题（案例6.2）。

【案例6.2】不能让代建制沦为“遮羞布”——江苏省老年公寓项目建设中的腐败案

2005年，作为江苏省政府十大社会事业项目之一的省老年公寓项目开始启动，2007年确定对该项目实行代建制，然而到如今这个项目还未完成。早在2003年项目立项时，某装饰公司的经理章铎就别有用心地通过朋友介绍、热情接待、送贵重礼物和项目业务交换等方式，结识了作为项目负责人的王凤亭和后来的负责人郑际明。

从项目负责人郑际明那里得知项目启动的消息后，章铎以项目中的部分业务作为交换筹码，拉拢熟识的招投标专家刘某帮助策划，由南通某建筑公司出面承担土建工程。为了应付代建制，他还拉拢江苏某咨询公司，计划让其做招投标代理并行使业主权。准备工作就绪，关键人物就是拥有工程发包权的负责人郑际明了。

郑际明在之前就与章铎达成了“共识”。所以在接下来的招投标环节，郑际明就开始发挥作用。第一步就是投标单位名单的确定环节。郑际明采用了暗箱操作的手段，表面上采用网上公开征集的方式选择入围的投标单位，实际上他早已暗自将江苏某咨询公司纳入入选范围。在考察期间，作为评审成员之一的郑际明凭借其特殊身份和地位，向考察组积极推荐这家单位。终于在2007年的5月份，郑际明通过自己的“帮助”，使江苏某咨询公司顺利成为老年公寓项目代理招标公司。

第二步就是操控招投标环节，选择代建人。郑际明多种明招暗定的手段轮番上演：间接透露竞标单位的名单、直接透露代建招标文件、拉拢熟人进

① 李娜．一些项目三分之一工程款被拿去行贿［EB/OL］．http：//epaper. legaldaily. com. cn/fzrb/content/20111210/Articel05001GN. htm.

入评委小组、收受贿赂等。结果如他们所愿，南通的这家建筑公司顺利取得代建权，负责老年公寓的代建工作。在这一过程中，南通这家建筑公司就分别给过郑际明5万元、王凤亭10万元的贿赂金。另外，还有一位桩基公司的经理也是一名行贿者，几年来，他是郑际明吃喝玩乐的“提款机”。在接到举报后，寻租活动才得以停止。

仅仅在代建制的代建人选择阶段，具有发包权的政府官员郑际明就利用招投标的寻租空间，通过手中的权力，以部分项目业务的承建权作为筹码，与代理招标公司、代建人、评标专家等主要参与主体相勾结，在代建人选择阶段直接参与串标、围标。并且他在这一过程中收受他们的贿赂金，接受他们的热情款待等好处，使得代建制成为政府官员寻租活动的遮羞布。①

6.3 代建制下政府官僚利益最大化策略之二——合谋

官僚为降低交易成本，减少被惩罚的风险，会选择与代建人或其他主体合谋，来实现自身利益最大化。合谋虽然意味着官僚要让度部分的租金与其他主体分享，但从回报的长期稳定以及过程的隐蔽安全来讲，合谋是官僚更理想的利益最大化策略。目前政府投资工程领域各种串案、窝案的频发对此就是个很好的注脚。②

6.3.1 合谋及其对官僚利益最大化的作用

1. 合谋理论概述

合谋理论在最开始的时候主要用于经济领域，采取一种静态的框架下研究产业间组织的合谋行为，解释企业间的价格竞争。如美国经济学家张伯伦(1929)③ 在其垄断竞争论中提出默契合谋论，认为生产同类产品的寡头垄

① 崔洁，等. 不能让代建制沦为“遮羞布”［EB/OL］. http://news.sina.com.cn/o/2010-02-02/012317028778s.shtml.

② 这里需要说明的是：“腐败现象的本质就是权钱交易”这一点，寻租理论已经说得非常清楚了。笔者之所以又用合谋理论去对腐败问题进行深入讨论，主要是因为政府投资工程领域的官商利益共同体、小圈子腐败、利益实现非货币化等现象，用合谋理论去解释可能更直接和更贴切。另外，本节在讨论时，兴趣点主要放在官僚所主导的合谋行为上。

③ Chamberlin. Duopoly: value where sellers are few［J］. Quarterly Journal of Economics, 1929(43): 63-100.

断企业之间很清楚他们必须相互依赖才能更好地生存下去，价格战的残酷性超过削价的诱惑，促使他们用一种纯粹非合作的方式进行勾结，从而维持其垄断价格。

随着合谋理论研究的扩展，学者们渐渐发现合谋理论不仅仅适用于生产类企业之间，在组织内部也适用。在一定程度上来说，在任何多层委托代理关系下，合谋都有可能发生。根据 Bente Villasen（1995）① 的分析，在有可供选择的行动集使得合谋主体的收益高于所付出的成本的情况下，合谋就有可能发生。但合谋的存在需要一定条件，它是委托代理关系中一种有条件的非正常现象。在赵文华（1998）② 等人看来合谋发生的基本条件有三个：一是多层委托关系。因为只有一层委托关系时，代理人之间就不存在合谋问题，这时的代理问题主要表现为道德风险。二是拥有权力（如绩效权、决策权）。如果一个代理人没有上述的这些权力，那么他就不可能为他人带来额外的效用，其他代理人也就没有动力与他合谋。三是委托代理双方信息存在不对称。一方面是代理人相对于委托人来说处于信息上的优势地位，即委托人对现实情况的了解和关于代理人努力程度的信息没有代理人充足和完全；另一方面是委托人难以观察到代理人之间的子契约（或合谋行为），或者由于观察到的成本很大，委托人不愿去揭穿或处理合谋行为。

在 Laffont 等人（1997）③ 的研究范式中看，合谋一般存在三个主体：委托人、监管者和代理人。在这种三层级的结构下，有两种主要的合谋方式：一种是代理人之间的合谋，一般发生在高效率的代理人和低效率的代理人之间，他们权衡效率和信息租金之后，就有可能结成联盟，即后来学者提到的横向合谋；另外一种是当激励不足时，处于信息优势地位的监管者可能为了谋取私利和代理人结成联盟，即代理人和监管者之间的纵向合谋。当然，无论哪种方式，都是以上层委托人利益损失为代价，来增大合谋者的利益——金钱、地位、荣誉、人情等，使其作为理性经济人达到利益最大化。

2. 代建制中利益最大化下的合谋动力

我们从官僚及其利益最大化的角度出发，并且为讨论方便，我们选定公

① Bente Villasen. Communication and delegation in collusive agencies [J]. Journal of Accounting and Economics, 1995, 19 (2/3): 315-344.

② 赵文华，安立仁，席酉民．国有企业中共谋问题的研究［J］．中国软科学，1998（8）：91.

③ Laffont, Jean-Jacques, David Martimort. Collusion under asymmetric information [J]. Economet-rical, 1997 (61): 875-911.

共利益委托人、官僚、代建人三者为本节的主要讨论主体，如图 6.2 所示。在此限定下，官僚主要有两种合谋方式，即政府部门官僚之间横向合谋以及官僚与代建人之间的纵向合谋。

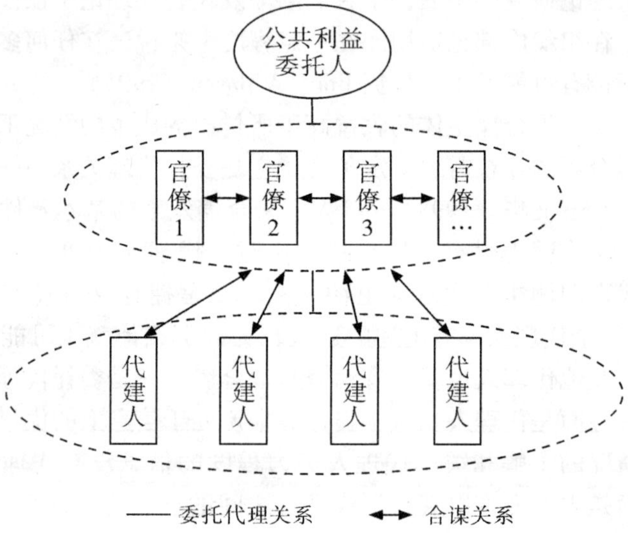

图 6.2　官僚利益最大化下的主要合谋关系

代建制在政府投资工程的应用过程中，产生了不少合谋现象，造成了很恶劣的影响。根据合谋理论，合谋并不是必然会发生的，还需要一定的动力诱使、条件配合才能发生。合谋者在成本—收益的权衡下，合谋的动力和收益的诱惑超过了合谋的成本和风险，使得合谋者以某种非正常的方式进行勾结。从官僚利益最大化的角度出发，代建制中合谋行为产生的动力主要体现在以下几个方面：

（1）达成合谋有利于交易成本的降低。对于单次的寻租行为来说，交易成本是比较高的。如果进行一两次的勾结行为，无法使官僚与代建人之间维持长期的纽带关系，互相之间还缺乏信任，无法为背叛行为作担保。官僚与代建人要通过种种试探，才能达成交易。在具体的实践过程中，官僚也更愿意收受合谋人的租金。因此对于官僚来讲，寻求以及形成一个固定和长期的关系，会大大地降低其中的交易成本，向利益最大化的道路前进。

（2）达成合谋有利于违规风险的降低。达成利益同盟后，合谋者之间的子契约很难被外界观察到，具有较强的隐蔽性，这就降低了被惩罚的风险。合谋关系确立后，官僚利益实现的方式更隐蔽、更多样。例如在纵向合谋关系中，官僚与代理人从对立角色转换为合作角色。在上级委托人获取信息的过程中，合谋者的任何一方就有可能蓄意将真实信息进行修改，使被修改过的信息有利于合谋联盟中的其他方。由于合谋者之间的合谋关系是稳定的、长期的，官僚就可以选择在未来兑现利益，这就加大了监管难度，且易于逃避外界监管。总之，合谋行为的隐蔽性大大降低了官僚因变现手中权力而被惩处的风险。

（3）达成合谋有利于合谋者利益共同扩张，达到利益最大化。在单次寻租行为中，在契约的总体利润固定的前提下，官僚获得租金就要从代建人的预期利润里扣除，官僚与代建人之间只是一种利益重置关系。而合谋形成之后，合谋者可以在牺牲上级委托人利益的情况下，扩大本来被限定的利益空间。利益空间的扩大，也就自然地扩大了合谋者的利益，并向最大化推进。

6.3.2 代建制中合谋的形成及其表现

1. 代建制中合谋的形成

对照以上理论会发现，合谋发生所需要的关键要素和基本条件，代建制都具备：多层委托代理链条，信息高度不对称，各主体拥有不同的权力要素，等等。但是，除了官僚有动力去通过合谋实现利益最大化外，在客观上还需要一定的现实条件相配合。我们下面就讨论在代建制的应用中合谋现象高发、成泛滥之势是如何形成的。

如图6.3所示，代建制中合谋现象很多是在中国转型期多方因素共同作用下形成的。当然，作为理性经济人的各个参与主体自身存在的自利性或许是最原始、最重要的原因。除此之外，制度上的缺失——法律法规的不健全、监督机制的不健全和诚信体系缺失是合谋形成的主要外部原因；代建程序上的不合理，以及建筑市场的不完全——供求失衡、地方保护、行业垄断等是代建制环境的特殊性原因。另外，合谋者之间的激励不足、信息不对称等都有可能造成参与主体之间的合谋。

第一，整体外部环境存在漏洞。目前中国处于转型期，政府与市场行为都处于一定的失范状况，存在制度缺失、法律不健全、诚信体系缺失等漏洞。官僚与代建人两个群体出于自利性，有强烈的机会主义冲动。在两个群体合意的基础上，加上政府官僚激励失衡和缺乏约束，合谋也显得不再稀奇。

第二，合谋者拥有可供交换的筹码。拥有权力的一方能够利用权力为他人带来额外效益，手握着资金和业务则是另一方的合谋筹码。在代建制下，

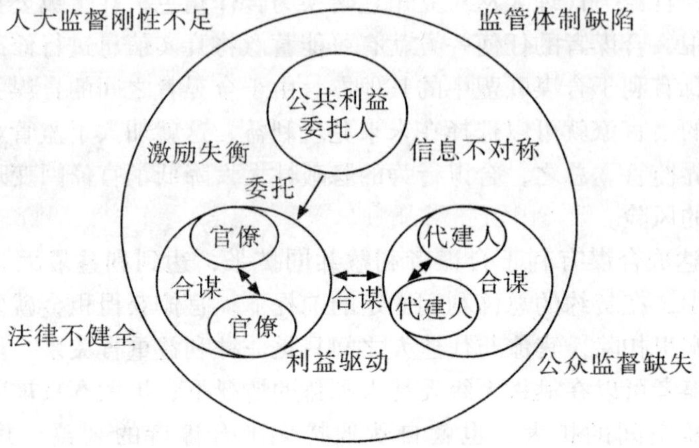

图 6.3　代建制下合谋的形成

资料来源：周金娥．建设工程招投标中横向合谋现象分析及治理机制研究［D］．天津：天津大学，2010．（有改动）。

拥有发包权和监管权的政府官僚要想将手中的权力待价而沽，就需要寻找转换权力的媒介。在代建制中就是通过代建人实现权力的转换。而代建人要想承担具体代建业务，必须把代建权拿到，这就需要官僚的帮助。在双方筹码足够吸引对方时，合谋行为也就顺理成章。

第三，公共利益委托人的特殊地位。公共利益委托人在整个代建制过程中，是一个宏观委托者的角色，依赖具体的官僚去监督。然而代建工程往往投资大、周期长以及建设复杂，导致监督成本较高。而且，受其所处位置所限，公共利益委托人拥有的信息远没有政府官僚与代建人拥有的多，我国目前的制度安排又加强了这个问题，导致监管缺失。

第四，合谋形成的成本过低。一般来讲，在重复博弈后，合谋双方之间的熟悉程度高、认同感强，并且能够相互信任，这样就容易形成长期性的合作联盟。在代建制改革中，具有代建资质的单位一般是由原来隶属于政府部门的或熟识的建设单位、工程咨询机构、建设监理公司、工程承包公司重新挂名而来，相互间比较了解，信息不对称程度相对较低，合作的机会也较多。这样一来，他们合谋的成本就会很低，从而合谋的可能性就很大。

第五，合谋风险低。合谋行为一旦被查处就需要付出一定的代价，一般包括处罚金、损害赔偿、刑罚、声誉受损等。就目前的代建制改革的实际操作过程来看，激励机制不足、法律法规不健全、查处难度大等造成了政府监督机构对合谋行为不仅惩罚力度小，而且查处率低。

如此看来，代建工程中相关的官僚等主体出于自利性，在合谋筹码足、合作意向高、合谋成本低、合谋风险低等情况的推动下，一拍即合，形成多重合谋。

2. 代建制下合谋的表现

(1) 合谋范围扩大化。代建项目一般都涉及面广，环节多。官僚和代建人、各承包商等往往是多环节多方进行合作，甚至是全方位合作，形成牢固的合谋关系。官僚可以将手中的权力转换成其他的利益，代建人等通过连带性的多头行贿取得代建权。合作次数愈多，合谋者之间的熟悉程度愈高，成本愈低。加上考虑到安全及方便等因素，在没有有效的制度约束下，合谋者愿意主动在权力架构中寻找更多的合谋者。因此政府投资工程领域的合谋范围可能会超越前文所述，牵涉到下游的承建商，以及上游的各级政府权力。局部合谋逐渐发展成为全局合谋，“窝串案”频发，合谋行为不断蔓延。

(2) 合谋主体多元化。随着合谋范围的不断扩大，合谋的主体也呈现出多元的倾向。相关部门已经查出了不少合谋案件。从已查处的合谋案件来看，合谋主体包括相关主管部门、监管部门负责人、项目代建负责人、社会中介机构的有关人员、评标专家以及党政领导干部等。从官僚的表现来看，有的利用手中职权干预代建项目，以时间紧、开工急为由，逃避招投标环节或随意更改招投标方式；有的在各种场合下向代建项目参与方暗示自己的利益需求；有的直接让受其控制的代理人或代建人出面取得代建权，以此谋利。

(3) 合谋手段隐蔽化。即使我国目前已经实施了一些监管机制和违规查处机制，但是合谋行为还是屡禁不止。其中原因就是现在的合谋行为越来越隐蔽，手段越来越高明。上有政策，下有对策，合谋者为了躲避被查出的惩罚，不断地变换合谋方式、更新合谋手段。在很多情况下，原来的直接收受财物方式已经逐渐被业务入股、工程分红、收受购物卡、退休后安排职位等形式所代替。另外，不少官僚还将由权力转换而来的利益转移到自己的家属等特定关系人身上，为他们谋利。这样一来，就使得合谋的手段更加隐蔽，查处难度也因此加大。

6.3.3　合谋行为对代建制的危害

1. 合谋导致对代建人的监管完全失效

对官僚的监管不严是合谋产生的重要原因，而合谋的一个突出危害是官僚放弃自己的监管角色，而对代建人监管不力。

首先，实际上代建人如果没有官僚的配合，也许一次投机还能成功，但是多次博弈下很容易被淘汰；只有官僚放弃监管责任，才可能出现代建人投机行为屡屡得逞的现象。换句话说，合谋必须有官僚的参与，纯粹代建人与代建人之间的合谋是不可能畅通无阻的。

其次，官僚要想降低风险，成功地实现合谋，官僚自己也要去打通各种关系，在权力架构上不断拉拢其他官僚，为自己铺路；甚至在制定监管政策或条例时还会故意给自己留空子，以加强合谋的隐蔽性。因此，很多监管制度的设计从最初就有问题，留下了各种漏洞，以便官僚自己利用。

更重要的是，参与合谋的官僚本身就是代建工程的监管者。官僚不可能在与代建人合谋的同时，还去履行其监管的职责。即使受身份限制必须去履行监管，也只是从表面上执行，更不会自己查处自己的合谋行为。监管能力不断下降，监管行为无法真正落实，进一步加深了监管的困境。而且官僚通过使用隐蔽的手段，帮助可能不符合条件的代建人（合谋者）获取代建权，违背了代建市场的的竞争原则，扰乱了正常的市场秩序，使得正常的市场监管无法起作用。

总之，监管者无人监管，且与被监管者合谋是前文讨论的代建人监管失效的最本质根源。

2. 合谋致使代建项目价格虚高、质量低下

不管是对官僚之间来说，还是对代建人来说，形成合谋关系就需要各自付出一定的成本。尤其是在代建人为了取得代建权时，为了从激烈的竞争中脱颖而出，不得不加倍提高合谋筹码，最后可能导致代价过高。然而，代建人作为市场主体，不论在什么情况下谋求公司利益的最大化是其终极目标，所以一旦获得了代建权，代建人就会在之后的工程建设过程中，通过进行工程变更、随意增加工程量、提高材料价格等，导致工程价格虚高；或者在材料上以次充好、在建设中偷工减料等，以此来弥补之前的损失。在这种条件下，代建项目隐患多多，质量低下。

3. 合谋严重侵蚀公共利益

不管纵向合谋还是横向合谋，其共同点都是公共委托人的利益最终受损。在代建制的委托代理链条中，唯一具有委托人身份，又没有参与合谋行为的就是公众。非经营性政府投资工程建设的本来目的是给作为初始投资人的社会公众谋福利，实现公共利益。但事与愿违，代建制中政府部门及官僚出于对利益最大化的追求，与其他主体形成合谋，隐瞒上级政府和社会公众，套取投资资金，结果往往是增加了某些个人的利益，却加大社会公众与政府之间的信任鸿沟，损害了整个社会福利，具有较强的负外部性。

4. 合谋使腐败更加难以治理

当一个领域合谋形成之后，退出也是需要成本的。如果代建人不与政府或官僚个人合作，则有可能利益受损，甚至被迫退出代建市场。因此，代建人会采取合作的方式，以获得政府官僚的长期信任。这样一来，合谋活动就容易导致代建人的机会主义心理加重，恶化投机行为。代建人行为变得扭曲，不在自身的资质、生产成本上加强竞争力，而是走旁门左道，以各种手段与相关权力人进行合谋，这又反过来助长官僚合谋的积极性。如此不断循环，恶性发展，导致腐败现象越来越多。

尤其在近些年来，代建制改革中出现的合谋现象有了新的表现，那就是合谋关系越来越复杂，手段越来越隐蔽，增加了不法行为的猖獗度，加大了对相关人员监管和责任追究的难度，使得腐败行为更加难以治理。如果没有严格的监管机制去隔断合谋网络的话，最后的结果就是整个领域的沦陷。

6.4 代建制下政府官僚利益最大化策略之三——利益部门化

官僚获得租金的前提是他手中握有权力。在政府体系中，有多种因素能够影响官僚权力的大小，除了官僚自身所处的职位外，其所处部门的职能也是一个重要的变量。因此官僚利益最大化的实现往往也要借助于其所属部门权力的扩张来实现，换句话说，就是部门权力争夺背后的根源仍是官僚利益在作祟。在实践中，官僚更愿意借助部门发展的名义来实现自身利益，这样做也更具有隐蔽性和迷惑性。

6.4.1 官僚利益的部门实现途径

我国经济政治体制的转型，给原有的利益结构带来了不少变化。政府部门在职能转换时就出现不少问题，如有些官僚打着为政府部门谋利的幌子，实际上为个人谋取利益最大化。

首先我们来看看什么是部门利益。王检（2006）① 认为部门利益是某些政府部门在其行政特权的行使过程中，通过合法或不合法的收费手段获取的经济收益，而这部分经济利益来源于非财政预算的经济收入，并且由本部门

① 王检．政府部门利益化的现状研究［J］．知识经济，2010（5）：76－77.

的全体人员所消费。江涌（2006）① 认为部门利益就是行政部门追求部门局部利益，变相地实现小团体或少数领导的个人利益，违背维护公共利益这一初衷，本质上也可以说是"权力衙门化"与"衙门权力利益化"。实际上，政府部门的利益既有合法利益也有不合法利益，有其两面性。一方面，政府部门作为公共权力机关，在职责上必须服务于维护和增进公共利益；另一方面，政府部门处于权力结构上比较特殊的地位，作为独立的经济人，它就有可能利用手中的权力为其所在的部门或官僚个人谋取利益最大化，这种"不合理不合法"的利益追求就是政府部门利益。

从目前的现实情况来看，部门利益主要有三个表现：一是权力部门化，也称行政权力部门化或公共权力部门化；二是部门利益化或者部门权力利益化；三是利益法制化，或称部门利益法制化。

（1）（行政）权力部门化。这一般是指官僚从本部门的局部利益出发，利用掌握的行政权力谋取局部利益，重视对部门利益的获取，而置公共利益于不顾，忽略集体利益或公共利益。加上组织固有的内在扩张性，促使政府部门在行使权力时，不断巩固和扩大其职能。特别是在政府进行改革时，部门就会趁机行事，通过权力寻租、权力明放暗收、讨价还价、侵占权力、推脱责任等形式将公共权力转换成本部门权力并不断地进行扩充，使得权力逐渐部门化。

（2）部门（权力）利益化。这是指作为行政主体的政府部门，在行政权力的行使过程中，不断追求的是特殊的部门利益，并将既得的行政权力通过执行公务等方式进行转换，谋取部门在横向和纵向上的私利。前者指的是在同一等级或同一个政府不同部门之间，对部门利益的追求；后者体现的是不同级的政府部门之间，如中央政府与地方政府、上级政府与下级政府部门之间的自利行为。这实际表现在部门努力巩固和争取有利职权进行收费（如审批、收费、处罚等），同时逃避该负的责任，集中体现为超编（部门领导通过扩张政府部门来扩张自己的权力）、超支（突破财政预算、截留预算收入和拓展预算外收入）倾向，极端体现是部门领导个人或集体腐败。

（3）利益法制化。政府各部门在起草有关法律、法规，以及制定规章、条例和政策时，都倾向于争取和维护部门利益，以此来获得某些法律执行权，进而取得相对应的财权、资源配置权和机构设置权。利益法制化可以给部门或官僚个人带来很多好处，如可以通过行政立法来巩固自己的职权范

---

① 江涌．中央政府机构中的部门利益问题值得警惕［J］．廉政瞭望，2007（2）：22－23.

围，保护好自己的职权后还可以通过法律、法规插足原本不属于自己的职务范围，以此扩大自己的权力，甚至可以形成垄断权力；或者通过权力谋取利益合法化，甚至与其他部门进行妥协和“分赃”；还能够躲避本应该承担的责任，在立法时模糊甚至不设责任条款，只要权力而忽视义务。

深究其原因，我们就会发现这些行为归根结底是政府部门或者个人作为独立的而又理性的“经济人”追求利益最大化的结果。这些扭曲合理合法行政的行为，可以使部门权力无限地向最大化扩张，凭借垄断地位来获得不当的利益，而权力的设租、寻租行为还可获得经济利益等，加上将利益法制化得到的种种好处，诱使不少政府部门或官僚个人对部门利益趋之若鹜。

从以上这些表现来看，这些追求部门利益的行为带来的后果是不容小视的。对部门利益最大化的追求容易导致行政效率的降低、行政成本的增加、腐败行为的滋生、监管效用的弱化和整体风气的恶化等，甚至严重阻碍相关改革的进程。

6.4.2 利益部门化下的地方代建模式之争

代建制改革处于我国目前的经济政治体制改革的整体环境之中，不免也出现了一些利益部门化的问题。代建制中，公共委托人的位置是虚置的，具体的委托权是由某些或某个政府部门执行的。目前，就各地的代建制改革进程来看，究竟是让政府的具体哪个部门来充当委托人也没有统一的标准和规定。各地在代建制改革中将发包权或者说具体的代建管理权给予了不同的部门，导致各地呈现出的是具有不同特色的代建模式。官僚的利益最大化倾向诱使政府部门为权力扩张而争斗，结果是代建制选择何种模式的争论日益激烈。

实际上，代建制中的部门之争在其肇始阶段就露出端倪。在财政部的主张下，2002 年颁布的《政府采购法》将政府投资工程纳入了政府采购的范围。[①] 这种形式类似于国外对政府投资工程实行集中采购的政府采购模式，但时至今日，我国政府投资工程建设仍是独立于政府采购运行。建设部在 2003 年集中对深圳、珠海、厦门等地以及一些欧美国家进行调研

① 徐波，燕平．工程项目管理考察团赴美考察报告［J］．建筑经济，2001（5）：7－10.

和实地考察后①，积极主张由建设行政主管部门作为政府投资工程集中管理的主管部门②，但遭到其他部门的反对。作为由国务院"三定"方案明确的政府投资主管部门的国家计委，比较反对集中机构管理的方式。③ 国家计委比较支持的是厦门、北京、上海等地从1993年就开始探索的市场化的代建制方式。就中央政府部门对转变投资方式的态度来看，不同的部门就有不同的主张，虽然这其中有基于本部门专业提出有针对性建议的成分，但也难免有部门利益在背后作怪的意味。

由于在国家层面，各主要负责部委并没有达成一致，在随后的代建制改革中，国家并没有硬性的法律规定，只是在2004年提出建议性的文件，那么地方政府在推广中就开始"因地制宜"，按照自己的意愿创造出各种代建模式。我们下面来具体考察深圳、北京、上海、重庆等地代建制运行中的部门利益之争，以及对代建人独立性造成的影响。

1. 深圳模式

深圳采取的是工务局模式。这种模式来源自毗邻深圳的香港。2001年，深圳市政府在面对多项超大政府投资工程项目的同时，面对多起政府投资工程领域的腐败案件，出于政府整体利益的考虑和顺应国家政府投资体制改革的潮流，引进工务局模式，对部分政府投资工程集中管理。但是我们应该看到，香港工务局的成功运行，离不开香港地区的行政体制和环境的支撑，香港工务局实行的是典型的大部制，它所拥有的职能相当于内地的建设局、公路局、水务局等多个部门加在一起，这种模式的好处是：集中、高效、专业且容易追责。但是这种模式也需要强大的行政监督来保证，香港的廉政公署对建筑领域的行政官员和专业人士都保持重点关注。

深圳的工务局模式在实际运作中，在政府内部的权力协调方面存在两个方面的争论。一是由于工务局集中代建，实际上触动了众多使用单位的利

---

① 李德全．发达市场经济国家和地区政府投资工程管理方式［J］．建筑经济，2002（6）：8－12；政府投资工程管理方式改革课题组．香港政府公共工程管理方式考察报告［J］．建筑经济，2002（7）：3－7；王宁，刘宇昕，郭正学．关于对深圳、珠海开展政府投资工程建设组织实施方式改革情况的调研报告［J］．建筑经济，2003（10）：30－35；刘宇昕，郭正学．对厦门市开展政府投资工程建设组织实施方式改革情况的调查［J］．建筑经济，2003（9）：23－26；中华人民共和国政府采购法，2002.

② 建设部办公厅．关于征求对《关于开展政府投资工程建设组织实施方式改革试点工作的指导意见（征求意见稿）》意见的函．2003.

③ 国家计委办公厅．国家计委办公厅对开展政府投资工程建设实施方式改革试点工作的指导意见（征求意见稿）的意见．2003.

益，这些单位对此很有抵触。其直接后果就是工务局新成立那两年，深圳个别区级政府竟然完不成政府年度投资计划，这和使用单位、发改委等其他部门的不配合有很大关系。有个别单位还通过各种方式回避集中代建。例如深圳市政府原则上规定1000万元以上的财政性投资建设要交由工务局集中代建，很多单位就以分拆项目的方式来逃避。二是工务局本身也有权力过于集中、部门利益不好约束的弊端。深圳工务局实际负责建设的项目都是超大型的工程，而且从权力安排上来看，其本身既是政府部门，又包揽了工程服务的工作，对下游的承包商有绝对的影响力。国内一些学者指出，这样的高权力集中度，在国内如此的行政环境下，不利于对其进行监管。

2. 北京模式

在北京模式中，代建权是由发改委委托的。发改委成立政府投资项目代建管理办公室，专门负责全市代建项目的管理协调以及与代建制有关的管理工作。在这一模式中，投、建两个方面的主导权都集中在发改委手中，代建人面临这么一个强势的部门，很难保持自己的专业独立地位。

而且其他部门对此也颇有微词。因为发改委在决策阶段拥有如此大权，但对建设单位的日常监督和管理任务却由别的部门承担，尤其是从理论上来讲，如果代建人出现问题，发改委并不负直接责任。如此的权责安排，自然在现实执行中产生很多冲突。

3. 上海模式

在上海模式中，实行的是三级管理模式，即政府—政府所属投资公司—工程代理服务公司的三层结构管理模式。政府作为委托人，将主要的投资和管理职能赋予政府所属的投资公司，主要负责的是宏观上的全过程监管工作。作为业主代表的政府所属投资公司，授权予工程管理公司。上海模式虽然解决了代建人的属性问题，由工程管理公司来承担代建人，似乎代建人具有较强的独立性。但深究该模式的权力设计，会发现上海模式的重心在具有投资权的各级政府专门成立的投资公司。尤其是改革初期，代建人并不具有与投资公司同等的地位，某种意义上是受投资公司的管辖。例如区一级的代建人，很多都是直接由投资公司指定，从以前的建筑公司转型，或者成立一个分公司来充当。因此上海的代建人市场很像个小圈子，很难谈得上有什么独立性。例如，静安区大火案就与静安区建设总公司将相关工程交给关联单位代建有关。

政府所属投资公司受政府委托行使业主职能。但在实际代建制改革中，有些业主为了部门利益最大化，只把建设项目其中一小部分业务进行招标代建，其余部分的业务却偷偷地由自己直接进行管理。这造成了表面上整个项目是招标代建了，符合法定程序，但实际上却逃避了各方的监管。而且，就算在项目具体实施过程中出现问题，责任也无法追究。如此一来，获得自己利益的同时还推卸了责任。总之，上海模式中的政府部门利益最大化倾向也非常突出。

4. 重庆模式

重庆模式较以往的传统政府投资管理模式相比，最大的变换就是成立了专门负责政府投资工程管理的城市建设发展有限公司。这一公司并非通过市场化选择而来，而是市政府指定，由原来的城投公司改造而成。此模式对于原有的政府部门利益保护表现得最明显，基本就是原有的城投公司原班人马顶着个代建制的旗号，就完成了改革，原有的政府内部权力结构、资源配置都没有大的调整。可以说这四种代建模式中，重庆模式离代建制改革初衷相去最远。但是吊诡的是，后来的很多地方代建制改革学习重庆模式的不少。究其原因，还是原有的部门利益体不愿放弃权力所致。

从代建制的制度设计上来说，其初衷就是想借用市场的作用，在比较完全的市场竞争环境下选择符合要求的项目承建机构，负责具体的、专业的项目建设工作，一来可以有效控制工程中的"三超"现象，二来有利于保障工程的质量。换言之，即在政府投资工程建设中引入竞争机制，从根本上隔离行政权力与逐利资本，明确责任主体，压缩政府权力的寻租空间，既可实现专业化管理，又可抑制权钱交易。然后从对几个模式的考察中可以发现，为追求部门权力的扩张，代建制在各地实行中都被不同程度的扭曲，而且由于部门间利益难以协调，至今代建制也未能形成一个成熟、统一的模式。

6.4.3 利益部门化下代建模式不统一的危害

本书在第二章中已经对典型的四地模式进行了详细对比，从中已经看出各地对代建制的理解混乱，而模式也是差异甚大。到了今天这种局面有加重之势。如果深究各个地方的具体代建制实施方法和细则，就会发现没有哪两个地方是完全相同的。如果说在代建制推行的初期，这种多元化发展还可以说是结合不同地方的实际情况进行的有益尝试，可如今一盘散沙的局面已经严重阻碍了代建制改革的进程，造成了相当严重的恶果。这主要体现在以下几个方面：

一是导致政策效果的偏离。没有清晰逻辑自洽的管理模式，必然引致各项政策的走偏。在模糊又繁杂的代建管理模式下，各相关政府部门在部门利益的追求下，容易出现借题发挥的现象。可能从整体的代建模式上看，一切都比较合理合法。但是从具体的代建实施细节上看，就不难发现部门利益化倾向严重，以部门或官僚个人的利益为出发点，导致代建监管混乱，部门之间争权夺利，行政效率低下，政策无法真正实施，最后代建效果发生偏离。

二是导致地方垄断和行业垄断的形成。政府部门在利益最大化的追求下，不断扩大本部门的职权范围。特别是拥有发包权的部门或官僚个人，在利益的驱动下，通过利益法制化、扩大审批权等手段将原本不属于自己的职权划归到自己的范围，为本部门专用专享；或者是拉拢或成立由自己的控制的代理机构或中介机构，破坏原本良好的市场秩序。最终形成地方垄断或行业垄断来为己谋利，达到利益最大化。

三是导致统一的法律规范难以出台。前文论述中已经多次提到代建制的运行缺乏法律依据的问题，至今在国家的层面还没有一部法律甚至部门规定，将代建制具体的运行规则、方式明确下来。目前各地推行代建制的依据只是2004年的《关于投资体制改革的决定》：政府重大投资项目应该以公开招投标方式委托专业机构管理建设。国家推行之初没有强行推出一种统一模式，可能主要希望各地先行积累经验，等到经验成熟、体系配套时再来总结。但一方面，各地代建模式相差实在太远，很难用一个统一的模式去涵盖，反而造成了如今的困局。国家层面只是出台一些局部环节的法规、政策，如招投标规定、建设合同统一范本等，而对代建制最核心也是最急需的关于代建单位的法律资格、性质、具体职责等内容却迟迟不能做出规范。另一方面，法律法规的不健全与代建乱象陷入了一个恶性循环之中。宏观法律法规的缺失，导致各地违规的代建行为有机可乘，加重了各地代建制实施的乱象，各地对代建制任意解读，甚至有些地方变成只要不是投资人或使用人自己建设就叫代建制了，至于代建人的性质是什么、与投资部门有什么关系等都无人在意，代建制变成了金玉其外、败絮其中的壳子。

通过以上分析，笔者在这里强调，地方代建模式不统一问题现在已经变成了代建制有效实施的重大障碍。不仅各地代建模式不同，目前的形式是各个部门（如投资部门和建设部门之间）或者各行业之间（如公路和水利之间）对代建制的理解也全部不同，各话各事，甚至任意曲解。这也是目前政府在代建制改革中的一个重大失误之处，它造成代建制变成了可以任意被利用的改革口号。

很多问题工程说是实施了代建制，可是深究下去会发现其运行与真正的代建制相去甚远。轰动一时的“央视大火”案（案例6.3）就很好地说明了代建制在实践中是如何被强势部门任意扭曲的。在缺乏全国的统一标准下，代建制在很多地方的执行中只是走走形式。至今，这种徒有"代建"名头，而无专业性的操作仍不在少数。

【案例6.3】从央视大火案中透视代建制的"变形计"

作为一个副部级事业单位，央视隶属于国家广电总局。近10年来，尽管央视在业务上、经营方式上有所改变，但其根本性的垄断地位从未被改变。

央视新址建设项目的工程量浩大，总投资约76.66亿元。为此还在2001年3月成立了央视新址办，徐威作为新址办主任，全权负责该工程的报批与建设。同年9月，央视新址确定，以协议出让的方式获得了原北京汽车摩托车联合制造公司（下称北汽摩）光华路厂址的土地使用权。选址过程中还出现了一个小插曲：选址时有三个选择，相关部门对此也意见不一。最后在发改委的积极建议下还是确定为北汽摩。据内情爆料，新址的确定少不了一个关键人物的存在——关鑫。在很大程度上他手中的首都置地有限公司促成了央视新址的土地转让及相关批文顺利过关。正因为如此，央视还给了他3000万元的酬劳费。

央视新址建设工程存在几个"高价"：一是央视给首都置地有限公司的高价的工程管理咨询费，高达3000万元；二是高价的造价咨询费，高达2600万元，是当时国内较高的造价咨询费的4倍之多；三是高价的工程设计费，高达3.5亿元，达到了最初规划的建设安装投资总价的7%左右，高于国家发改委审批的5%这个比例。

2003年，央视新址项目正式采用代建制，实行公司化运作，由央视国金行使全过程的管理职能。然而，从选择项目咨询公司到选择项目管理公司，均未采用市场化的竞争手段，而是由央视负责人和政府部门官员一手操控，直接选择相关机构。另外，新址办和央视国金的关系也是难舍难分，不少官员兼任两职，作为业主的同时也是项目的代建人。在财务上，新址办和央视国金也有很大的重叠之处，实际的投资权和资金拨付权都集中在新址办手中。

从初始的代建制设计上来看，央视新址项目中的代建制完全变形，不仅没有引入市场的竞争机制，反而愈发加强了行政权力的垄断和干预，使得代建项目变成一个可笑的秀场。①

① 欧阳洪亮，等. 再问央视大火［EB/OL］. http://magazine.caijing.com.cn/2010-03-01/110386877.html?1333990374.

第 7 章　代建制改革困局的破解之策

政府投资工程管理代建制改革的实质是政府向市场购买工程服务，如何有效地管理它不是建筑技术问题，也不是单纯的经济学成本效益问题，而是政府管理问题。根据前几章的讨论，代建制遭遇困境的根源主要有两个：政府市场管理能力不足与政府官僚行为不受约束。前者导致政府不能有效地激励约束代建人去积极实现政府建设目标；后者使政府对代建人投机行为监管不力，更与之形成合谋之势，突破代建制约束，攫取公共利益。

本章在前文对代建制困境根源的探究基础上，有针对性地对如何优化代建制的组织架构、如何全面有效地监督官僚与代建人以及如何提高政府市场管理能力提出思路和政策建议。

7.1　针对代建制改革困局的破解思路

7.1.1　代建制是否要抛弃

我们在第二章已经介绍到，目前代建制由于实践成效不佳而被诟病，主要质疑集中在两个方面：一是代建制没有起到约束各类建筑承包商投机行为的作用，二是代建制体现不出对政府投资工程领域腐败现象有效遏制的作用。由于代建制实际运行效果与所预期确实相差甚远，也难怪有人会提出代建制改革不要也罢的观点。

但是经过本书前文的深入分析可知，代建制本身的理念和机制并没有错误，而是在当前的行政环境制约下，在执行中发生了模式走样、机制扭曲、权责错配等问题。

（1）各类建筑承包商的投机行为的主要根源并不来源于代建制本身，而是来源于政府对代建制的曲解。按照委托代理理论，代建制的重点是处理好源于代建人信息优势的代理问题就可以了，解决方案是对代建人进行内外部激励约束，使代建人利益与政府利益协调一致，从而达到控制投机的目的。但是这种思路没有照顾到中国的现实环境：政府在委托关系中具有绝对的掌控力，代建人的投机行为很多是因应政府的过度干预而产生的。现实基础的改变也使激励机制被扭曲，从而失效。我们在第四章的讨论中指出，我国对代建人的激励管理陷入误区：政府对代建人的约束大于激励，使代建人承担的风险大于收益，对代建人以行政干预代替法制监管。总之，政府在治理代理问题时，激励、约束和监管不平衡，使代建人缺乏动力和权力去管理和督促各类承包商，使代建制机制完全被扭曲。因此，目前各种问题工程屡禁不止现象并不能完全归罪于代建制本身的实施，更客观地讲，政府对代建制的曲解才是根源。

（2）代建制本身确实不具有遏制政府投资工程腐败的功能，但也不是使腐败恶化的根源。客观地说，在这个问题上代建制是中性的。

"有利于遏制工程领域腐败"是代建制在各地推广时的一个重要依据，至今仍在政府文件上频繁出现。说代建制有利于遏制工程领域腐败的理由是：将工程的管理权力交给代建人后，就割断了政府官僚与工程之间的联系。然而现实正如我们在第五章所揭示的，是官僚出于自利性，并没有将自己手中的权力让渡于代建人，而且将代建制扭曲为一个卸责的机制。

这里笔者想强调的是，代建制本身并不具有反腐功能。官僚的治理属于政府内部管理的范畴，而代建制主要涉及的是政府对市场主体的管理。实际上，即使代建人获得较为完全的管理权力，如果政府官僚的行为没有受到法律等的有效约束，照样可以通过各种渠道产生腐败，因为毕竟政府的投资者、监管者、使用者的多重角色不能改变。我们需要理清的逻辑是代建制要良性运作，政府官僚的廉洁奉公是一个很重要的保证，而不能反过来靠代建制去解决政府官僚的腐败问题。澄清这一点，并不会减损代建制的重要意义，反而可以避免对其的误解。而且这也有利于今后的政策优化方向的选定。

（3）代建制下由市场提供政府投资工程服务的方向是正确的。除了以上对于代建制具体成效的质疑外，由此还引申出一个理论上的争论：代建制目前的状况是否意味着政府投资工程管理外包给市场解决的思路是错的，或者说市场化方向是不对的？

根据前文对代建制具体运行情况的考察，代建制陷入困境的真实根源并不是采取了市场化方式，而是政府对市场的管理出现重大偏差。首先，政府对市场基本法则尊重不足，如忽视风险与利润应该对等的原则，以至于代建人承担过多风险却得不到相应报酬，只好通过投机方式获得利润；其次，政府经常有意无意地用行政干预替代市场选择，如保证代建人资质的准入制度最后变成限制竞争的工具；最后，我国转型期对官员监督的不到位，更是将本来正常的代建人竞争市场扭曲为钱权交易市场。以上这些问题已在第四章和第五章做了深入的剖析，这里不再赘述。总之，目前代建制的问题并不是市场过度竞争所引致的代建人投机行为，更多的是政府职能转变不到位所引起的“假市场竞争问题”。

代建制目前最核心的问题就是：政府既没有将权力放手于市场，同时又抛弃了自己应有的监管责任。所以代建制面临的不是什么“市场失灵”，仍是“政府失灵”，因此解决之道还要从政府自身的管理着手。笔者认为代建制目前的困境并不是代建制思路不对，而是政府并没有真正理解代建制中的市场理念精髓。政府投资工程的建设交给市场去管理在发达国家是常态，经验成熟。我们要做的是并不是改弦更张，而是坚持市场方向，改善政府管理，建立起真正的代建制。

7.1.2　代建制困境破解思路

1. 厘清政府与市场的职责分工，赋予代建人独立管理权

正如我们在前两章分析的，代建制目前的核心困局就是政府没有赋予代建人真正的建设管理权力，却推脱了自己应该承担的风险和责任。不管是政府职能转变不足也好，还是官僚出于自利不愿放权也好，目前各地模式在对工程控制权“委而不脱”方面却是一致的。这种权责错位对于真正的代建制是有害的，却给政府部门带来了“意想不到”的好处，即在享受大型投资所带来的滴漏效应的同时可以将责任推脱出去。扭曲后的代建制的“好处”越来越明显，虽然不敢说全部基于此，但是代建制在如此绩效不佳的情况下，却越来越被广泛推广，其背后的真实动因值得深思。

应该认识到，这些问题并不是代建机制内生的，相反是中国转型期的政府职能转变不彻底，政府权力过强的大环境对代建制的牵制所致。这实际也是中国行政管理改革中，各领域体制改革中的一个常见怪象：政府貌似退出市场，但其权力或者影响力却仍过度控制着这个市场。很多学者在研究代建制时，都观察到这个现象：在代建市场中，行政权力无所不在，与代建制想要达到的业主与代建人权力分离而又各司其职的形态相差甚远。政府与市场之间的权责错配是目前代建制困境的主因所在。

因此代建制要成功，首先需要做的就是将政府与代建人之间的权责合理界定，市场的归市场，政府的归政府。其实办法也简单，就是回归到代建制的初衷，将建设管理的权力真正赋予代建人。根据前文讨论，对设计、监

理、建筑等各类下游承包商的选择、管理、惩罚、支付权力都应该赋予代建人。这样做，一是有利于代建人发挥专业优势去全盘统筹。例如目前很多大型工程的设计是由政府另外招标或者指定的，在代建人介入之前，就已经拿出设计方案了，造成与随后的工程建设脱节。当发生设计与现场严重不符的情况时，代建人却要通过相关部门才能让设计公司更改。这种状况在未来是必须解决的。二是只有这样才能有效对代建人追责。只有让代建人拥有了真正的管理权，才可能对其管理不力、努力不足等问题进行惩罚。实际上前文在讨论政府对代建人的惩罚不力时还有一个比较隐蔽的原因，就是政府由于没有赋予代建人相应权力，因此追责时也就没有过硬的理由。在过去的实践中，不管是哪种地方模式，都没有很好的机制去保证代建人的独立性。即使是深圳工务局（建筑工务署），作为一个政府内部组织，也因为受其他部门牵制，独立性不足而难以开展工作。

综上所述，厘清政府与代建人之间的权责，赋予代建人应有的建设管理权，是代建制良性运转的前提，也是今后改革的突破点。

2. 约束政府官僚、加大腐败成本是代建制改革成功的基石

工程建设领域是腐败问题的易发多发领域，政府投资工程又是工程建设领域发生腐败问题的"重灾区"。在政府投资工程的预算、勘察设计、招投标、施工、验收和决算等环节都有可能出现腐败问题。政府投资工程之所以会成为腐败问题的"重灾区"，主要就在于当前我国政府投资工程的腐败成本非常低。政府对政府投资工程腐败的打击力度严重不足，往往是在腐败造成严重后果后才对腐败行为进行治理。如果在反腐方面没有进展，那么无论采取何种措施，政府投资工程代建制的改革都无法取得根本上的胜利。

实际上，政府投资工程腐败问题是一个世界性的难题，发达国家在早期也经历过官商勾结、工程腐败的阶段。但是应该看到，目前发达国家和地区的政府投资工程管理已经相当成熟，像德国、新西兰等国家已经将政府投资工程方面的腐败现象压制到一个很低的程度。其成功经验的精髓说到底就是对政府投资工程进行了事前事后的全方位严格监管。而且各个国家在反腐方面都有一套自己的特色经验，如美国等议会民主发达的国家，国会对政府投资的监督近于苛刻，从源头上保证其工程建设处于法律法规的严格规范之下。在我国香港，则是依靠一套系统严格的政府内部控制制度来防范腐败的发生，再加上廉政公署对腐败行为的穷追猛究，使香港在政府投资工程领域廉洁方面在世界处于领先地位。这些经验都值得我们在相关制度建设方面好好借鉴和吸收。由于我国的民主制度建设还不够完善，人大长期处于"橡皮图章”的尴尬地位，因此从政府内部加强控制制度方面的建设来防范和抑制官僚腐败，是目前更加务实的选择。

从严格约束官僚的权力角度来讲，应该注意四个重点：一是加强法制基础建设，完善政府投资工程建设方面的法律法规，以法治约束人（官僚）治；二是改进我国财政预算制度，改变目前财政预算软约束的局面，从源头上压缩官僚的套利空间；三是加强对公务员的个人监管，引入财产公开等制度，使官僚不当利益难以轻易兑现；四是戳破政府投资工程方面的信息黑洞，借助外界舆论监督来打破官僚对信息的垄断。

在具体的对官僚的监督措施方面，应多管齐下：一是实行有效的绩效考评政策，对表现优秀的官僚进行正向激励；二是加大腐败的违规成本，加重对腐败者的惩罚；三是推行信息强制公开制度，让权力在阳光下运行，提高程序的透明度；五是逐渐缩小政府的投资，减少对经济的干预力度，最后精简不断扩大的官僚队伍；六是加强相关法制法规建设，使程序规范化，改变机制混乱、不统一的局面。

总之，要想解决当前我国代建制实行过程中的各种问题，取得代建制改革的成功，就必须从根本上解决腐败问题。

3. 降低政府与代建人之间的信息不对称——优化激励约束机制

政府投资工程中的委托问题说到底还是因为信息不对称的存在，但是信息不对称是无法完全消除的，只能采取适当的措施去减少政府与代建市场之间的信息不对称。纵观我国现行的各项对代建人的激励约束机制，其大体方向是正确的，如果能够全面实施，必能在减少政府与代建市场之间的信息不对称方面起到有效的作用。但是，诚如前文所言，当前我国对代建人的激励约束机制还很不完善。因此，在降低信息不对称方面，我国应该继续原有的政策，优化现存的激励约束制度。

（1）建立合理的代建费取费标准。当前我国政府投资工程的代建费普遍较低，严重损害了代建人的工作积极性，因此建立一个科学合理的代建费取费标准非常必要。为了确保代建费能起到应有的激励作用，笔者认为应该在建设单位管理费的基础上，全面考虑政府投资工程的工期长短、投资额大小、难易程度、代建人承担的责任、代建工作的介入点及合理利润等相关因素，确定代建取费基数，并依据代建人的绩效奖优罚劣，从而建立起一套科学、合理的收费体系。

（2）建立合理的风险分担机制。当前我国已经采用了履约保函等制度对政府投资工程的风险进行分担，但现有的风险分担机制还不完善。要建立合理的风险分担机制，一方面我国应大力推行工程保险制度，在政府投资工程的风险分担中更多地引入市场机制；另一方面还应强化政府业主和代建人的风险意识，完善风险分担机制的配套法规。

（3）建立代建人的绩效考评制度。政府投资工程代建人的绩效考评结果不仅可以激励代建人保质保量地完成工程，也是代建市场准入条件的依据。但是当前我国还没有建立起对代建人的绩效考评制度。政府必须加强对绩效考评制度的认识，尽快在全国范围内建立起对代建人的绩效考评制度。

（4）明确代建人的市场准入条件。政府投资工程是一项智力密集型服务，为了确保工程质量，必须选择真正有实力的代建人。代建人不仅要具有同类工程建设的管理经验，还应当具备与项目相匹配的施工、监理、房地产以及其他相应的资质。虽然我国对代建人的准入资质有一定的要求，但还不明确。为了保证政府投资工程的质量，必须对代建市场的准入条件提出具体的要求。

7.2 代建制新模式的确立——专业的代建管理机构建设

将政府与市场之间的权力边界厘清之后，还需将政府内部权责合理配置。我们在第五章的讨论中指出，我国目前代建制管理模式的混乱正源于部门之间的权力交叉冲突，因此构造一个明晰的政府内部管理架构是代建制改革的当务之急。

7.2.1 新模式的构建

部门之间、地区之间对代建制的理解大相径庭，实际操作是南辕北辙，导致代建市场被人为分割，地域、行业垄断横亘，规章制度互不相容，也导致准入、绩效考评等制度流于形式。这种模式混乱的最终结果是：代建制在实践中被任意曲解，成了个"四不像"。因此，急需改变目前代建制中各方自说自话的局面，统一认识，确立一个新的标准模式。

如图 7.1 所示，笔者认为建立新的模式包括以下内容：专业机构集中管理，市场化购买工程服务。

1. 将政府投资工程建设管理集中化

考察发达国家与地区的经验，大部分将政府投资工程建设归属于政府采购范畴，但是这主要是指其法律基础以及购买程序相同，具体的政府投资工程建设管理还是交由比较专业的部门集中负责。例如，美国的联邦总务署就

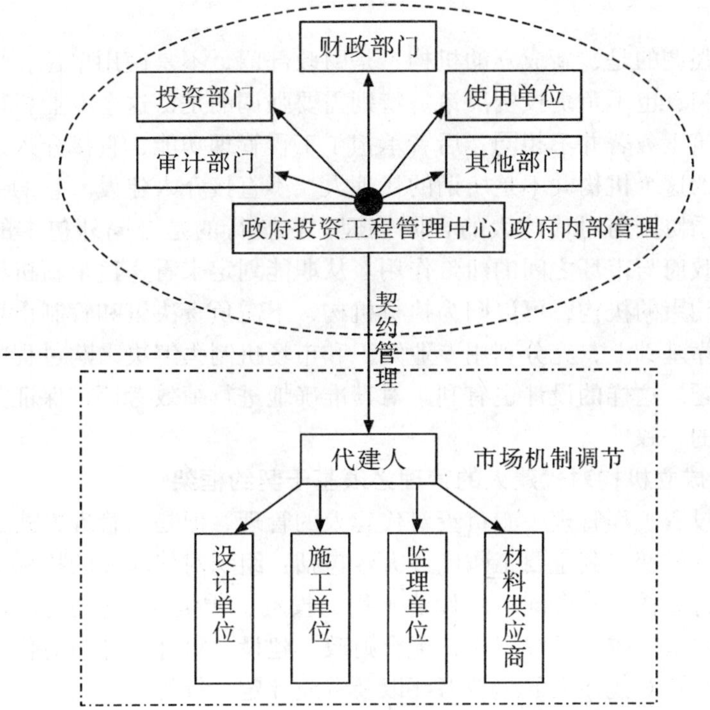

图 7.1　新模式的运作

负责很多公共工程的建设和管理，还有加拿大的公共工程和政府服务部、我国香港的工务局等都是比较典型的专业管理部门。

我国当前在基础设施方面投资特别巨大，但是在政府内部却没有一个部门对此负责，无论如何都需改变。因此，在各级政府中设立一个统筹政府投资工程建设的部门是当务之急。

2. 新成立机构在政府内部的权限明晰——政府投资工程建设的协调管理

新机构在对政府投资工程集中管理的同时，其权力应受到高度约束，仅是个事务性的机构。为讨论方便，我们可以称新成立的机构为“政府投资工程管理中心”，那么这个中心在政府内部的角色是：就工程建设事务与其他管理部门协调。例如，协调各部门对使用单位上报的项目建议书、可行性研究报告、初步设计方案和项目概算进行评估，负责出面为工程申请用地计划、处理拆迁事宜，等等。我们前文讨论过，代建人毕竟只承担建设管理的任务，需要一个政府部门出面为其协调处理一些行政程序。总之，政府对代建人的直接监管应该主要从这个部门进行，以改变政出多门、互相打架的弊端。

需要强调的是，新成立的机构不是财政部门，不是使用单位，也不是行业管理部门，也不负责投资决策。特别需要强调的是，这个专业机构与现行的深圳建筑工务署并不相同，后者承担了工程管理功能，直接介入建设，而我们建议的这个机构并不是所谓的代理人，不直接介入建设。它的主要功能是政府关系协调与对代建人的合同管理，它履行的是合同外包中的购买角色，起着政府与市场之间的纽带作用。从职能划定来看，这个新机构是职权受到高度约束的机构，可以归为执行机构，不需负责决策和管制市场，只是在法定程序基础上，充分利用专业知识和市场机制去解决采购过程中的各种代理人问题。这样的设计也有利于对其准确地进行绩效考评，保证其利益与公众利益的一致性。

3. 新成立机构对代建人的管理必须基于契约框架

政府投资工程管理中心负责对代建人的管理，但是其管理方式必须体现政府职能的转变。其主要工作应该大致包括：组织对代建人的招标工作，与代建人签订委托代建合同，对代建工程的投资、质量和工期进行监督检查，组织工程的最后竣工验收工作，配合财政、建设、审计等部门对代建工程实施稽查，负责对代建人的绩效考评以及资质评定，等等。

这里需要说明的是：公开招投标、代建合同管理、实施市场和声誉激励措施都属于新成立机构的题中之义，除此之外，应将对其他建筑承包商的管理权全部交给代建人，如资金支付权、建筑商的选择权等，这是新模式实施的重要配套保证。

4. 新机构应该体现专业化

我们把新机构定位为一个专业的建筑领域管理机构，那么其专业性就尤为关键。而且从契约管理的角度来看，新机构就是一个买家，而且最好是聪明的买家，那么其主要构成人员应具有相当的专业技能，这样有利于消除与各类建设服务公司之间的信息不对称。这些人员应该熟悉政府有关法律、法规和政策，除了设计师、建筑师、工程师、经济师以外，还应有较为相关的专业律师和管理人员，应该具有丰富的工程建设管理经验。对比目前很多地方由投资部门直接充当代建管理机构，新模式的专业性更有利于政府投资工程的高标准和高质量完成。

5. 新模式的运行方式——灵活分类管理，全面市场购买

新模式的分类管理是指：对大型、复杂的公共工程建设，需聘请专业的工程管理公司，通过公开招投标选择代建人，进入代建管理程序，交由新成立的中心管理；对投资小、工程技术简单的普通工程，就没必要实行代建制，可直接按照相关的财政政策，由新机构按程序公开招投标直接选择建筑商。目前有些地方对代建制理解不深，往往是一刀切，实际上代建制并不是对任何工程都适用。而且在实践中，很多工程并不是必需一个全项目负责公司，可能只是需要一些单项的工程服务项目，如设计。

对工程分类管理算得上务实之举，但是新模式必须坚持市场购买的原则。也就是说不管什么工程，都要经过公开的招投标交由市场主体建设。工程建设虽然复杂，但在发达国家仍是一个普遍由市场提供的领域。我国随着改革的深化，政府职能逐渐转变，政府投资工程终究会完全交由市场建设。因此我们的新模式中一个重要的理念就是：只要是政府投资工程，资金由财政支出，都应公开透明，通过市场选择，而不是指定某家企业建设。

7.2.2 新模式对优化代建制的意义

1. 新模式有利于改变目前权力交叉、难以追责的局面

管理权力分散且重叠交叉是目前对代建人激励失效、管理混乱的源头，而且在部门利益的阻碍下，这种状况迟迟得不到改善。因此新模式首先应明晰的就是对代建制的主要管理是由哪个部门负责。

笔者建议的设立一个专业代建管理部门来集中处理代建工程所涉行政事务，会遭到一种质疑：集中管理会使一个部门的权力过大，更不利于管理。但这么多年的代建制实践证明，多头管理、职能交叉所造成的危害更大。权责明晰和对等是政府管理的基本原则，代建制只有首先明晰了权力，才能有效地追责。而且新成立的机构从政府内部权力划分上来说，投资、财政、审计、建设等各部门均对其有牵制的权力；其对代建人的管理也是有严格的合同约束的。新机构由于并不直接介入建设过程，因此不具有垄断一个领域的能力。

当然，笔者并不敢保证新模式就能完全杜绝腐败。前文已经强调，代建制内部的改革并不必然具有防腐的功能。但新模式的好处是可以对可能的腐败进行重点监控，而不至于像目前这样一片混乱，缺少完全追责的主体。

2. 新模式更有利于政府与市场的合作

新模式中专业机构在契约框架下管理代建人有利于政府和市场的合作，双方委托代理关系清晰。政府内部部门分工明确，新部门的主要功能是规范和监督。市场通过竞争提供政府需要的产品。从这个意义上来讲，这个模式更符合代建制改革的初衷。

3. 新模式操作性强，也有利于未来与政府采购制度融合

实际上，新模式更强调的是政府职能的转变，建议成立的新机构并不需要多高的级别，关键是保持其独立性和专业性。只要打破部门利益，其建立在技术上并没有太大难题。现在关键是尽快在全国范围内统一模式，才能改变现在的改革乱局。

而且从长远来看，这种模式有利于以后的政府投资工程建设管理方法与政府采购管理统一融合。随着国内建筑市场及各类工程服务市场的成熟，竞争将会发挥更大的作用，政府投资工程采购部门的权力将越来越小，政府投资工程采购也在机制上慢慢归于政府采购里。这也是我国改革的远景目标。

当然，笔者这里主要说的是运作机制和法律法规等方面的一致性，倒不赞成目前将政府投资工程采购纳入政府采购中心。因为两者还是有所差别的：政府采购中心负责购买的物品大都是"制成品"，因此其主要过程是询价和招标；工程建设却是一个长期过程，并不是建好了等着采买，因此其所涉及的管理问题差别比较大。而且对比各国经验，无论是我国香港地区还是美国等发达国家，政府投资工程的采购还是由较为独立专业的部门负责。一些学者在建议由财政部门下的采购中心也负责政府采购时，忽略了这一点。

总之，为因应目前代建制所存在的模式混乱、机制冲突的问题，有必要以建立一个专业独立的机构为切入点，来明确真正的代建制模式，并进行推广，突破代建制改革的僵滞局面。新成立的机构的两个核心功能是：专业化的人员和管理，去尽量消除与市场的信息不对称性；市场化的契约管理方式，保证公平与效率。

7.3 代建制管理优化的具体策略

7.3.1 官僚"理性"行为对策——严格监管体系，加大违规成本

在我国现行的环境中，监管体系不健全，相关的监管体制执行力度不够，相关参与者的违规成本低，在"理性"的驱动下，官员的行为得不到有效的规范，不法行为屡禁不止。笔者分析国内外的成熟监督体制，发现其有效运行的背后有一些共性，主要表现在：

1. 监督体系的动态性和完全性

监督体系发达的国家和地区在监督上有两大特点，那就是动态性和完全性。监督的动态性体现在对整个工程建设过程进行不定时不定量的检查，并

根据检查结果进行相关的修改和完善。这些检查是由专业的建筑监视员来完成，如德国就有审查工程师一职，专门负责工程的动态检查工作。这些专业的检查员不论是否来自公务员队伍，都受到政府的严格控制和管理。

监督体系的完全性体现在全过程和全方位的监督上。全过程指对建设过程的各个环节进行监督，全方位是指对相关主体的内外监督并济。对于监督者来说，除了建设参与主体自身作为监督者要履行内部相互监督的职责外；第三方，如保险公司、银行、社会公众以及大众媒体等，对工程建设过程也要进行有效实际的外部监督。

2. 法律法规的严格性和完备性

西方发达国家的法律法规的严格性和完备性在政府投资领域得到了很好的体现。在严格的法律和制度体系下，从主体上来说，法律法规对不论是政府、相关企业还是社会公众都一视同仁，他们的权、责、利都被一一界定出来。另外，政府投资工程的各个环节，如工程的设计规划、筹资投资、工程建设、使用经营等过程都受到了严格规制。例如，香港掌管公共工程的工务局制定了一系列的技术指引（technical circulars），详细列明了工务工程管理各个方面的技术和流程，以备涉及该建筑各个方面的人员查找。

3. 资质管理的统一性

发达国家和地区对项目参与方的资质管理非常重视。例如，新加坡建立了注册系统，从承包商的三个方面——资金情况、人员情况和历史记录来评定资质；美国虽然没有明显的资质管理体系，但是在高度严格的法律法规下，工程建设的整个过程都有章可循，仅从市场主体之间相互制约的惯例就可进行资质评定，还有严格的“黑名单制度”；我国香港则有“注册”或者“发牌”之说，实行认可承包商制度，包括认可公共工程承建商和认可公共工程供应商及专门承造商两大类，该制度详细而又全面地对进入认可承建商名册的考核标准、条件、升降级、除名等各个方面做了非常具有可操作性与科学性的规定。

这些先进的资质管理有利于承包商、建造商、设计师等建筑主体的资质、信用度等问题的解决。能够把不达标的承包商、建造商、设计师等排除在政府公共工程之外的同时，方便了工程的管理，提高了管理的效率，减少甚至是避免了不必要的纠纷，一定程度上保障了工程的质量。

4. 后评价管理的专业性和科学性

发达国家对政府投资工程后评价环节的重视度非常高，体现在以下方面：一是建立起完备的后评价法律法规体系，让后评价有法可依；二是注重对后评价人员的培训，提高后评价人员的专业性；三是重视后评价方法和手段的科学性和可操作性，如采用建设项目管理信息系统等工具进行后评价，使后评价更具可操作性，结果更科学和客观。

5. **监管的透明性**

发达国家的成熟经验告诉我们，提高政府投资工程管理的透明度是有效监管的前提。透明度的提高有利于形成一个良好的公平、公正的竞争环境。如新加坡在这方面就做得很好。政府投标服务部门作为管理政府投资工程的政府部门之一，隶属于财政部门，主要负责通过大众媒介——电视、报纸等公开招投标信息，并就相关的问题和咨询做解答。而有关于政府投资工程所有应公开的招投标信息、最后的中标者、中标价格等都必须公布在政府招标信息网络系统上。这样一来，就使得政府的行为保持高度透明，利于各方对其监督，政府部门及其官员也会自觉或不自觉地遵守规定，容易形成一种良性的竞争环境。

6. **处罚的严厉性**

一旦有违规行为，发达国家和地区就可以根据相关的规定将责任落实到具体的人上面。如德国就有多种措施遏制工程中的腐败行为：政府工作人员有行贿受贿的行为，将会被开除职务；政府聘用的自由职业者有违规行为的，不但会被解聘，还会被列入"黑名单"，而且不得从事其他项目的工作；对于企业的行贿行为，法律上的处罚同样也非常严厉。严厉的处罚，使得违规成本很高，对相关主体起到了有效的威慑作用，有利于减少违规犯罪行为。

上述这些成熟的监督体系给了我们很好的示范作用，当我们建立和执行严格的监督体系时，就可以借鉴这些先进的经验。要有效地约束官僚的"理性"行为，就有必要建立起一个全方位的、权责明晰的监督体系（图7.2）。

不论是在项目决策计划阶段，还是在施工建设阶段，还是在验收后评价阶段，各政府部门及其他监督主体若能依据完备的监督体系各履其责，做到权、责、利分明，并且执法部门严格做到依法执法，良好的监督效果就能指日可待。依据我国目前政府投资工程监督体制的现状，再借鉴国外成熟的经验，需要在以下几个方面做出一定的努力：

（1）明确权责利，加大对官僚违规行为的处罚力度。明确规范奖惩制度并加大违规违纪的惩罚力度有助于增加部门及其官僚违规违纪的成本，使得官僚在做出任何行为前有一个权衡的标准，有利于减少官僚违规违纪的概

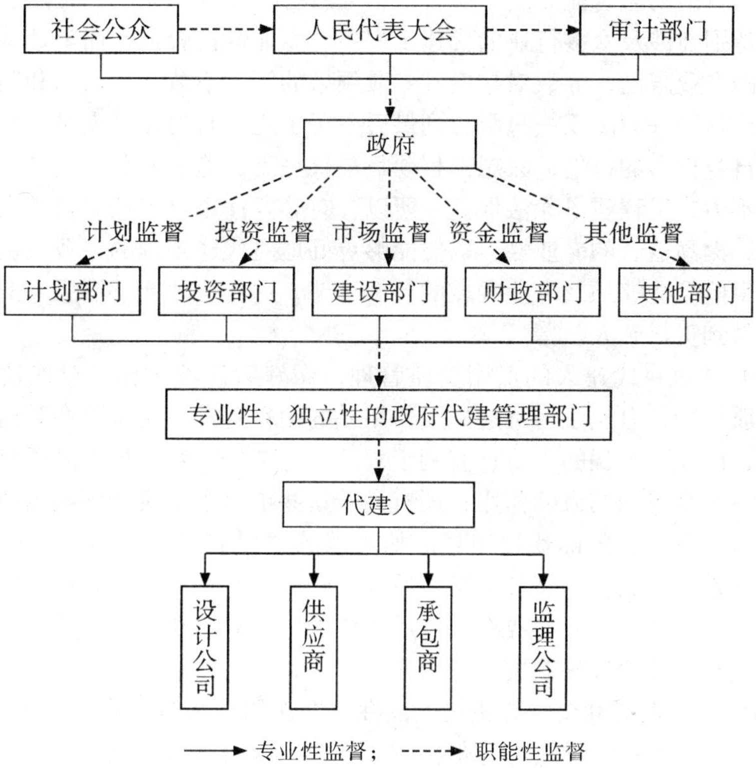

图7.2 我国政府投资工程监督体系

率。目前我国代建制改革中没有一个统一的法律法规体系，各地对违法行为的界定和处罚程度存在差异。现有的规范性文件以涉及投资、财政、建设等单项性规范为主，主要在部门职责基础上形成。这样的法律法规会导致严重的后果：一旦有问题出现，就容易导致各部门相互抵赖、相互推诿。加之专项违规立法的缺失，即使部门或官僚发生违法违规的行为，也无法追究其相关的法律责任，只能任之逍遥。有些地方已经出台了相关的违规处理条例等文件，但是基本上也都是依据国家性建筑法等法律法规制定，具有一定的笼统性，具体细则不够清晰明确，惩罚力度也较轻，使得部门或官僚违规成本过低而增加其违法违纪的可能性。

（2）注重对监管人员专业素质的培养，加大对代建项目的管理力度。政府投资工程投资规模大，种类繁多，融合了多领域的行业，行业领域的专业性和综合性也是监管的一个重点、难点。即使在拥有良好监管体系的情况下，我国目前的监管能力还不够充足，导致有时候根本无法满足现实情况的需要。特别在涉及众多行业的代建工程中，专业性比较强，而审计等部门有其自身的专业限制，导致对超出其专业领域的问题不敢随意表态和明察，有时候只能是睁一只眼闭一只眼，到最后不了了之。有的监管人员不顾工程的质量和自身权力的行使，只想工程项目早日完工，追求私利。这样就容易导致管理不力，工程质量无法保证。所以，有必要注重培养相关监督人员的专业素质，提高监管的专业性，以便能够更好地对代建工程的专业人员进行监管，使得监管能够顾及专业领域的各个环节，这样也才能够洞悉专业人员的行为，做到责任到人。

（3）注重对代建人的信用资质管理，做好后评价工作。对代建人进行信用资质管理，有利于将不达标、信用差的项目管理机构排除在政府投资工程之外，以保证工程的质量；有利于规范代建市场，对市场上的项目管理机构起到一个威慑和约束的作用；还有利于这些项目管理机构不断提高自身的整体能力，发展成熟的代建市场。如美国的"黑名单"制度和英国的承包商注册体系就是很好的借鉴典型。后评价管理极其重要，但是在我国往往只是在形式上走过场，有必要在改进后评价的内容和方法、发展后评价机构和人员、完善后评价管理制度上做出努力。

（4）大力发展社会中介机构，发挥中介作用。在政府和市场的关系中，社会中介机构发挥着重要的纽带作用。然而，以我国目前社会中介机构发展的状况来看，存在不少问题，如：发展不充分，社会化和市场化程度不高；缺乏独立性，职责不明确，实行的是多头管理，多数组织是依附于政府而存在的；法律法规不健全，管理制度不完善。国外的社会中介机构，如工程咨询公司发展充分，已成为工程成功实施的保障之一。鉴于此，有必要大力发展社会中介机构，实现政府投资工程的优化监管。

（5）提高监管的透明度，完善社会监督机制。要想监督体系能够有效严格地运行，透明化是必要手段之一。国内外成熟的监管体系无一例外都在透明化上做了出色的表现。他们一般都会将政府投资工程的招投标人、投标过程、评审过程等相关信息公布在公开网站、报纸等媒体上，以便于各方人士及时了解信息，有利于监督和管理。在一个透明度高的氛围中，相关主体和责任人就不得不注意自身的形象，小心行使手中的权力，避免涉及违规的领域，并且关注决策的公平性。社会公众和媒体也能够及时有效地了解到工程各方面、各环节的信息，更加有利于其行使监督权，从外部监督上规范政府部门及其官僚的行为。实现透明化，需要有相关法律法规的保证，制定可操作性的透明化标准以实现各部门之间的协调，制定配套的奖惩机制来加大对信息反馈的及时有效处理。还可以积极利用电子政务平台，充分接受人大、司法、社会媒体等外部监督机制的监督，并为这种监督提供足够的话语空间。

7.3.2　代建制委托代理问题解决对策——政府市场管理能力重塑

代建制的实质是政府向市场购买服务，涉及政府主体和市场主体之间的关系。信息的不对称，导致代建制改革中的委托代理问题加剧。中国在权力集中、经济计划的大体制下沉浸多年，政府相对于市场的超强势状态至今也不能说已完全改变。在过去的计划经济体制下，企业在政府的强力控制范围之内。虽然经济体制改革进行多年，但由于政治体制改革一定程度的滞后，政府运作机制甚至行政文化中都还保留着对市场的强力控制的冲动。政府已习惯于“官”的角色，当出现问题时，往往态度强硬，否定企业的合理诉求。而这对于代建制中的委托代理关系来说是非常不利的。

代建制运行的基础是委托代理双方相对平等，通过明晰的代建合同协调双方的关系。因此，代建制改革必须以政府机关的角色和行为模式转变为前提。而能够有效解决这一问题的对策就是重塑政府的市场管理能力。政府市场管理能力的重塑主要从内部机制和外部机制两个方面入手（图7.3）。

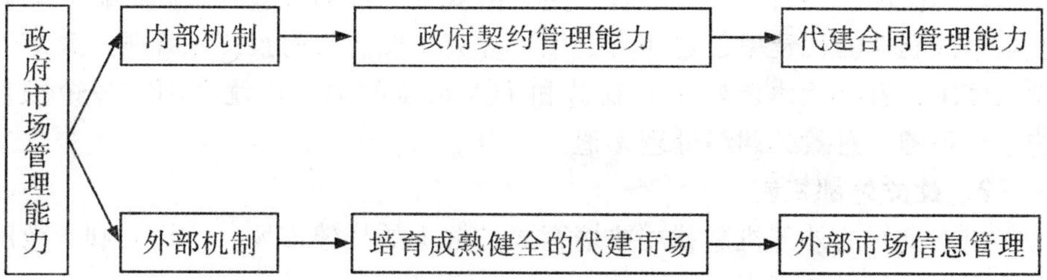

图7.3　政府市场管理能力重塑

1. 建立内部机制

内部机制的建立关键在于提高政府的契约管理能力，在代建制中体现为代建合同管理能力。在代建制的委托代理链条中，政府与市场的交界处是合同。在这种模式中，政府应只是作为多元化的社会主体中的一个普遍的主体存在，通过交易的方式与其他主体形成自愿、平等、互惠的契约式合作关系。在签订合同时，政府要注意以下几个原则：

原则一，政府必须在合同规定的范围内活动。即使在合同本身不完备的情况下，政府也不得随意增减合同内容。

原则二，政府必须和私人一样受到合同的约束。合同的效用对政府和私人一视同仁，当政府有违背合同的行为时，要受到和私人违规一样的处罚，不因其地位和身份而改变。

原则三，政府必须具备处理合同纠纷的能力。原则上行政法庭或裁判所无权判决公共合同纠纷，只有普通法庭有最终的裁判权。

原则四，当遇到违约赔偿时，政府的权力必须限制在法律范围之内，即政府不得超越法律行使权力。

原则五，必须通过诉讼程序来强制执行合同。

原则六，在任何情形中，政府不得借公共利益之名去损害私人的合法利益。当私人的合法利益受到损害时，政府必须承担由合同失败造成的全部损失和责任，并依据相关规定对受损方的合法利益做出相应赔偿。

代建合同不同于一般的民事合同。一般的合同发生纠纷时可以通过单一的行政救济程序或民事救济程序来解决，但是对于代建合同来说却不是那么有效。在公平、公正的合同原则下，就需要给处于相对弱势地位的代建人提供合同上的保障。因此，合同中一般都要规定代建单位在代建合同发生纠纷时有权选择救济程序，行政救济和民事救济可以同时使用。政府和代建单位在签订合同后，各自的权责都有了明确的规定。然而代表公共利益的政府和追求个人利益的代建单位之间常会发生冲突。要想政府投资工程顺利建成并投入使用，就必须协调好公共利益和个人利益的关系，就必须有一个顺畅的、公正的、有效的纠纷处理渠道。

2. 建立外部机制

建立良好的外部机制就需要培育成熟健全的代建市场，这样有利于政府对外部市场信息的管理。

我国政府投资工程管理制度正处于变革和发展的阶段，代建市场的培育和发展也处于初级阶段，存在着代建费用取费标准不一、代建人法律地位不明确、代建人市场准入和退出制度不完全、代建人竞争不充分不公平等一系列问题。改善这些情况，可以从以下几点入手：

（1）在代建市场发展的充分性上，对项目管理机构的培育不仅要在数量上足够多，更要在质量上严格要求。对每个项目管理机构的资质、业绩、信用状况、技术力量、管理水平等进行科学客观的评估，建立全面的信息库，加强对项目管理机构的管理，有利于政府能够准确全面地获得相关信息，以便更好地选择合适的代建企业。

（2）在代建市场竞争的公平性上，进一步开放代建市场，建立统一的代建市场管理政策和制度，建立资格评定系统。对有资格进入代建市场的企业采取一视同仁的态度，而不是根据企业的大小、性质、资产状况甚至所属地去区别对待，减少行政干预的手段和政策，清除私置壁垒的行为。

（3）在代建市场竞争的规范性上，建立健全法律法规体系，加大对违法违纪行为的处罚力度，增加透明度。通过健全法律法规体系，对代建市场的监管主体、代建企业的设立条件和资质审查、代建企业的代建范围和实施程序、代建制管理项目的风险评估与控制、代建制项目的业绩评价等方面做出明确规定。打破条块分割和垄断的局面，加强市场的透明度，有利于规范代建市场的无序竞争行为。

7.3.3 代建制改革外部制度环境的改善

代建制改革中出现的困境，除了要在代建制度内部进行治理外，对外部环境的改善也是十分必要的。

代建制改革实行了近10年，各地模式纷繁，遇到问题也不知如何解决，改革进程遭遇瓶颈。缺乏统一有效的法律法规体系做支撑就是其中一个重要的原因。各法律法规之间相对独立，无法对代建项目进行统一的全过程监管和规制。加上法律法规上的漏洞，使得不法行为有机可乘，投机者在付出很少成本的情况下就可获取巨大的利益。突破一项制度改革的瓶颈，在管理制度上对相关法律法规的建设和完善就是一个很好的出发点和保障。在代建制改革中，针对目前纷繁的法律法规上易出现种种冲突的情况，应该以宪法为基准，该修改的进行修改，该废除的废除。针对目前代建制法律法规上的各个漏洞，应该有的放矢地进行填补，使代建项目的各个参与方和各个环节受到法律的限制和约束。制定相关的细则条款，对代建制改革中的行为进一步细化，使之具有较强的可操作性。

由于政府投资的无偿性，导致负责资金分配的部门面临各方面的压力，在平衡策略下投资决策很难体现科学性，导致“三超”工程、政绩工程等现象频繁出现。政府各职能部门对代建项目的管理从项目决策阶段就开始了。从制定发展计划到做投资设想，再到制定项目可行性研究，是各相关部门及其成员的种种决策的汇集和商议过程。就我国现行的行政体制来看，强行政、弱参与的态势使得政府官僚所处的位置格外特殊。政府作为公共利益的代表，其政府偏好使其作为决策主体，在现实中较多地偏向于远离公共利益。而政府官僚个人的偏好尤其是领导的偏好起了举足轻重的作用，往往直接促成一项决策的达成。所以决策的客观性和科学性难免得不到保证，失误率高。不少地方政府或官僚把政府投资工程作为政绩的筹码，作为形象的面子，造成了社会资源的巨大浪费和恶劣的社会影响。

另外，政府投资工程中的代建项目一向是政府运用公共权力，直接配置社会公共资源的重要手段之一，也是为社会公众提供公共产品和服务的方式之一，一般都采用公共预算的方式从公众那里取得投资来源。由于我国实行的是财政预算软约束制度，政府的投资膨胀是突破预算约束的内在动力，导致政府特别是地方政府能够比较容易地获得项目的立项权和投资权，在建立形象工程的同时，加重了地方财务负担，为了花钱而花钱。这样就容易发生政府支出和规模不断膨胀，公共物品和服务供给却严重不足，代建制中委托代理问题不断加剧，改革无法进行。

因此，针对以上这些情况，很有必要加强对代建制改革的外部环境进行治理和改善。改善外部环境包括三个方面：一是法律法规体系建立健全化，二是投资决策科学化，三是财政预算由软约束向硬约束转变（图 7.4）。

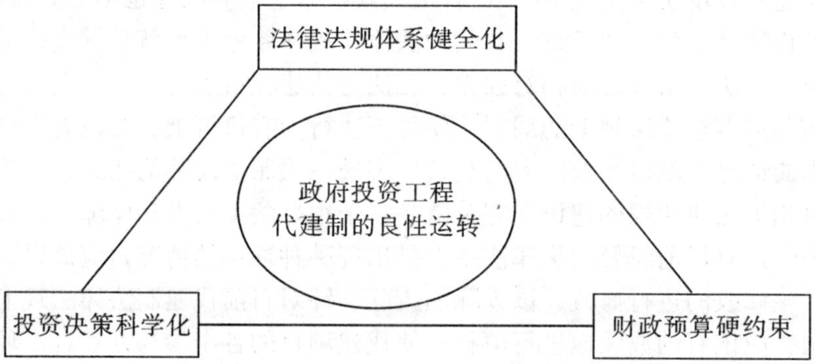

图 7.4　代建制改革外部环境改善

1. 建立健全法律法规体系，加强代建制改革的制度保障

目前，国家和一些省市已经出台了相关的代建制管理办法。但是，国家还没有统一、完整的代建制及其改革的法律法规，这也是导致各地在代建制改革过程中对诸多关键问题的理解和贯彻上存在较大的差异和分歧的重要原因。建议全国人大及政府相关部门在充分调研试点经验、广泛征求意见的基础上，制定出台有关非经营性政府投资工程代建制的规定，对代建制的定义、适用范围、代建单位的法律地位、代建各方权利义务、代建制的运行框架等基础性、关键性的问题做出同一性、指导性的规定，以便各地可以在此基础上对各自的代建制办法进行修改和完善，也有利于全国形成一个统一规范的代建制市场。其中，也可根据各地经济社会发展水平的差异，对一些具体的问题，如对代建制的适用范围等给予地方自由裁量权。

2. 投资决策科学化

政府在委托代建人进行工程管理之前，应该对工程的功能用途、资金来源、预算花费等有较为清晰而实际的认识，这样代建人的管理才能有的放矢。提高决策的科学性，可以具体从以下几个方面入手：

（1）明确政府投资工程决策的终极目标。人民群众的物质、文化需求是随着时代的变化而不断增长的，因此政府也必须随着时代的发展加大对公共物品的供给。政府投资工程作为公共物品之一，体现的就是为人民群众谋福利，实现公共利益的增长。因此，决策要以社会公众的利益为重，以社会经济、文化发展为重，以国家的安全为重，秉承政府投资工程的非营利性、公共性原则，从而使项目产生更大的社会效益，确保决策的正确性，这是政府投资工程相关决策的终极目标。

（2）建立科学的决策过程和方法。科学的决策过程和方法需要政府各职能部门根据社会发展现状提交拟投资项目申请，审批机关和专家机构对项目可行性研究进行决策评价。对政府投资的公共项目从经济效益、生态效益和环境效益三个方面做综合性考核，运用科学的评价方法（模糊综合评价法，层次分析法等）评判项目的优劣，决定是否投资。决策过程要秉承科学性的原则，坚持认真、负责的态度，做到科学、客观和严谨，避免受到盲目等非理性影响，从而做出客观的判断。

（3）加强决策的公开性、透明性。在加强决策的公开性和透明性方面，一是要重视专家学者的决策建议，避免官僚的一面之词或官僚的个人决定；二是要重视社会公众的参与，重视社会公众的发言，采纳积极有用的政策建议；三是要通过各种渠道及时全面地公布决策的相关信息，不欺骗隐瞒，接受社会公众和媒体的舆论监督。

（4）建立有效的责任追究机制。投资项目难以明确真正的项目责任人，投资者责任虚化是当前我国投资领域面临的一个重要问题。有效的责任追究机制是建立在明晰的政府审批监督制度之上，以合理划分审批权限和规范审批手续为基础，将决策过程责任分解，实现决策权力和决策责任的统一。同时建立并完善与政府投资决策责任追究配套的监督和约束机制，做到时时监督，将决策失误防范于事前。

3. 改善财政预算软约束现状

项目工程的财政预算软约束，导致了财政支付的随意性和不确定性，经常会出现超出预算的现象，造成不小的浪费。而实现财政预算管理从软约束到硬约束或紧约束的转变，有利于缓解财政预算的压力，规范政府行为，抑制政府追求短期政绩的超收冲动。实现这一转变，可以在以下几个方面加以改进：

（1）加强法制建设，正确引导政府部门及其官僚的法治思想。从法律法规的建设上正确引导和规范官僚的思想和行为，抑制其不法谋利、过度超支的冲动。加大预算执行中的稳定性和严肃性，改变执行不严的状况。

（2）增加工程预算的透明度。预算的黑洞往往是在黑幕下产生的。增加工程预算的公开度和透明度，有利于相关职能部门及社会公众对预算过程进行监督，从而有效地抑制官僚腐败的不法行为。

（3）提高预算方法和管理上的科学性。财政预算制定的不合理性，使得预算在执行过程中具有很大的随意性，容易根据官僚的意志而发生变化。合理的预算方法是实现财政预算软约束向硬约束转变的前提条件。加强预算方法的合理性和管理上的科学性，不仅在预算编制时期进行控制，还要在预算执行过程中和事后审计中加以规范。合理性和科学性的提升，可以使预算制定更符合实际情况，更具有操作性。

7.4 结　语

政府投资工程代建制如果从1993年厦门试点算起，至今已有20年之久；即使从2004年国务院的文件鼓励各地“加快实行”算起，代建制也有近10年的实践和探索积累。然而现实境况却是：政府投资工程代建领域投机行为丛生，腐败现象泛滥。

虽然业界根据相关理论指引和借鉴国外经验，设计并实施了一系列解决代理问题的措施，但最终也都推行不力，成效不佳。基于这样的背景，本书以代建制运行偏差的现实根源为研究对象，从政府委托人管理责任的角度对代建制困境进行解读，并尝试进一步从“理性”官僚利益最大化视角锚定政府代建管理混乱的深层根源，希望在厘清代建制绩效不彰的真实原因所在的基础之上，为代建制的优化提出较为有针对性的意见。

本书限于作者的研究能力、学科背景以及篇幅等原因，虽初步得出一些结论，但对此问题的研究在以下方面以后仍需进一步深入探讨：

（1）在激励措施失效的政府管理原因部分，虽然从理论到现实进行了较为全面的分析，也对进一步优化激励机制提供了框架性的建议，但今后如何建立起一个竞争性比较强的代建市场，保证声誉激励与市场激励机制不再被异化，还有待进一步研究。

（2）官僚权力缺乏有效制约确实是代建制运行混乱的深层根源，而且如果官僚利益不能被有效从政府投资工程领域剔除，代建制就始终有被扭曲的风险。虽然本书基于此，为目前代建制改革的重心提供了方向，也提出了对官僚与代建人实行全面监管的框架，但是缺乏更为具体的反腐措施的建议，还需要今后在更为广阔的学科背景下进行深入研究。

（3）本书最后建议的集中代建新模式，还需对其运行机制与方法进一步细化研究，其实用价值还有待检验。

参考文献

一、中文部分

（一）中文书籍

白思俊．现代项目管理［M］．北京：机械工业出版社，2005．
陈光健．建设项目现代管理［M］．北京：北京机械工业出版社，2004．
陈郁．所有权、控制权与激励［M］．上海：上海人民出版社，1998．
陈钊．信息与激励经济学［M］．上海：上海人民出版社，2005．
从培经，张书行．工程项目管理［M］．北京：中国建筑工业出版社，1997．
邓晓梅．中国工程保证担保制度研究［M］．北京：中国建筑工业出版社，2003．
杜栋，庞庆华．现代综合评价方法与案例精选［M］．北京：清华大学出版社，2005．
顾永才．招投标与合同管理［M］．北京：科学出版社，2006．
何光炯．风险管理［M］．哈尔滨：东北财经大学出版社，1999．
雷胜强．国际工程风险管理与保险［M］．北京：中国建筑工业出版社，1996．
李德全．工程建设监管［M］．北京：中国发展出版社，2007．
李开运．建设项目合同管理．2 版［M］．北京：中国水利水电出版社，2001．
刘伊生．工程造价管理基础理论与相关法规［M］．北京：中国计划出版社，2003．
陆丁．看得见的手：市场经济中的政府职能［M］．上海：上海人民出版社，1993．
辽宁立杰咨询有限公司．项目代建制的制度、管理与实践［M］．北京：机械工业出版社，2007．
毛寿龙，李梅．西方政府的治道变革［M］．北京：中国人民大学出版社，1998．
乔林．建筑工程施工风险与保险［M］．上海：上海科技文献出版社，1998．
申书海，陈学安．财政支出效益评价［M］．北京：中国财政经济出版社，2002．
世界银行．2007 年世界发展报告［M］．北京：中国财政经济出版社，2007．
宋世明．美国行政改革研究［M］．北京：国家行政学院出版社，1999．
孙学玉．企业型政府论［M］．北京：社会科学文献出版社，2005．
孙智．工程保险［M］．北京：中国三峡出版社，2000．
王家远，刘春乐．建筑项目风险管理［M］．北京：知识产权出版社，2004．
乌云娜，牛东晓．政府投资建设项目代建制理论与实务［M］．北京：电子工业出版社，2007．
徐蓉，王旭峰．土木工程施工项目成本管理与实例［M］．济南：山东科学技术出版社，

2004.
严武. 风险统计与决策分析［M］. 北京：经济管理出版社，1999.
严玲，尹贻林. 公共项目治理理论［M］. 天津：天津大学出版社，2006.
尹贻林. 工程造价计价与控制［M］. 北京：中国计划出版社，2003.
尹贻林，阎孝砚. 政府投资项目管理模式研究［M］. 天津：南开大学出版社，2002.
尹贻林，阎孝砚. 政府投资项目代建制理论与实务［M］. 天津：天津大学出版社，2006.
尹贻林，杨红雄. 中国工程咨询业及专业人士制度研究［M］. 天津：天津大学出版社，2006.
于九如. 投资项目风险分析［M］. 北京：机械工业出版社，1999.
乐云. 国际新型建筑工程 CM 承发包模式［M］. 上海：同济大学出版社，1998.
张长春. 政府投资的管理体制——总体框架、近期改革重点与促进措施［M］. 北京：中国计划出版社，2005.
张维迎. 博弈论与信息经济学［M］. 上海：上海人民出版社，1996.
张伟. 政府投资项目代建制理论与实施［M］. 北京：中国水利水电出版社，2008.
中国项目管理研究委员会. 中国项目管理知识体系与国际项目管理专业资质认证标准［M］. 北京：机械工业出版社，2005.
赵国杰. 工程经济学. 2 版［M］. 天津：天津大学出版社，2004.
周文安. 建筑施工企业项目管理［M］. 北京：中信出版社，1997.
周耀东. 中国公共事业管制改革研究［M］. 上海：上海人民出版社，2005.
周志忍. 当代国外行政改革比较研究［M］. 北京：国家行政学院出版社，1999.
朱志刚. 财政支出绩效考评研究［M］. 北京：中国财政经济出版社，2003.

（二）期刊论文、期刊评论、研究计划

陈振权. 政府投资项目管理中的委托代理关系研究［J］. 中国铁路，2004（11）：56－58.
刁寿权. 我国传统工程管理模式存在的弊端［J］. 现代商业，2008（30）：119.
丁恒杰. 浅析我国工程招投标现状［J］. 中国招标，2008（31）：21－22.
范成方，贾宏俊，罗建强. 非盈利性政府投资项目管理模式探析［J］. 山东科技大学学报：自然科学版，2006（3）：81－84.
何伯森，张水波. 工程项目合同双方风险分担问题的探讨［J］. 天津大学学报：社会科学版，2003（5）：257－261.
侯祥朝，林知炎. 融资代建制项目实施组织方式初探［J］. 建筑经济，2004（6）：11－14.
胡安明. 美国会计总署的背景与历史［J］. 审计理论与实践，2000（8）：50－51.
黄霆，申立银，郑振宇，任志浩. 我国政府投资项目管理的现状分析［J］. 建筑经济，

2005（1）：16－20.
姜然然．"代建制"在我国的发展状况、作用及问题［J］．建筑市场与招标投标，2010（1）：15.
蒋利民．政府投资项目代建制的效果浅谈——实施代建制的优势和面临的困境［J］．决策管理，2009（17）：13.
康克龙．"代建制"理论与实务若干问题探讨［J］．中国招标，2005（21）：20－24.
柯永健，王守清，陈炳泉．基础设施PPP项目的风险分担［J］．建筑经济，2008（4）：31－35.
李德全．发达市场经济国家和地区政府投资工程管理方式［J］．建筑经济，2002（6）：8－12.
李世蓉，吴锐，任玉珑．政府投资项目中业主行为不规范原因的经济学分析［J］．建筑经济，2004（2）：31－33.
李晓丁．论政府投资项目后评价制度建设［J］．社会科学战线，2008（6）：272.
刘国冬，吴召南，任时夏．政府投资公益性建设项目基本特点和前期工作文件编制（上）［J］．中国工程咨询，2005（11）：33－35.
刘国冬，吴召南，任时夏．政府投资公益性建设项目基本特点和前期工作文件编制（下）［J］．中国工程咨询，2005（12）：20－23.
刘磊．政府投资项目代建制的优势研究［J］．山西建筑，2007（30）：215.
刘猛．过度竞争行业壁垒及其政策援助：关于我国建筑业竞争问题的实证研究［J］．建筑经济，2000（2）：13－16.
刘宇昕，郭正学．对厦门市开展政府投资工程建设组织实施方式改革情况的调查［J］．建筑经济，2003（9）：23－26.
刘卓明．美国政府采购监督机制研究［J］．湖南师范大学学报，2009（10）：17－18.
马骏．独立管理：含义、实践及中国的选择［J］．调查研究报告，2003（47）：1－17.
权曙光，任远．我国代建制发展的意义、现状与建议［J］．建筑经济，2009（9）：20－21.
宋世明．工业化国家公共服务市场化对中国行政改革的启示．政治学研究，2002（4）：46－52.
唐文玉．基础设施民营化中的政府管理改革［J］．中共四川省委党校学报，2004（3）：60－63.
王春阳，尹贻林．浅谈政府投资项目的投资控制体系［J］．天津理工学院学报，2002（3）：12－15.
王洪强，等．上海代建制发展中存在的问题和建议［J］．建筑经济，2005（3）：16－18.
王建初，曾德珩．重庆市政府投资项目管理模式探讨［J］．重庆大学学报：社会科学版，2002（2）：14.
王建英，刘帆．政府投资项目代建制委托代理关系研究［J］．商业文化：学术版，2007

(4): 184－185.
王宁，刘宇昕，郭正学．关于对深圳、珠海开展政府投资工程建设组织实施方式改革情况的调研报告［J］．建筑经济，2003（10）：30－35.
乌云娜，张洪青．工程建设项目代建制管理模式探讨［J］．中国工程咨询，2004（7）：17－18.
夏立明，尹贻林，何红锋．论我国政府投资项目管理主体［J］．天津工业大学学报，2003（6）：20－24.
夏立明，尹贻林，严玲．我国政府投资项目集中支付制度研究［J］．财经问题研究，2003（6）：60－63.
夏立明，朱俊文，李丽红．政府投资项目投资决策程序研究［J］．天津理工大学学报，2005（8）：35－38.
向强．我国政府投资项目合同的政府管理应予加强［J］．建筑经济，2004（5）：24－27.
肖兴志，陈艳利．公用事业民营化改革：理论基础与政策选择［J］．经济社会体制比较，2004（4）：119－126.
徐波，燕平．工程项目管理考察团赴美考察报告［J］．建筑经济，2001（5）：7－10.
许英桀．代建制模式的实践和思考［J］．中国招标，2008（22）：15.
薛铁柱．国际工程项目管理模式综述［J］．信息系统工程，2010（8）：45.
严玲，尹贻林．对非经营性政府投资工程管理模式的比较与选择［J］．天津理工学院学报，2003（6）：21－24.
严玲，尹贻林．论政府投资项目建设组织实施方式及其监管模式［J］．中国软科学，2003（12）：12－17.
严玲，赵黎明．政府投资项目双层多级委托代理链的分析［J］．财经问题研究，2005（12）：41－47.
杨庆蔚．深化政府投资体制改革　加快推进代建制工作［J］．中国招标，2006（Z1）：15－18.
姚燕．从美国政府采购制度看政府采购之公益性［J］．中国政府采购，2002（10）：47－51.
张婧．放松管理背景下的政府管理重构［J］．改革，2004（4）：106－109.
张伟，朱宏亮．政府工程管理模式综述与改革方向［J］．建筑经济，2005（7）：19－23.
赵崇煦．政府投资项目代建制的具体操作［J］．中国投资，2004（3）：112－113.
赵荣妹．浅谈建设工程项目公开招标发包工作重点［J］．中国工程咨询，2010（2）：51.
政府投资工程管理方式改革课题组．香港政府公共工程管理方式考察报告［J］．建筑经济，2002（7）：3－7.
郑建军．代建制模式下政府投资项目管理研究［J］．同济大学学报，2006（12）：77－78.

中施企协．政府投资项目招投标问题透视（上）［J］．施工企业管理，2007（6）：36－42.

中施企协．政府投资项目招投标问题透视（中）［J］．施工企业管理，2007（7）：38－42.

中施企协．政府投资项目招投标问题透视（下）［J］．施工企业管理，2007（8）：34－41.

周国栋．政府投资项目代建制改革研究［J］．建筑经济，2005（4）：9－14.

周国栋，袁锡卿．加快推进政府投资项目代建制改革［J］．中国经贸导刊，2005（14）：22－23.

周向红，张希凌．代建制在政府投资项目中的作用及注意事项［J］．领导科学，2009（3）：35.

（三）中文译著

埃莉诺·奥斯特罗姆，等．制度激励与可持续发展［M］．陈幽泓，等译．上海：上海三联书店，2000.

查尔斯·沃尔夫．市场或政府［M］．谢旭，译．北京：中国发展出版社，1994.

丹尼斯·C 缪勒．公共选择理论［M］．杨春学，等译．北京：中国社会科学出版社，1999.

盖伊·彼得斯．政府未来的治理模式［M］．吴爱明，夏宏图，译．北京：中国人民大学出版社，2001.

戈登·塔洛克．寻租［M］．李政军，译．成都：西南财经大学出版社，1999.

科斯·哈特，斯蒂格利茨．契约经济学［M］．李风圣，主译．北京：经济科学出版社，1999.

克利福德·格雷，埃里克·拉森．项目管理教程［M］．黄涛，等译．北京：人民邮电出版社，2003.

理查德·威廉姆斯．组织绩效管理［M］．北京：清华大学出版社，2002.

罗吉·弗兰根，乔治·诺曼．工程建设风险管理［M］．李世蓉，徐波，译．北京：中国建筑工业出版社，2000.

罗纳德·J 奥克森．治理地方公共经济［M］．蓝天星翻译公司，译．北京：北京大学出版社，2005.

美国项目管理协会．项目管理知识体系指南［M］．3 版．卢有杰，王勇，译．北京：电子工业出版社，2005.

萨瓦斯 E S．民营化与公私部门的伙伴关系［M］．周志忍，等译．北京：中国人民大学出版社，2002.

威廉姆·尼斯坎南．官僚制与公共经济学［M］．王浦劬，等译．北京：中国青年出版社，2004.

亚当·斯密. 国民财富的性质和原因的研究 [M]. 郭大力，王亚南，译. 北京：商务印书馆，1997.

因内思，马可—斯达德勒. 信息经济学引论：激励与合约 [M]. 管毅平，译. 2版. 上海：上海财经大学出版社，2004.

詹姆斯·布坎南. 自由、市场和国家 [M]. 吴良健，等译. 北京：经济学院出版社，1988.

（四）硕士、博士学位论文

郭留洋. 政府投资项目代建制管理模式研究 [D]. 天津：天津大学，2006.

胡杰. 我国政府投资项目建设市场规制研究 [D]. 天津：天津大学，2007.

彭杰. 代建制委托代理问题研究 [D]. 北京：清华大学，2008.

孙波. 国家重大项目监管模式研究 [D]. 南京：河海大学，2003.

魏东平. 政府投资项目监管问题国际比较 [D]. 北京：北京师范大学，2004.

张伟. 政府投资项目代建制理论与实务研究 [D]. 北京：清华大学，2007.

（五）文件、法律、法规

北京市发展和改革委员会. 北京市政府投资建设项目委托代建合同（示范文本）. 2004. http://www.cpmchina.com/html/1644/40263.html.

北京市发展和改革委员会. 北京市政府投资建设项目代建制管理办法（试行）. 2004.

重庆市人民政府. 重庆市政府公益性项目建设管理代理制暂行办法. 2003.

赣州市政府. 赣州市政府投资建设项目委托代建合同书示范文本（试行）. 2008. http://xxgk.ganzhou.gov.cn/bmgkxx/fgw/fgwj/gfxwj/200806/t20080620_77.htm.

国家发展和改革委员会. 关于审批地方政府投资工程的有关规定（暂行）. 2005.

国家计委办公厅. 国家计委办公厅对开展政府投资工程建设实施方式改革试点工作的指导意见（征求意见稿）的意见. 2003.

国务院. 关于投资体制改革的决定. 2004.

关于培养发展工程总承包和工程项目管理企业的指导意见 [J]. 建筑经济，2003 (3)：8－9.

建设部办公厅. 关于征求对《关于开展政府投资工程建设组织实施方式改革试点工作的指导意见（征求意见稿）》意见的函. 2003.

上海市市政工程管理局. 上海市工程建设项目管理公司资质管理暂行规定. 2004.

上海市市政工程管理局. 上海市市政工程建设管理推行代建制试行规定. 2001. http://www.jigool.cn/info/11e00b777396e02b339bccc717b809f9

深圳市政府. 深圳市政府投资项目管理条例. 2000.

浙江省发展和改革委员会. 浙江省政府投资项目委托代建合同（示范文本）. 2009.

中华人民共和国政府采购法. 2002.

二、英文部分

Donald W Donbler. Purchasing and supply management [M]. New York: McGraw-Hill Inc, 1986.

Harry Robert Page. Public purchasing and materials management [M]. Mass DC: Health & Company, 1998.

Lamar Lee, Donald W Donbler. Purchasing and materials management: text and cases [M]. New York: McGraw-Hill Inc, 1977.

Russell Forbes. Governmental purchasing [M]. New York: Happer & Brothers Publishers, 1929.

Vincent Wright, Luisa Perrotti. Privatization and public policy [M]. Edward Elgar Publishing Limited, 2008.